探寻确定性

Seek Certainty

新发展格局下的经济趋势

Economic trends under the new development paradigm

刘功润——著

中国出版集团 东方出版中心

图书在版编目（CIP）数据

探寻确定性：新发展格局下的经济趋势 / 刘功润著
. —上海：东方出版中心，2022.11
ISBN 978-7-5473-2102-7

Ⅰ. ①探… Ⅱ. ①刘… Ⅲ. ①中国经济—经济发展趋势 Ⅳ. ①F123.2

中国版本图书馆 CIP 数据核字（2022）第 212974 号

探寻确定性——新发展格局下的经济趋势

著　　者　刘功润
策划组稿　黄升任
责任编辑　黄升任
封面设计　钟　颖

出版发行　东方出版中心有限公司
地　　址　上海市仙霞路 345 号
邮政编码　200336
电　　话　021-62417400
印 刷 者　上海盛通时代印刷有限公司

开　　本　890mm×1240mm　1/32
印　　张　10.25
字　　数　225 千字
版　　次　2023 年 1 月第 1 版
印　　次　2023 年 1 月第 1 次印刷
定　　价　78.00 元

推荐序
做时代的勤学善思敏行者

时代的河流总是奔涌向前，时而浑厚高昂，时而浅吟低唱。对时代的点滴记录与刻画，都会映射出现实意蕴。富有责任和情怀的学人，总能在纷繁中将世界澄澈地撑开，于无序中构建秩序，并穿越不确定性的迷雾，探寻时代的确定性。在我印象中，功润就是这样一位与时代同行的勤学、善思、敏行者。

2016 年 7 月，我应邀加盟中欧任金融学兼职教授，而后担任中欧陆家嘴国际金融研究院院长，时任研究院常务副院长为中国人民银行调查统计司原司长盛松成教授。考虑到研究院日常管理工作的需要，我们向功润抛出了橄榄枝，彼时功润在中国金融信息中心负责金融信息智库和战略发展等板块业务，业界已有口碑。大概踌躇了半年，功润最终加入了我们。用他的话来说，选择中欧的重要原因是听从内心召唤开启学习再造之旅。功润的学习是务实的。原本已是博士、博士后的他，为了更好地融入中欧的金融商学教育，毅然实打实地把中欧金融管理硕士（FMBA）读了出来，同时还兼修了中欧首期金融科技课程。正是这种“空杯”学习的心态，让他很好地融入了中欧校友社群，也得以与许多中欧教授结下了师友情谊。

功润亦是我的学生，作为学生的他是用心的。记得我在讲授《现代银行管理与转型》这门课时曾就“现代银行低利率问题”开展课堂讨论，功润认真对待，不但积极参与交流，课后还进一步将所学所想凝练成观点文章，并以《负利率之下，技术如何影响金融体系现代化》为题在FT中文网发表。他的学习从课堂发轫，但又不止于课堂，他融会贯通，具有活跃的思维、深邃的洞察。比如，他在文章中一针见血地指出：“欧美发达经济体金融业负利率特征，反映的是其经济衰退本质，其根子在经济发展的动力问题上。当今世界，正处在技术革命的‘中间地带’，旧的经济在消弭、式微，但新的技术应用却还不足以引爆经济的飞速发展，萎靡不振的世界经济需要类似于工业革命的强力推动。”这种阐释，恰是对当前全球经济陷入长周期窘境的一种解答。另据功润透露，他的许多课堂、课后“作业”大都转化成了见诸报端的文字，而这些文字，许多已收录在眼前的这部书稿中。

“学”和“思”相辅相成，学而不思则罔，思而不学则殆。功润善于思考，与他的职业经历有关。加入中欧前，功润先后在解放日报社、新华社的采编和管理岗位工作了逾十年，这锤炼了他敏锐的笔触和宽宏的视角。当一线记者时，他即开始撰写分析评论文章，曾是上海市宣传系统的较早一批理论宣讲团成员，也是最早一批在东方网开设专栏的评论员。功润笔耕不辍，留下了不少富有见地的作品。2013年，功润推出了首部评论集《莫让浮云遮望眼》，后来又陆续出版了两本专著。加入中欧五年多来，功润坚持以笔抒怀，在多个财经媒体开设有专栏。他从近年发表的100多篇观点文章中，按照出版主题择取了

60余篇稿件，经过精心修改、完善后，形成了眼前这部书稿，这是他的第四部著作了。

这些文字，集中反映了在全球疫情等不确定性因素的冲击下，对中国经济发展新情况、新格局、新趋势的观察研判和思考沉淀。翻看这些文字，可以直观感受到时代的脉动，也能顺着其分析纹理看到发展逻辑的现实变迁。比如，在2020年新冠肺炎疫情肆虐之时，人们普遍更多关注疫情带给经济、民生的巨大灾难，功润则清晰地提出一个“反思议题”——经济发展与疫情的反向关联问题，亦即人类现代文明发展伴生突出的“后遗症”。经济发展导致气候问题，带来了生物变异、环境恶化，他进而前瞻性地指出：疫情将促使人们将目光聚焦到ESG（环境、社会和公司治理）和气候因素上，特别是国家层面上的绿色发展目标，对上市公司的ESG绩效以及财务绩效都将产生深远的影响。诚如斯言，ESG已然成为显题，寰球同此凉热。

功润是湖南人，身上秉承有湖湘文化的坚韧和行动力。这些年，他跳出舒适圈，从媒体行业转型至研究部门，在推动研究院工作的同时，自身亦朝着更为专注和聚焦的研究方向持续精进，并逐渐在经济金融研究领域崭露头角。2021年，功润获评入选“中国产业研究青年学者百强”，相信这只是一个开始。

在不确定性中探寻确定性，是一个永恒的课题。不确定性是常态，确定性是因时因地的相对状态。物理学家海森堡于1927年提出不确定性原理（Uncertainty Principle）时指出：不可能同时精确确定一个基本粒子的位置和动量。延展开来，不确定性原理涉及很多深刻的哲学问题，“若确切地知道现在，就能预见未来”。换言之，探寻确定性并不是我们的终极目标，而是以之为前提更好地拥抱未来的不确定性。因此，我们研判当今经济社会变局时，重要的是要在长周期中看到底层趋势，从而做出尽可能适当的选择。这方面，功润在这本书的有关热点专题分析中提供了有价值的洞见参考，荐读之。

期待功润有更多好的作品。是为序。

中欧陆家嘴国际金融研究院院长

中国工商银行原董事长

2022 年 10 月

目 录

第一章

不确定性冲击

历经旷日持久的新冠肺炎疫情冲击，世界经济在重创中蹒跚前行。百年未有之大变局深入演进，叠加疫情长期影响，经济业态、生活习惯、就业环境、治理模式等都被倒逼着发生深刻变化。

1.1 “疫”后经济议题反思

历经旷日持久的新冠肺炎疫情冲击，世界经济在重创中蹒跚前行。百年未有之大变局深入演进，叠加疫情长期影响，经济业态、生活习惯、就业环境、治理模式等都被倒逼着发生深刻变化。破而立之，在反思中前行，中国以及世界经济要企稳发展，不可避免亟须重新审思有关经济发展的议题，比如全球化、科创竞争力、数字经济未来，等等。

是不是经济发展导致了疫情发生?

大家都感受到疫情严重影响了经济，但是，有没有反过来想一个问题：是不是经济发展导致了疫情的发生？其实，这里面可能有一个明显的链条，可以把这个逻辑串通。毋庸讳言，人类现代文明的发展过程中有一个突出的发展后遗症问题，经济的发展导致了很多环境治理问题、生态问题、气候问题，导致了很多生物的变异，或者生物生存环境的改变。

也正是基于此，疫情促使人们尤其是越来越多投资者将目光聚焦ESG(环境、社会和公司治理)领域与气候因素。在某种意义上，这是疫情积极的副产品。疫情给全球造成巨大痛苦和生命损失，但也带来了改善社会共识、经济条件、商业行为和投资规范的独特机遇。投资者对气候变化议题数据和解决方案的需求不断增长，特别是国家层面上的绿色发展目标为企业的未来设定了方向，而企业自身如何与国家目标达成一致，在低碳经济转型中抓住机遇、控制风险，对上市公司的ESG绩效以及财务绩效都将产生深远的影响。

疫情与经济的关联，引出对全球化的反思。都说全球化代表一个主流的方向，的确没有错，但是现在也值得很多人反思这个既定问题。全球化的进程有多长时间？事实上也就是最近几十年大家开始熟知全球化和国际分工。那么，未来全球化是不是会有修正的必要？真理和谬误之间，有时只有一步之遥。我们应该客观意识到，全球化会导致整个全球变成一个系统，那就可能出现系统性的问题和风险。今天，它是以全球疫情这种极端的形式爆发、显现出来。所以，我们有必要反思这种全球化经济发展的后遗症问题。现在，世界各国发布经济数据时都会阐明前提背景，声称受疫情影响经济下降了多少点，但背后更应引起关注的，是疫情的经济性溯源问题。从更宽泛的视阈看，很可能是经济发展的某种偏执导致了疫情的发生。如果不引以为戒，未来可能这种因果循环还会不断出现，只不过可能会以新的表征、新的冲突形式呈现出来。

未来经济的核心竞争力何在?

关于未来经济的竞争力问题，各界有许多论述和观点。不过，如果我们更聚焦些，直指问题的核心，它可能就变成了科技实力的比拼，或者更准确地讲，即是自主科技创新能力的竞争。未来，不同经济体的比拼，肯定不单是比谁的市场规模大，不是比某个应用体系，最后拼的就是硬核实力。比如，人民币国际化靠什么推进？说到底，人民币国际化背后取决于中国经济的整体竞争力和发展水平，而中国经济高质量发展的未来，已经越来越清晰地归结于自主科技创新的能力。比如大飞机项目，我们引以为傲的C919，它代表了国产大飞机的一个崭新水准。与之类似的情况，还包括我们自主化程度较高的核电、高铁、5G技术等。但是，越来越多的人开始冷静地看到，有一些关键技术我们受制于人，被“卡脖子”。

美国对华为的制裁，只是冰山一角。当然，也不可能只此一役。大国之间的博弈历来有很复杂的因素，不过这一轮美国对中国发起的贸易战，一个很明确的指向，就是科技战。

不过，事物终有两面。现在反过头来看，美国对中国发起的明晃晃的贸易战，有一个很好的功效，某种意义上也是好事，帮助我们痛定思痛、知耻而后勇。未来，硬核实力不强，核心技术没掌握在自己手上，就很难说你有真正的国际竞争力。现在大家都意识到，中国“跟跑”的时代结束了，依靠“大市场”来换战略性核心资源的时代结束了。因为，即便你想要，别人也不会轻易给你了，你只能靠自己卧薪尝胆从“0”到“1”自己搞了。中国人喜欢拿来主义，实用至上，这种实用理性曾帮助我们很快发展起来。虽然“超大市场”依然是我们的优势，但是我们尤要建立起清醒的客观认知。现在，有些东西必须得自己做，不做的话，就实现不了创新性的突破，就无法结合我们自己的市场优势形成国际竞争力。当然，自主创新的路很难走，我们更需要扎扎实实地突破，从底层基座上构建国家的核心竞争力。

上海国际金融中心再进阶难度加大

从全球国际金融中心的发展实践来看，国际金融中心地位的形成，往往与一个国家的整体实力息息相关。世界强国的发展逻辑一般遵循由工业大国到经济大国，再到金融大国的递进式次序；其消退过程,也大体一致,先是工业的没落,再是经济衰退,最后是金融中心地位的丧失。从这个角度看,作为国家战略,上海国际金融中心建设及其前列地位的巩固,还需要久久为功去夯实基础。

上海在2020年如期达成了基本建成国际金融中心的战略目标,其建设成绩也体现在多个机构发布的全球金融中心影响力指数排名榜单中。以英国Z/Yen集团发布的近几期全球金融中心影响力指数来看,上海大致位居第三、第四的区间,可以说取得了优异成绩。然而,当局者尤需清醒。我们应该意识到,虽然上海各单项指标都位居前十,但总体影响力相较纽约、伦敦差距仍不小,我们依然要在许多方面对标"老牌"全球金融中心,取长补短。上海的"亮眼"优势表现在"金融业发展水平"上,而金融业发展水平的一个重要衡量指标是"金融业务集聚度",上海在这方面可圈可点,包括金融市场的门类和规模。值得注意的是,上海排名提升的一个重要因素在于人们的信心和预期。此前,中国经济长期向好的底盘表现以及在疫情前两年(2020、2021)的有效防控,使得上海的长期、短期确定性都相较其他金融中心好得多。但是不可否认,2022年3月份以来的疫情再袭给了上海一记重拳冲击,在长时间的静态管理模式下,上海的国际金融市场勉强维持正常运转,艰难程度可想而知,市场的波动在所难免,因此上海需要付出更大、更艰巨的努力来修复信心、回归常态。在疫情的重创下,高位再进阶,上海国际金融中心升级版建设难度加大。

对国际金融中心建设的未来而言,一个广泛的共识是,金融科技将显著改变金融行业生态。金融科技并不是单一环节的片面应用,而是有效实现数据流在用户、运营、销售、物流以及成本等各种方面结构化的应用,换言之,所有金融机构进行创新与改革都应充分应用金融科技手段。金融稳定理事会曾发布专题报告对金融科技进行定义指出，金融科技是技术带来的金融创新，能够充分创造新的业务模式、应用、流程以及产品等，从而进一步对金融市场、金融机构以及金融服务造成一定的影响。无论承认与否，金融科技也正以不可逆的方式改变着金融行业的生态格局，金融科技已经跻身为金融行业的主流趋势。

对于上海，金融科技是联动上海国际金融中心和科创中心建设、促进双向赋能的重要着力点，加快打造具有国际竞争力的金融科技中心已经成为上海国际金融中心升级版的重要目标之一。所以，面向“十四五”，上海将打造全球金融科技中心作为明确目标之一。可以肯定的是，为了朝这个目标迈进，必须“两条腿同时走路”，一方面需要全面提高金融科技应用水平；另一个至关重要的方面，就是要不断提升金融科技监管水平，以高质量的监管促进金融科技实现创新突破，带动整个金融行业发展。

数字经济成为重要力量

数字经济是现代新经济的发展方向，也越来越成为推动经济发展的主导力量。疫情时期，数字经济的创新创业将持续促进经济结构优化升级。根据麦肯锡测算，疫情时期线上消费每增加 1 个单位，61％为替代原有需求，39％为新增需求。新增需求不断影响现有业态，同时也激发大量创新业态，促进生产生活朝着数字化、智能化方向发展。比如，在金融领域，金融机构纷纷推出新型线上线下融合服务，使得智慧网点、虚拟银行等新业务加速落地；在工业领域，数字化转型进程不断加速，部分企业已加速应用机器人、自动化等新手段、新方式。中国的数字经济迅猛发展，可谓是顺应时代、创造了经济繁荣。可以预见，中国的数字经济产业将迈向中高端水平，将在持续推动产业结构优化升级的过程中，为拉动经济高质量发展发挥更加重要的作用。

但是，在我们积极展望的同时，要有更冷静的思维和审慎的眼光。数字经济发展绕不开一个重要问题：数字资产的确权，以及数据安全下的隐私保护。现在各种方兴未艾的平台经济，说到底是数字化时代下的数据流经济。也就是说，平台“收割”了流量级的数据价值，而作为数据贡献的主体实际上被动让渡了自身的数据价值。如果要对数据价值的归属进行确权，消费者群体的许多数据主权价值实际上是被剥夺了。当我们海量的数据被平台“绑架”，事实上我们丧失了议价空间。比如，平台曝光的大数据“杀熟”，消费金融的实际利率“陷阱”等问题，不一而足。所以，数字经济时代下的反数据垄断是有必要的。虽然，有的“垄断”是市场竞争条件下“自然而然”实现的，但市场的偏离，需要有规制，否则“大而不能倒”带来的风险将是系统性、灾难性的。

除了数据安全，还有一个公平竞争与创新活力问题。有一个很形象的比喻，人们常说“大树底下好乘凉”，但也有一种极端的情况是，“大树底下寸草不生”。一个行业巨头企业，如果把整个行业的资源几乎全部集聚了，无异于把行业的“血”都抽掉了，将对行业生态形成巨大伤害。正是基于此，我们看到，国家对数字互联网平台经济进行了整治。但是，这确实是一个难题：一方面，我们需要这些企业发挥集成的效率优势，尤其在疫情期间可以方便触达 C 端，释放市场化保供力量；另一方面，又不得不从长远考虑，对其进行规则性抑制以维护行业生态的平衡发展。

应该说，推动数字经济发展的最大价值，显然不在于某几家领军企业具体的商业价值。关键在于推动人工智能、5G、互联网、大数据、区块链等智能交互技术与现代生产生活深度融合，推动产业整体的信息化和智能化改造，并通过构建新型基础设施，推动市场主体快速进军产业链、价值链的上游，同时促进“智慧城市”建设发展。最终，致力于为老百姓改善生活、创造福祉。

1.2 于不确定性中把握发展定力

疫情全球蔓延以及由此引发的全球经济衰退牵动着每个人的心，所有经济体都无法独善其身。当前以及今后很长一段时间，我们对于经济社会生活的判断都无法回避这样的大前提。

疫情惨烈，全球经济黯淡

美国约翰斯・霍普金斯大学的数据显示，截至北京时间 2022 年 2 月 9 日，全球新冠确诊人数破 4 亿，距离全球感染人数突破 3 亿才过去了 34 天。据世界卫生组织统计，在 2022 年的第一个月全球有逾 8 400 万人确诊感染新冠病毒，几乎与 2020 年全年感染人数相同。奥密克戎变体可能已成为人类现代史上同一时间周期内感染人类数量最多的病毒。疫情大流行何时能结束，是大家最关心的问题。但截至目前，答案还是一个问号。

国际货币基金组织（IMF）于 2022 年 4 月 19 日披露了季度全球经济展望，在俄乌冲突的大背景下，IMF 时隔三个月大幅下调了经济增长预期，将 2022 和 2023 年全球经济增速预期分别从 4.4％和 3.8％均下调至 3.6％。与此同时，世界银行也下调了 2022 年全球经济增长展望，并计划调动比新冠肺炎疫情紧急时期更多的资金，来应对各种由此产生的危机。

IMF预计，2022年发达经济体将增长3.3%，此前的估计为3.9%；新兴市场和发展中经济体将增长3.8%，此前的估计为4.8%；IMF对欧元区的评级下调幅度尤其大，预计增速为2.8%，低于此前的3.9%。IMF预计，美国受俄乌冲突的影响较小，增长率为3.7%，低于之前的4%，下调增速主要是由于美联储加快收紧货币政策。英国2022年、2023年两年的经济将比2022年1月的预测低1%左右，下调幅度是G7国家中最大的。从IMF对各经济体的细分预期来看，新兴和低收入国家将遭受最大的打击。IMF预计，发达经济体与新兴市场和发展中经济体，在2021年扩大的差距将持续存在，这表明新冠疫情会留下一些永久性的伤疤。

美国微软公司联合创始人比尔·盖茨在新冠肺炎疫情暴发伊始曾说，新冠肺炎疫情可能会成为百年不遇的大流行病。他并不是危言耸听。尽管，今天的经济发展和医疗技术与过去已迥然不同，但是大家都知道，疫情能否控制住，并不取决于疫情控制得好的国家，而是取决于疫情控制得最坏的国家。现在，疫情高发以及治疗得比较好的基本上还是发达国家以及发展较好的新兴经济体。为什么？无非有两个原因：一是这些国家人员流动性高，二是检测手段强、医疗条件好。发达国家有雄厚的经济基础作为支撑，控制住疫情有更多有利条件。

真正的问题在哪里？非洲、印度人口加起来25亿，再加上几个人口过亿的国家，累加起来有37亿人口。这些国家，特别是非洲，没金钱、没能力、没技术，没办法落实严格的隔离政策，处在危险的漩涡中，未来令人担忧……有个国家的领导人说："把人民从病毒中拯救出来，但他们将因饥饿而死亡。"因为，这些国家没有实力承受如此重负。这就回到了一个经济困局。经济形势不容乐观，疫情给全球相关产业和国际贸易持续造成巨大损失。根据 2020 年 6 月博鳌亚洲论坛上发布的《疫情与变化的世界》，2020 年，全球旅游业损失至少 220 亿美元，全球航运业每周损失约 3.5 亿美元；全球海运贸易量减少逾 6 亿吨，为 35 年来最大降幅。继 2021 年强劲反弹之后，由于新冠病毒变异株造成新的威胁，再加上通胀、债务和收入不平等加剧可能危及复苏，全球经济增长正进入一个明显放缓的时期。

经此一“疫”，世界更趋复杂

疫情波及全球 210 多个国家和地区，影响了将近 70 亿人口。2020 年 6 月，博鳌亚洲论坛上发布的《疫情与变化的世界》专题报告指出，疫情冲击了人类健康、经济增长、社会发展、国家安全和国际关系等方方面面，是一场综合性挑战。经此一“疫”，世界出现了诸多不确定性，它加剧了一些消极观念，也加速了一些积极趋势，其影响总体上将加速世界变局，使国际形势更趋复杂。既存的大国竞争加剧、全球合作屡遇难题、民粹主义思潮蔓延等问题，在疫情后变得更加突出。全球股市和国际原油市场遭受重创，全球投资者出现恐慌情绪，引发金融和资本市场动荡。

公共卫生安全、生物安全等非传统安全是国家安全的重要组成部分，疫情提醒各国需重新审视并更加重视非传统安全挑战，构建更完善的国家安全体系；疫情再次凸显可持续发展的重要性，人类生活在大自然当中，应当维护人与自然的平衡，注重经济社会可持续发展，而非仅仅追求片面的经济增长。

值得关注的是，疫情助长了保护主义思潮，也促使一些国家重新审视产业布局与开放政策，加速了全球供应链本地化和多元化进程。后疫情时代的全球化将深入调整。中国的“世界工厂”地位短期内仍难被取代，但国际分工体系将会发生变化，部分供应链将会调整。亚洲、欧洲和美洲这几大经济板块的区域内合作得到加强。政府和企业在促进开放型经济过程中将更多考虑安全因素。长期来看，如何在效率与安全、区域与全球、竞争与合作等方面把握平衡，是未来全球化调整的重要方向。

2022 年 1 月 11 日，世界银行发布的《全球经济展望》报告指出，奥密克戎变异株的快速传播意味着新冠肺炎疫情很可能继续扰乱经济活动。此外，包括美国在内的主要经济体增长减速，这将压低新兴市场和发展中经济体的外部需求。病毒新变种的传播、持续的供应链瓶颈和通胀压力、世界大部分地区金融脆弱性加剧等多种因素叠加，意味着经济“硬着陆”的风险可能上升。与此同时，不断上升的通货膨胀正对货币政策形成制约。无论是从全球还是从发达经济体来看，通胀都处于 2008 年以来的最高水平。新兴市场和发展中经济体的通胀也达到 2011 年以来的最高水平，很多新兴和发展中经济体已在推出政策支持以降低通胀压力。

中国“四期”叠加，考验发展定力

中国经济是一个什么情况？概言之，中国遭遇“四期”叠加影响，即“三期”叠加，再加疫情的冲击。“三期”叠加是指同时面临增长速度换挡期、结构调整阵痛期、前期刺激政策消化期。这些年，我们在论述中国经济进入发展“新常态”时，会引入“三期”叠加的概念。笼统来讲，就是中国经济到了改革的深水区，接下来都是“难啃的骨头”。

2020 年以来，中国经济面临双重考验，要一手抓疫情防控，一手抓经济发展。两年多的战“疫”实践表明，我们“在常态化疫情防控中加快推进生产生活秩序全面恢复，力争把疫情造成的损失降到最低限度”这方面取得了公认的成绩，但与此同时，也遭遇了诸多杂音甚至不怀好意的“声讨”。

如何面对各种误读？最明智的，就是保持发展定力，定定心心地把中国自己的事情做好。应该看到，前期我们以惨痛的代价换得了疫情总体可控的局面，可以说最紧急的风浪已经过去，接下来在境外集体“躺平”的疫情输入性风险下，我们“动态清零”的防疫策略会持续遇到挑战，但是相信以我国经济的强劲韧性，一定可以克服困难。而且，从历史发展经验来看，每次危难时刻，也是机遇的窗口。

我国经济正面临需求收缩、供给冲击、预期转弱三重压力，所以必须强调稳字当头。我国将2022年的GDP增长目标确定在5.5%左右，在前所未有的挑战下，这个目标的实现尤其需要我们凝神聚力，咬定青山不放松，想方设法稳增长。要而言之，就是要引导各方集中精力抓好“六稳”“六保”①。这是政策引导下的民生经济取向，是以人民为中心、人民至上发展理念的生动体现，也是中国发展之路的最大“定力”。

1.3 多重压力叠加，如何突围稳增长？

2022年1—2月我国国民经济恢复好于预期，但转至3月，新冠肺

① “六稳”是指稳就业、稳金融、稳外贸、稳外资、稳投资、稳预期工作；“六保”是保居民就业、保基本民生、保市场主体、保粮食能源安全、保产业链供应链稳定、保基层运转。

炎疫情的阴霾复又笼罩，加之俄乌冲突等国际局势的影响，经济的春天并未如期而至。国家统计局的数据显示，3 月份中国制造业采购经理指数（PMI）为 49.5%，比上月下降 0.7 个百分点，制造业总体景气水平低于"荣枯线"，突出表征为产需两端同步走低，生产指数和新订单指数分别为 49.5%和 48.8%，比上月分别下降 0.9 个和 1.9 个百分点，均降至收缩区间。另据财新传媒和 Markit 联合公布的数据，2022 年 3 月财新中国服务业 PMI 为 42.0%，环比大幅回落 8.2 个百分点，为 2020 年 3 月以来最低。

往年进入 3 月份后企业生产、销售都会进入正轨，从而拉动规律性的景气度回升。2022 年 3 月 PMI 指数出现的超季节性下降显然属于"非常态"现象，这是我国经济多重承压下的负向反应。疫情多地散发，使得长三角区域、粤港澳大湾区经济降速甚至失速，导致多地及大批量企业减产停产，且波及整个产业链上下游相关企业的正常生产经营；与此同时，国际地缘冲突持续，外贸型企业大量出口订单作废或锐减，能源消费市场进一步受到冲击。在我国经济总体面临"需求收缩、供给冲击、预期转弱"的三重压力之下，此前略有回温的终端消费市场再陷低迷，国外需求难以避免地继续收紧，我国经济发展的内、外"双循环"动能正遭遇逆势冲击。

稳预期、强信心，对于稳增长至关重要。2022 年 3 月，国务院总理李克强在《政府工作报告》中提出 2022 年发展的八个主要预期目标，同时公布了完成目标所制定的七个重大政策，即"宏观政策要稳健有效，微观政策要持续激发市场主体活力，结构政策要着力畅通国民经济循环，科技政策要扎实落地，改革开放政策要激活发展动力，区域政策要增强发展的平衡性协调性，社会政策要兜住兜牢民生底线"，要求各方面"形成推动发展的合力"。这种系统性顶层设计，充分体现了我们“预则立”的制度自信和发展定力。值得一提的是，5.5％的年度增速目标确立之时，深圳、上海等地疫情尚未肆虐蔓延，在原本企稳不易的情况下，挑战有增不减，如此，突围“稳增长”对于我国经济的意义就尤为紧要了。

政策精准帮扶，直达市场主体

我国国内生产总值2021年超过114万亿元，增速达到8.1％，实现高基数上的中高速增长是我国稳就业、保民生、防风险的内在要求。基于同样的道理，2022年预期5.5％的经济增长目标也是建立在我国新发展格局下必要的底盘所需之上。撇开3月的非常态数据，我国企业2022年前两个月经济景气度良好，规模以上工业增加值同比增长7.5％，比上年12月加快3.2个百分点。其中，中央企业实现营业收入5.7万亿元、利润总额3 678.7亿元、净利润2 821.7亿元，同比分别增长17.6％、20.6％、20.4％，都达两位数。照此势头，如无意外，2022年实现预期稳增长目标应该是具有某种确定性的。

未料风乍起，3月份经济数据下行，4月份延续颓势，进一步加剧了“三重压力”。而承压的主体，无疑最终落在企业身上。基于此，稳增长政策发力，最好能直达市场主体。比如对企业直接减税降费，退税等于是给企业直接发现金、增加现金流，是及时雨。2022年中央和地方预算报告中有关减税降费的政策论述用了近一整页的篇幅，政策的普惠性凸显，根据预算报告：2022年减税退税约2.5万亿元，规模为史上最高，单单退税部分就达到1.5万亿元，相当于直接给市场主体发放现金流。

市场主体活则经济活，中国企业一手抓疫情防控、一手抓经济增长，大力发展数字经济，走出了具有中国特色的经济复苏之路。这些经验已经被实践证明是成功的，因此需要继续精准施策，夯实市场主体的增长基础。

积极的财政政策要更加精准、可持续。不仅体现在优化 3.65 万亿元地方政府专项债券发行使用方面，更重要的是体现在建立常态化财政资金直达机制，将 2.8 万亿元中央财政资金纳入直达范围。中央财政资金直达基层，可避免中间各层的截留行为，这为加大"六稳""六保"的力度奠定了牢固的基础。发挥财政的可持续效能，是指延续疫情以来行之有效的帮扶做法，减税降费、助企纾困、涵养税源。尤其要保证经济发展所需的财力支撑，2022 年赤字率拟按 2.8%左右安排，将特定国有金融机构和专营机构依法上缴近年结存的利润调入预算稳定调节基金等，支出规模比 2021 年扩大 2 万亿元以上。

稳健的货币政策要灵活适度，保持流动性合理充裕。2021 年我国实施宏观政策跨周期和逆周期调节，加大对受疫情影响严重的行业企业信贷投放；继续执行小微企业贷款延期还本付息和信用贷款支持政策，大型商业银行普惠小微企业贷款增幅超过 40%；企业综合融资成本稳中有降，有效应对了风险挑战。2022 年要进一步加强金融对实体经济的有效支持，不仅要用好普惠小微贷款支持工具，而且要求引导金融机构准确把握信贷政策，继续对受疫情影响严重的行业企业给予融资支持，避免出现行业性限贷、抽贷、断贷。对于被疫情持续重创的行业企业，如餐饮、住宿、零售、旅游、客运等，尤需给予政策倾斜"滴灌"。

扩大有效投资，打通国内大市场

央行发布的 2022 年 2 月金融统计数据显示，2 月，人民币贷款增加 1.23 万亿元，同比少增 1 258 亿元；2 月末，人民币贷款余额 197.89 万亿元，同比增长 11.4%，环比、同比分别降低 0.1 个和 1.5 个百分点，增速持续下滑。而在存款方面，2 月末人民币存款余额 238.61 万亿元，同比增长 9.8%。数据说明，疫情反复等原因抑制了居民消费意愿，而企业端则因成本上涨而投资意愿不强，从而导致当期信贷需求疲弱。根据海关总署发布的 2022 年 1—2 月的数据，虽然货物进出口总额同比增长 13.3%，对"一带一路"沿线国家的进出口增长达 18.3%，但这种增长是建立在 2021 年低基数基础上的。综观而言，受国内外疫情影响，尤其是在逆全球化产业链的波动调整下，进出口拉动经济增长的前景受限。

传统"三驾马车"中，扩大有效投资不仅对于拉动经济增长立竿见影，而且还能带动盘活内需消费和进出口市场。通过有效投资拉动经济增长，成为具有共识的一大突破口，特别是适度超前开展基础设施投资，比如建设重点水利工程、综合立体交通网、重要能源基地和设施，加快城市燃气管道、给排水管道等管网更新改造，完善防洪排涝设施，继续推进地下综合管廊建设等。基建增长无疑是稳增长的主要支撑力量之一。我们注意到，自 2021 年下半年以来，各级政府便开始储备 2022 年的投资项目，各地重大项目的安排也呈现数量增多、投资规模增长的态势，2022 年中央预算更是明确投资安排 6 400 亿元。

当前，扩大有效投资的一个"牛鼻子"是用好政府债券。政府专项债发行使用是带动消费扩大内需、促就业稳增长的重要举措。2022 年新增地方政府专项债 3.65 万亿元，2021 年年底已依法提前下达 1.46 万亿元，接下来将抓紧下达剩余专项债额度，向偿债能力强、项目多储备足的地区倾斜。政府专项债券的"牛鼻子"效应主要体现在两个方面：一是"牵引"，引导资金加大向惠民生、补短板等领域投资，加快新基建等有后劲、高水平项目建设，这既有利于尽早发挥专项债对有效投资的拉动作用，又能促进宏观经济可持续发展；二是“撬动”，发挥杠杆作用为项目增信，吸引带动更多社会资本跟进，支持民间资本参与交通、物流、生态、民生等各领域建设，更好优化投资大盘。

扩大有效投资的另一个重要方向，是支持国家实施重大区域经济一体化发展战略，打通国内大市场。在我国“十四五”新发展格局中，推进长三角一体化发展、粤港澳大湾区建设、京津冀协同发展、长江经济带发展、黄河流域生态保护和高质量发展，以及高标准高质量建设雄安新区等，勾勒出了国内大市场的几大重要板块，实际上也为扩大有效投资提供了思路。毋庸讳言，长期以来我国国内市场不同程度地存在“条块分割”和“竞争不充分”的状态：“条”上部门的产业政策数量过多、实施方式上过于依赖行政命令，在一定程度上阻碍了统一市场的形成；“块”上行政区经济难免导致市场分割、区域分工不清、盲目重复投资、高债务风险以及投资效益低等问题；从市场竞争看，平台垄断尚未消除，无序竞争、不公平竞争依然大量存在。

核心要义是坚持以经济建设为中心的方向，破除小市场藩篱，最大化提高生产效率和市场能级。因此，基于若干重点区域推进以土地、劳动力、资本、技术、数据等为内容的要素市场化改革成为题中之义。遵循这样的思路，就需要在跨区域市场、系统性工程上多做文章，尤其要促使政府引导投资资金更多流向合作性的共享共建项目，为打通国内大市场“铺路搭桥”。

金融靠前发力，优化信贷结构

释放清晰的宽信用稳增长政策导向，其中金融手段“靠前发力”意图充分显现。在2022年4月6日召开的国务院常务会议上，国务院提出针对性缓解餐饮、零售、旅游、民航、公路水路铁路运输等特困行业特别是中小微企业、个体工商户的资金压力，明确在二季度实施暂缓缴纳养老保险费，并将已实施的阶段性缓缴失业和工伤保险费政策的范围，由餐饮、零售、旅游业扩大至上述五个行业，并提及“要提高中小微企业失业保险稳岗返还比例，符合条件的地区可从60%提至最高90%”。应该注意到，2022年3月发布的《政府工作报告》中只提到延续失业保险和工伤保险的阶段性优惠政策，没涉及养老保险。由于疫情反复，从二季度开始实施暂缓养老保险缴费，不啻为及时的务实之策。

此外，会议还提出增加支农支小再贷款，用好普惠小微贷款支持工具，用市场化、法治化办法促进金融机构向实体经济合理让利，推动中小微企业融资增量、扩面、降价。同时，支持重点领域和薄弱环节融资，设立科技创新和普惠养老两项专项再贷款，央行对贷款本金分别提供60%、100%的再贷款支持等。其中，设立科技创新和普惠养老两项专项再贷款备受市场关注，将鼓励和引导金融机构优化信贷结构，加大对经济重点领域和薄弱环节的定向支持。据银保监会披露的数据，截至2021年年末，银行业金融机构科技型企业贷款余额较年初增长23.2%，比贷款平均增速高12.1个百分点；全国小微企业贷款余额近50万亿元，其中普惠型小微企业贷款余额19.1万亿元，同比增长近25%，较各项贷款增速高近14个百分点。科创金融、普惠金融作为金融信贷支持的重要增长领域，既有利于降低小微企业、个体工商户、科技创新企业等的财务和融资压力，也有助于稳定市场基础、培养潜在增长动能。

另一优化结构的关键点是要转换信用扩张机制，把信贷扩张的重点，从过去以房地产为主转向以节能减排、绿色低碳等领域为主。过去在外资大量流入、持续贸易顺差的情况下，我国央行因信用扩张而导致货币总量膨胀，某种意义上是通过房地产的“资金池”作用机制来调节的。如今，已经无法也不能再走过去的老路了，亟须支持壮大新兴领域以发挥部分替代房地产市场功能的作用。在这方面，目前主要发达国家应对疫情救援的金融刺激计划已有实践，如英国的 30 亿英镑“绿色刺激计划”、法国的“国家恢复计划”和德国的“复苏和弹性计划”等，金融支持在具体分配和实施中更加关注低碳、环保、可持续发展领域。

作为支持绿色低碳发展的有力抓手，绿色金融已经成为助力国家和地区绿色发展的重要工具，在推动实现碳达峰、碳中和目标的过程中也将扮演不可替代的重要角色。我国央行一直高度重视绿色金融工作，扎实推动绿色金融发展，经过多年探索已确立了“三大功能”“五大支柱”[①]的绿色金融发展思路，并积极推进金融支持绿色低碳发展的工作。但毋庸讳言，当前我国信用扩张机制的核心仍然是土地和房地产。截至 2021 年三季度末，人民币房地产贷款虽然呈现放缓态势，但余额仍高达 51.4 万亿元。

在实践操作中，我们还需要更多创新性方案，以实现绿色金融与转型金融的有序有效衔接。在多重压力下，“危”中有“机”，要想方设法在政策引导中优化信贷支持结构，把部分扩张的信用流向绿色可持续发展领域，大力发展可持续金融投资，适度超前推进新型基础设施建设，以绿色产业链共振效应带动生态圈重构。

俗话说，“进攻是最好的防守”，发展永远是最硬的道理。“稳”和“进”具有辩证相关性：稳中求进，稳即是进；不进则退，以进保稳。在当

① “三大功能”是指充分发挥金融支持绿色发展的资源配置功能、风险管理功能和市场定价功能。“五大支柱”是指完善绿色金融标准体系、强化金融机构监管和信息披露要求、逐步完善激励约束机制、不断丰富绿色金融产品和市场体系、积极拓展绿色金融国际合作空间。

前疫情等的严峻考验下，尤要积极主动作为，要以发展、进取的姿态，攻坚克难、爬坡过坎，最终把发展的“蛋糕”做大做好，实现经济稳增长。

1.4 中国何以曾首次出现 GDP 负增长？

2020 年疫情暴发初期，国家统计局发布的数据显示第一季度 GDP 同比下降 6.8%，这是多年来中国经济首次出现 GDP 负增长。

直观上看，此 GDP 增速负增长并不意外。新冠肺炎疫情暴发造成 2020 年一季度大范围经济活动停摆，虽然 3 月份经济指标有所回暖，总体却难以弥补经济损失。随后，3—4 月份的工业生产、消费和投资数据都明显好转，新增贷款、社会融资总量以及广义货币（M2）同比增速均显著上升。

在我国疫情防控常态化有效应对的基础上，2020 年二季度开始全面复工复产复市，加上政策逆周期调节持续多点发力，推动我国经济整体重拾向好走势，经济实现反弹主要得益于三个方面：一是疫情未冲击经济基础盘，中国经济发展大局保持稳定；二是政策逆周期调节力度加大，各地经济发力抢抓时间；三是中国经济韧性强劲，长期发展向好的趋势没有改变。

疫情未冲击经济基础盘

疫情对中国经济总体形成冲击，但冲击烈度在不同产业之间具有差异，这可从 2020 年一季度 GDP 的分产业数据看出端倪。第一产业受到的冲击相对较小，特别是基础农业领域实现了“逆势”增长。“手中有粮，心中不慌。”数据显示，2020 年一季度农业（种植业）增加值同比增长 3.5％。全国主要农区气候条件总体有利，春耕春播进展顺利，冬小麦整体长势好于上年和常年。2020 年 3 月底，全国冬小麦一、二类苗播种面积比重达到 87.2％，比上年同期增加 3.5 个百分点。当年一季度，禽蛋产量增长 4.3％，牛奶产量增长 4.6％，猪牛羊禽肉产量为 1 813 万吨。生猪产能持续恢复，生猪存栏 32 120 万头，比上年四季度末增长 3.5％。

受停工、减产及订单萎缩的影响，工业生产大幅下降，但 2020 年 3 月降幅明显收窄，且基础原材料产业和高技术制造业保持了增长态势。数据显示，3 月份规模以上工业增加值同比下降 1.1％，降幅较 1—2 月收窄 12.4 个百分点，环比增长 32.13％，工业产出规模接近 2019 年同期水平。工业三大门类数据中，呈现出一些亮点。天然气、无纺布、化学药品原药、原油、十种有色金属、乙烯和粗钢产量都有不同程度的增长；自动售货机售票机、电子元件、集成电路、城市轨道车辆、太阳能电池产量分别增长 35.3％、16.2％、16.0％、13.1％和 3.4％。3 月份，高技术制造业同比增长 8.9％，工业机器人和发电机组产量分别增长 12.9％和 20.0％。不难发现，我国的先进制造业、通信技术产业等高端工业在疫情冲击下，保持了“逆势”持续向好的发展势头，这是中国经济高质量发展的一种内生力量。

以服务业为主体的第三产业明显下滑，但新兴服务业增势良好。数据显示，2020 年一季度第三产业增加值同比下降，但其中信息传输、软件和信息技术服务业增加值增长 13.2％，金融业增加值增长 6.0％。受疫情冲击，2020 年 1—2 月，规模以上服务业企业营业收入下降 12.2％，但其中互联网和相关服务业营业收入增长 10.1％，软件和信息技术服务业营业收入增长 0.7%。2020 年 3 月，服务业商务活动指数为 51.8%，比上月回升 21.7 个百分点。

随着国内疫情防控的持续好转，服务业市场信心随之好转。值得一提的还有，服务业的数字化升级被广为关注，尤其是新兴的在线服务新经济得到了长足发展。

政策逆周期调节力度加大

我国以经济“停摆”的代价阻隔了疫情传播。虽然停摆期间经济疲软，但换来了疫情有效防控条件下的全面复工复产复市，这为之后经济生产生活的全面恢复、稳定增长奠定了重要基础。随着疫情期间压抑的经济活动逐步释放出来，复工带动经济回升，但在更大的程度上依赖于对疫情的持续有效防控，以及政策逆周期调节的力度。

疫情发生以来，各方面密集出台了一系列调控政策，为对冲疫情影响、稳定经济运行提供了有力保障。从各方的共识看，积极的财政政策是下一步对冲疫情影响的发力重点。一方面，积极的财政政策对稳经济、稳就业、稳投资具有及时性的“输血”功能。如通过减税降费、扩大支出支持企业、居民和部分地方政府渡过难关，发行消费券刺激消费，扩大教育支出；增加企业稳岗补贴，稳定就业；稳定投资，增加公租房和廉住房建设。另一方面，只有当财政政策有效落地时，才能有效利用央行提供的流动性，货币政策才有进一步施展的空间。货币政策及时跟进配合以保障流动性合理充裕并引导贷款利率下行，防止财政政策对无风险利率的抬升和对居民、企业部门信贷的挤出，降准、降息、存款基准利率调整仍然可期，长端利率也仍有下行空间。货币政策可直接有力支持实体经济发展，比如，央行定向降准释放巨额长期资金，引导市场利率下行，支持疫情防控物资保供、农业和企业复工复产。

政策举措的落地，直接缓解了企业的经营压力。同时，积极的财政政策也具有一定的民生普惠功能。政策逆周期调节的重要目的在于提振市场信心、打开市场需求。在海外市场不确定性风险增多的情况下，通过刺激政策打开本土“内需”市场成为重要方向，可发挥我国强大的内部腹地市场承接外需缺口，把外贸的市场尽可能地嫁接到内需市场，即通过“出口转内销”的政策供给，调动消费、投资共同促进内需反弹。内需市场是疫情冲击下的经济主战场，从长远看，通过一揽子宏观调控举措，把国内市场培育、盘活起来将是中国经济稳健发展的必由之路。

经济长期向好趋势不会改变

无论是 2020 年武汉疫情，还是 2022 年多点散发尤其是上海遭受的疫情重创，疫情的冲击总体都还是可控的。只是短期内经济指标下行的明显走势，反映了抗击疫情必然付出的代价，但无需放大其负面影响。虽然疫情造成短期内中国经济增长承压，但在较好经济基础盘的支撑和政策逆周期的有力对冲下，各方（包括国际方面）对于中国经济走势仍抱有信心。

回到 2020 年当时的语境看，当年二季度，中国经济即步入企稳增长轨道。同样的逻辑，在 2022 年本轮疫情的防控中，随着疫情总体“动态清零”，国家及各级政府部门的政策工具必然相时而动、加大对冲力度，中国经济有望迎来再一次复苏的拐点。

2020 年第二季度首月的经济数据多方位实现了“逆势”反弹。从生产端看，制造业复工复产迅速取得阶段性成效，当时复工仅半个月，全国规模以上工业企业平均开工率就已达99%，人员复岗率达到94%。从消费端看，全国消费市场随之回暖。我国拥有全球最具成长性的消费市场，随着一系列促进消费回补和潜力释放的措施出台，消费市场会持续较快增长。从投资端看，基建投资将稳步提速。在工业投资、基建投资和房地产投资三大领域中，基建投资将重点发力，对稳投资起到重要的拉动作用。

中国经济有很强的韧性，在遭受冲击后能进行自我修复。疫情冲击了中国经济，但不改变中国经济稳中向好、长期向好的基本趋势。

1.5 病毒、枪炮裹挟下，亟须守住发展底线

近代以来，亚欧大陆的政治经济中心一直在欧洲，亚洲相对“疲软”，究其原因，很大部分源于经济上的孱弱。如今，随着百年未有之大变局的深入演进，东、西方的经济格局的对比发生了显著变化。一个重要的具有历史意义的标志性事件是，2021年中国GDP体量超过欧盟27国GDP数量总和。

2021年，中国经济实现韧性增长，取得了来之不易的成绩，最亮眼的莫过于：GDP总量达到114万亿元人民币，经济增速达到8.1%。114万亿元人民币折合约17.73万亿美元，中国的经济总量历史上首次超越欧盟（2021年欧盟27国的GDP为17.088万亿美元），成为名副其实的世界第二大经济体。美国依然显示领先优势（GDP超23万亿美元），美、中、欧盟成为仅有的GDP超过10万亿美元的世界经济体，呈现“三足鼎立”的格局。亚欧大陆的经济核心的逐步东移正在变

为现实，未来中国经济体量甩开欧盟逼近甚至超越美国，或将成为可能。

当前国际局势错综复杂，在乌克兰陷入“麻烦”之后，欧元出现贬值，兑人民币汇率已经跌破 7，兑美元汇率越来越接近 1∶1，随着局势的发展，未来欧元不排除比美元价值还低。欧元贬值带来的一大影响就是导致欧盟 GDP 缩水，相比之下，目前人民币仍然相当强势，年初至今略有升值。我国将 2022 年的经济增长目标定为 5.5%，虽然在不确定性冲击下达成目标的难度很大，但必然对预期起到牵引作用，也会推动各方迎难而上、爬坡过坎，向目标迈进。

整体而言，在当今世界变局中，中国审时度势把握住了发展机遇，这是我们的定力和底气所在，也是我们的信心所系。2000 年中国的 GDP 仅占世界的 3.6%，为美国的 11.8%；现在中国的 GDP 占世界近 20%，为美国的 70%以上，成为世界第二大经济体。当前和今后的一个时期，我国发展仍然处于重要战略机遇期，机遇和挑战都有新的发展变化，总体上机遇大于挑战。中国崛起是一大变量，既是自变量也是因变量；美国遏制打压是不可回避的现实挑战，既是遭遇战也是持久战。面对国际的不利杂音、掣肘，尤其是美国明确的“遏中”战略，我们需要有“行百里者半九十”的心态，勠力同心“扛住”压力。面对外部环境变化带来的冲击挑战，关键在于办好自己的事，持续实现经济的韧性增长，增强国家综合实力和抵御风险的能力，确保经济、社会、民生、生态等各领域稳中有进。

全球疫苗鸿沟或造成新的经济分野

新冠肺炎疫情仍是全球性议题，也是全球经济的重要变量因素。

变异病毒在全球蔓延反复，加大了疫情防控的复杂性。2022 年 2 月，在全球新冠肺炎确诊病例破 4 亿的严峻形势下，以欧美为代表的许多国家开始被迫采取与病毒共存的防疫策略，这使得中国边境的防疫压力和渗透性风险加剧。IMF 在 2021 年 10 月发布的《世界经济展望报告》预测了 2022 年年底各经济体的增长率是否在趋势线之上，预测结果认为：届时只有发达经济体会略微超过其趋势线，其中一个主要原因是“疫苗鸿沟”。

诸多迹象表明，世界经济的前景依赖于另一种非常重要的投入，即疫苗。然而，疫苗的生产也带有局限性，具有微妙的政治色彩，而且分配不均。全球疫苗分配不公或将造成新的经济分野。当大多数人得到抗体时，各国政府可以适当放开已有的封城和边境封锁政策。同时，全民接种不仅减少未来大规模暴发疫情的风险，也使经济增长更具弹性，许多疫苗接种率高的国家已经恢复了社会的常态化生产。随着接种的步伐加快，越来越多的国家将会加入经济复苏的行列。

当前，我国也正在加大对新冠疫苗和特效药物的支持和推广力度，这将有助于中国在防疫常态化的条件下增强经济增长的韧性，以更有效地应对海外疫情的输入性风险和多地本土散发扩散的风险。需要意识到，“动态清零”的防疫策略是最适合我国现阶段国情的现实选择，也是今后较长一段时期最稳妥的选择。采取适合我国现阶段现实国情的防疫策略，从而从“根本上、长远计”实现保民生、稳经济，是我们当前需要守住的首要底线。

要避免在地缘冲突中“火中取栗”

17 世纪法国寓言诗人拉・封丹的寓言《猴子与猫》载：猴子骗猫

取火中栗子，栗子让猴子吃了，猫却把脚上的毛烧掉了。“火中取栗”的寓言告诫我们，在地缘冲突中要避免因“意气用事”陷入不利境地。此次俄乌冲突是一场深刻影响全球地缘政治格局与国际经济走势的全球性“内卷”，战争以及经济制裁之下没有真正的赢家，其负面影响将波及全世界。一方面，金融动荡和衍生冲击推升了全球性通货膨胀，全球通胀可能导致40年来最大的困境；另一方面，以能源为核心的国际贸易将出现极大的不稳定性，直接影响到能源的供应，使全球的产业链受到巨大威胁。

“没有永远的朋友，也没有永恒的敌人，只有永恒的利益。”基于国际关系的基本原则，中国需要灵活应变以作出符合国家和民族长远利益的战略抉择。俄乌冲突发生以来，中国始终本着客观公正的态度，根据事情本身的是非曲直，独立自主地作出判断、表明主张，一直发挥着劝和促谈的建设性作用。中国始终坚持“共同、综合、合作、可持续的安全观”，而构建人类命运共同体是解决国际分歧、防范更大危机的集大成方案，具有超越地域和种族的文明意义，这是中国在多元领域为世界贡献的独特智慧。

在“三重压力”下把握改革的“时效度”

2021年年底召开的中央经济工作会议指出，中国经济面临“需求收缩、供给冲击、预期转弱”三重压力，2022年的《政府工作报告》再次重申了“三重压力”。“三重压力”概括了中国经济下行承压的主要来源。从需求侧看，关键词是“收缩”，2021年下半年以来，国内有效需求不足的迹象渐显，中长期制约投资和消费需求的因素仍在，短期防疫物资出口量剧增等一次性因素在逐步消退。从供给侧看，疫情持续使新一轮供给冲击正在形成，给经济发展和全球秩序带来更大挑战。在国际大宗商品价格上涨等影响下，制造业受创，“能源—上游高耗能原材料—产业链”的涨价链条继续传导，一些资源型行业再度呈扩张态势。

当前，外部环境更趋复杂，疫情依然带来诸多不确定性。因此，中国经济政策既要统筹考虑，综合平衡，也需要根据形势变化不断调整和优化，坚持稳中求进，尤其要把握好政策调整和推进的时机、效果和程度，坚持先立后破、稳扎稳打。

为对冲经济下行压力，2022 年政策逆周期调节会更直接、更给力。根据中央和地方预算报告，2022 年预计减税退税约 2.5 万亿元，规模为史上最高，单单退税部分就达到 1.5 万亿元，相当于直接给市场主体发放现金流。与此同时，积极的财政政策更加精准、可持续。这不仅体现在优化 3.65 万亿元地方政府专项债券发行使用方面，更重要的是体现在建立常态化财政资金直达机制，将 2.8 万亿元中央财政资金纳入直达范围。

当务之急是要激活经济内循环，打通经济运行“肠梗阻”，加快建设全国统一大市场。在保存量、扩增量的过程中，需要注意的是，提振内需并不是“装到篮子里都是菜”，比如通过基建投资稳增长，不能理解为给地产项目松绑，也不是鼓励非理性消费、超前消费等。扩内需的重要一条，是要因势利导、尊重市场需求、放活组织形式，比如想方设法保护灵活就业、新兴业态，以及发展银发经济、再就业工程等。

此外，要处理好几组关系的平衡。平衡好做大经济增量与风险管控的关系，警惕由于各地各条线经济发展指标压力大，导致在追求增量、上马项目的过程中，降低风险管控标准而留下隐患；平衡好传统产业路径和“双碳”目标要求的关系，不要盲目追求“双碳”目标而忽视自身产业发展的实际水平，“假绿”“漂绿”不可取；平衡好平台经济与实体产业发展的关系，避免“脱实向虚”，促进平台与实体产业之间实现双向赋能，共同做大整个产业，等等。

1.6 中国经济增速趋缓的深层逻辑

近年来，中国经济遭遇中美贸易摩擦的持续外部冲击，又叠加新冠肺炎疫情的全球性影响，在经济企稳维艰的情况下，进一步加剧了经济增速放缓的趋势。从经济长周期维度看，外部因素与突发影响都不是中国经济增速趋缓的根本原因。那么，其深层次诱因是什么？我们可以找到很多因素，比如经济发展模式变化、产业结构纵深调整等。尽管有很多条线索，却似乎很难厘清深层次逻辑。

不妨反其道而思考一个问题：改革开放四十余年，为何前面三十来年的中国经济会高速发展？从这个角度切入，或许可以梳理出中国经济渐渐慢下来的内在缘由。

后工业化时代的新常态

人类进入现代社会，从工业革命以来都经历了一个从传统农业跨入工业化的进程。从普遍的发展规律看，人类经济的第一波高速增长是什么带来的？应该绕不过“工业化”，这是共有之识。

为什么工业化可以带来经济的强劲增长？可以粗略归结为两个

原因：一个是工业化带来资源的重新配置。资源的重新配置意味着，原来的农业生产要素转而成为工业生产要素，土地成为资源，劳动力成为资源，特别是这些资源通过工业化技术的加持，利用效率得到大大提升，推动实现更大的经济增量。另一个是传统农业时代没有资本的介入，即便有一点农业资本，其作用的发挥也极其有限。到了工业时代，机器嫁接资本，资本带来附加值，进而驱动经济发展。

从第二产业（工业）对中国 GDP 增长贡献率的角度看，中国改革开放带来的经济增长奇迹，在某种意义上是顺应了工业经济发展的普遍规律。中国特色社会主义市场经济的一大特色在哪里？也是其优势所在，就在于有计划的"市场化"。更直白一点说，即我们传统的经济资源、要素资源是有计划、分步骤、限领域地从国有部门向真正的市场化部门转移，大力支持发展民营经济。宏观主导与微观放活相结合，构建了中国经济稳定的发展秩序，随着国有经济的发展壮大与中国民营经济的纷纷崛起，中国经济的活力得以充分涌流。

顺着工业化的轨迹来看，从整体上中国工业化已经实现，基本完成了它的使命。当然，这个判断不见得很确切，也没有明确的界定。但是，有一些指标可以帮助我们认知。比如，现在许多行业都显示产量饱和了，有的行业已经产能过剩了，这或许可以作为中国已经完成工业化进程的一个重要表征。

当中国经济发展到了后工业化时代，一个很重要的表征就是经济增速放缓。经济增速放缓表现在国家层面，即中国经济已经进入了"新常态"。在新常态之下，加上经济基数已非常大，这意味着经济已经不可能再实现像以前的 10％的高速增长。当然，这种经济新常态也并非坏事，这是经济结构调整、优化的某种必然产物。

对冲人口红利消失的不利影响

推动工业化进程的重要资源是人力资本，支撑中国工业化经济高增长的关键条件是人口的数量和构成。我国在 1980 年到 2010 年这三十年中，劳动年龄人口迅速增长，非劳动年龄人口几乎没有增长，需要抚养的支出少，就能一门心思搞生产；而有些国家，劳动和非劳动人口是双重增长，可用于再生产的物质、人力就少。抚养比低，财富剩余就多，储蓄就高，转化的投资就多。如此，在中国改革开放前三十年，基本保持着劳动力的无限供给，投资的回报率极高，从而带来了高投资拉动的高增长。

依照这个逻辑，当老龄化袭来，人口出生率降低，人口红利就会消失，经济的高增长将受到严重挑战。中国的人口抚养比恰好在 2010 年开始迅速提高，人口老龄化问题开始显现。

接踵而至的，还有相关的第二个问题。国家统计局的数据显示，2016 年我国进城务工人员增长 1.5%，2017 年基本持平，2018 年之后就出现负增长了，各地不同程度地出现了用工荒。这就是近年来我们看到的农民工"回流"潮现象。一方面是东部沿海发达工业区的人力资本"逃离"，另一方面是在低出生率的影响下，新生代的农民工供给严重不足。而今，人力短缺在东部沿海地区显得尤为突出。

人口红利逐渐消失，成为我国经济增速放缓的一大根本诱因。未来，我国经济保增长，一个重要手段是要对冲或者说延缓人口红利消失带来的不利影响。人力"数量"不够，就从"质量"上做文章，采取人口、资本和技术等的组合方式，使人口红利以另外一种方式延展与实现。

当前人口结构的变化已不可避免，但随着劳动人口的技能、知识、经验等方面水平的提升，以及新技术赋能，将形成人口和劳动力“以质量换数量”的新红利机遇期。按照国家转变经济发展方式的要求，产业结构高端化已是大势所趋。这也客观上要求经济发展必须从依赖劳动力驱动转变为依托人力资本驱动，对于高素质人才的需求会越来越多。随着劳动力素质的提高，必然会有越来越多的从业者从低生产效率部门向高生产效率部门转移，由此重塑经济增长的内生动力。

创新驱动供给侧结构性改革

我国经济延续了很长一段时间的高速增长，现在是必须适应经济新常态的时候了。我们需要静下心来思考两个问题：一是产能过剩是一个相对概念，产能只是结构性过剩，所以要通过供给侧结构性改革进行优化；二是劳动力也是相对供给不足，可以通过技术发展释放人力与人力资本进阶培养来解决，这也是一种人力资本的供给侧改革。

推进供给侧结构性改革，本质上是倡导创新驱动改造提升传统产业，支持各类市场主体加快新技术、新产品、新业态、新模式等方面的发展，以创新供给带动需求扩展，以扩大需求倒逼供给升级，从而真正扩大有效的、中高端供给。虽然供给侧结构性改革会以牺牲某些短期的效益、速度、体量为代价，但从长远来讲，是推进我国经济高质量发展的必由之路。

供给侧创新驱动，使经济发展方式从要素驱动、投资驱动转向创新驱动，特别着重提高供给体系的质量和效益。题中之义，是要充分发挥科技创新的核心作用，加快实现科技创新成果的重大突破，强化创新人才的培养引进，加强创新体系建设，激发全社会的创新活力。

创新，正在不断融入我国经济社会发展全局，为高质量发展带来勃勃生机。在制造业产业升级及装备制造产业链先进技术的推动下，国内制造业生产方式也逐渐向自动化生产、智能工厂的生产方式转变，新能源汽车、3C 消费电子等越来越多的行业正加速实现自动化、智能化生产。《2019 中国自动化及智能制造市场白皮书》的统计数据显示，2016 年至 2019 年我国工业自动控制系统装置制造市场的规模由 1 421 亿元增长至 1 865 亿元，预计 2025 年达到 2 347 亿元。从世界工厂到世界级创新平台，从日益夯实的国家创新体系到不断涌现的新科技、新产业、新业态，创新驱动已经成为中国经济的自觉追求。

创新驱动，不只是一个时髦的口号。说到底，经济发展由企业推动，企业创新是企业在市场竞争中获胜的法门。2019 年国务院政策吹风会上公布的数据显示，我国企业研发投入占全社会研发投入的比重已超过 70%，规模以上工业企业中超过四成开展了技术创新活动。企业创新，不能为了创新而创新，而是要瞄准市场核心需求。

谈到创新，很多人自然而然联想到互联网，似乎觉得创新天然就是互联网的基因，这个自然没有错。但也不能片面地理解创新，就像此前人们习惯用“互联网＋”来称呼各种新业态，甚至偏激地认为只有“互联网＋”才是创新。产业的互联网化，不能本末倒置。对于实体企业而言，如果互联网这块过于庞大，也将面临风险，虚实结合的最终的落脚点在“实”。

创新必须务实，创新驱动经济发展的最终目的是服务于人的福祉。我国社会的主要矛盾已变为“人民日益增长的美好生活需要和不平衡不充分的发展之间的矛盾”，这里释放了很强的信号，未来企业的增长机会，未来经济发展的价值取向都要更多地关注人，人的衣食住行，包括人的精神需求。从这个角度看，未来中国经济的发展机会就是更好地满足人的多层次需求，落实到“以人为本”上来。

第二章

统一大市场建设

统一大市场建设是系统工程，不会一蹴而就，需要稳步压茬推进。在承认资源禀赋不同、尊重市场规律的前提下，抓好底层规则和接口的统一，形成协同效应，推动市场由大到强。

2.1 “内循环”为主体是新发展格局的优选项

改革开放以来，我国经济一直致力于外向型发展，依托国内资源禀赋和丰富的劳动力优势，积极参与和融入全球分工与专业化的体系之中。一方面从国外引入资本、先进的技术和管理为本土尤其是东部沿海经济发展注入动力，另一方面又大力拓展出口市场，充分发挥我国在劳动密集型产业和制造环节的国际竞争优势，并且把握住了经济全球化和国际产业转移的重大机遇，从而实现了过去几十年的飞速发展。毋庸讳言，这种外向型经济模式确实给我国带来了巨大的经济效益，但也在一定程度上导致了对挖掘内需尤其是中西部地区发展的忽视，进而导致了今天“不平衡”“不充分”的发展局面。

外向型经济模式的另一面

在我国经济崛起的道路上，外向型经济加速了我国工业化进程，帮助我国形成了完备齐全的产业体系，还大大提升了我们本土产业的技术基础和创新能力。但外向型经济模式也具有另外一面，它固有的弊端也逐渐被大家所感知。

首先，如果过度依靠海外市场来发展经济，经济增长的主动权很难掌握在自己手中。在此前的“外向型经济”思路下，我国经济一直都与海外市场深度绑定，这从外贸依存度中可以得到反映。有关数据显示，1995 年以来，我国对外依存度从来没有低于过 30%，尤其是

2001 年加入世界贸易组织（WTO）后，该指标数值迅速攀升，最高曾达到 63.96%，这也在很大程度上使我国经济频频受到全球经济波动和贸易摩擦的影响。

其次，国内产业升级和经济安全也受到一定影响。很长一段时间，我们充当“世界工厂”的角色。由于在劳动密集型产品（低技术含量产品）出口方面的比较优势，我国主要的出口产品很长一段时期内主要集中在纺织服装、鞋类、玩具等轻工业产品上，而进口的则为资本密集型和技术密集型产品，常常是“一卡车日用品换一个电子元器件”。低附加值行业的不断扩容，既不利于国内产业结构的优化升级，又增加了我国提高外贸竞争优势、抢占全球价值链上游的难度，更容易在核心技术上被欧美发达国家“卡脖子”。

最后，近年来外部环境急剧变化，海外市场不确定性因素增多，外向型经济模式很难再实现稳定增长。由于受到全球经济下行压力渐增、贸易保护主义抬头等多重因素的影响，外贸对我国经济的贡献度开始降低，尤其近年来国际政治经济形势更加错综复杂，而新冠肺炎疫情的暴发、多发深度冲击了全球供应链体系。在此背景下，不管是出于经济增长还是安全考虑，我们都不能继续把增长的主要动力建立在疲软不振的海外需求上，而是应当着眼于国内市场的深度挖掘。盘活内需是当前中国经济带有确定性的发展之“锚”。经济社会的可持续发展从来都是建立在可靠的内生力量上，自身有足够的免疫力才能立于不败之地。

疫情及全球经济形势加速新发展格局的实施进程

当前经济形势仍然复杂严峻，不稳定性、不确定性较大，我们遇到的很多问题是中长期的，必须从持久战的角度加以认识，加快形成以国内大循环为主体、国内国际双循环相互促进的新发展格局。

需要注意的是，“内循环”“外循环”并不是一个非此即彼的单选题，中央确立的新发展格局是“国内大循环为主体、国内国际双循环相互促进”，两者不是取舍，而是权重问题。事实上，这种新发展格局不是一蹴而就的，也不是今天才开始布局的。中央强调“从持久战的角度加以认识”，换句话说，只是由于当前的疫情及全球经济形势的倒逼，加速了新发展格局的实施进程。

从区域均衡发展的角度看，深挖内需、发展腹地经济的“内循环”未必是一件坏事。区域经济学里有一个“资源的诅咒”理论：当一个地方的食物随便就能从树上采集到，人们往往就懒得去精耕细作了。同样的道理也适用于商业贸易，之前由于海外贸易的利润丰厚，导致利润率相对较低、需要提高效率加以细分应对的国内市场的开拓被忽视了。我们经常会发现，国内很多三四线城市的产品，质量很好却没有机会被国内消费者认知，许多国外品牌质量没有明显优势却因为品牌效应而大量挤占了国内产品的市场空间。基于此，“内循环”将在很大程度上倒逼企业家更加关注国内市场，通过将一部分原计划迁到东南亚的工厂和设备投入中西部，可以增强企业深耕内陆腹地市场的动力，从而让一部分有潜力而没有机会的国内企业成长起来，进一步带动中西部经济的发展。

“内循环”也会有新的挑战，突出表现在，获取国外先进技术的难度会增加。发达国家对发展中国家的业务外包，也伴随着技术进入，正是得益于这种技术支持，我国的工业化、现代化进程实现了快速发展。不过，从目前的现实情况看，即便我们不搞“内循环”，国外先进技术也已经很难“拿来主义”了。所以，在某种意义上，这种挑战又可以转化为积极的一面，它可能会倒逼中国自主知识产权技术的研发，企业将不得不增加研发在总收入中的比例，以尽快补齐产业链中的缺口环节，提高产业链的自主性和独立性。

当然，短期内的困难和冲击是难以避免的，市场主体不得不由此增加研发和营运成本，尤其小微企业将面临“生死”压力。而民间经济的活力和就业市场的繁荣对我国的经济稳定具有重要意义，所以在当前及今后很长一段时间，“保市场主体”“保就业”将成为稳经济的重中之重。

全球化依然是“不可逆”的趋势

“内循环”绝不是关起国门。“封闭式”思维并不符合经济学规律。亚当·斯密在《国富论》中着重讨论了一国经济繁荣发展的逻辑：经济发展表现为人均收入的增长，而劳动生产率的提高是促进人均收入增长的唯一来源；提升劳动生产率的根本途径则在于分工和专业化程度的加深；导致分工和专业化程度加深的基础条件，则是市场规模的扩大。

世界级市场互通有无所产生的巨大收益，超过所有国家内循环的总和。任何经济体，只有同其他经济体进行资源整合与优势互补，才能实现共赢共进。市场融通的一个功能在于，市场规模的不断拓展往往还伴随着技术进步，主要体现在分工和专业化程度加深的过程中，而技术进步对于经济发展的意义就不言而喻了。

世界经济的互联互通、人员的交流往来，是大势所趋，虽时有逆流，但大潮流浩浩荡荡，不可阻挡。中国是全球化的倡导者、推动者，一直都在为促进国际循环的畅通和扩大而努力着，越是在

"逆全球化"沉渣泛起之时，越要坚持改革开放。从"一带一路"、稳外贸稳外资、扩大自贸区试点，到自贸港建设、举办进口博览会，中国积极"走出去""引进来"，大力拓展新兴市场贸易。这是顺应时代发展主流的国家战略，不会因为某些别有用心的外部势力施压而动摇、改变。

我国乃至几乎所有国家的成功实践都证明了一条：只有坚持高水平对外开放，经济才能得到长足的发展。因此，我们在强调"以国内大循环为主体"的同时，务必还要实现"国内国际双循环相互促进"，这是中国经济发展的理性选择。

2.2 物流困局与统一大市场

受 2022 年 3 月以来疫情在国内多点散发、局部暴发的影响，多地实施封控管理，货车物流一度大量被困公路，造成供应链物理性中断，抗疫和民生保障物资大面积滞留，一时间激化了多重矛盾。3 月份的全国物流数据显示，全国的货运量还没有恢复到疫情之前，而本轮疫情中心城市的货运量更是不足此前的两成。另据不完全统计，全国先后有 13 个省份因疫情防控关闭了数十个城市的部分高速公路出入口，一些正常开放的高速公路口，则对货车司机设置了重重限制。物流运力在受到抑制的情况下，再遇关停严控，陷入两难境地。

物流停摆、不畅，发端于疫情，但症结不仅仅在疫情。物流受阻的直接原因是疫情引起的道口关闭、货运人员管控等，背后却反映了一个深层次问题：政出多门，条块分割。各地规则接口不一样，市场被行政区划割裂，小市场微循环特征凸显。我国现阶段的市场割裂问题，不仅体现在行政区经济的空间色彩上，也反映在线上系统不兼容导致的数字“鸿沟”上。阻碍物流的除了“封闭的路”，还有“交错的码”。

交通运输部接连召开物流保障协调会，国务院也发文要求及时解决路网阻断堵塞等问题，物流困局得到了一定程度的缓解，但形势依然严峻。为重拳推动疏解物流困局，国务院副总理刘鹤于 2022 年 4 月 18 日出席全国保障物流畅通促进产业链供应链稳定电视电话会议，并部署十项重要举措，要求努力实现“民生要托底、货运要畅通、产业要循环”，明确要求足量发放使用全国统一通行证，核酸检测结果 48 小时内全国互认，实行“即采即走即追”闭环管理，不得以等待核酸结果为由限制通行。

亟须协同的统一大市场

众所周知，“疏”胜于“堵”。按照逻辑推论，即便受疫情影响，如果所有物流环节都能实现无缝对接，通过系统化的闭环管理，还是能够做到“畅”其流的。当然，这不仅极大地考验管理者的水平，还取决于各割裂条块环节之间的系统兼容性能。从这个意义上说，建立破除局部利益壁垒、盘活要素资源的统一大市场就显得至关重要了。

2022 年 3 月发布的《政府工作报告》提出，加强高标准市场体系建设，抓好要素市场化配置综合改革试点，加快建设全国统一大市场。4 月 10 日，《中共中央、国务院关于加快建设全国统一大市场的意见》正式发布，明确要求加快建立全国统一的市场制度规则，打破地方保护和市场分割，打通制约经济循环的关键堵点，促进商品要素资源在更大范围内畅通流动。《意见》还强调，要优先推进区域协作，形成工作合力。

虽然建设全国统一大市场并不是专门针对疫情冲击而出台的，但在疫情的持续影响下，我国市场上存在的制度规则不统一、要素资源流动不畅通、地方保护主义盛行等问题更明显了。特别是有些地方打着“内循环”旗号搞地区经济，甚至以防疫为由设置壁垒、限制物流，与全国统一大市场建设的要求背道而驰。

统一大市场建设是系统工程，不会一蹴而就，也不可能齐头并进，需要稳步压茬推进。可以先从最突出的问题入手，比如整治地方保护主义，清理阻碍市场融通和公平竞争的不利规定，打破封闭小市场、局域微循环。当然，统一大市场建设不是要求整齐划一、量化统一，而是要在承认资源禀赋不同、尊重市场规律的前提下，抓好底层规则和接口的统一。比如，强化市场基础制度规则统一，推进市场设施高标准联通，打造统一的要素和资源市场，推进商品和服务市场高水平统一，推进市场监管公平统一。更重要的一点是，要通过改革巩固和扩展市场资源优势，形成协同效应，推动市场由大到强。

“形成协同效应”是统一大市场建设的题中要义，也恰是物流困局的破解之道。我们注意到，在国务院的统一要求及交通运输部的协调下，全国关闭关停的高速公路收费站和服务区都已开放运营，各地方还针对性地推出了关爱货车司机保通畅的措施，比如提供快餐服务等，同时积极保障货运物流，特别是民生保供运输畅通。

政出多门且层层加码，是政令不通、市场不畅的主要原因。针对物流“堵”点，需要各节点“开墙破院”进一步加强协同，确保通行管控政策一通到底。比如，为加速线下物流通关效率，对群众生产生活保供物资运输车辆，以及运输疫情防控所需的救治消毒药品、医疗救护设备等紧急物资的车辆，可实行前端（发车）直达终端（卸货）的防疫检查策略，中途可执行不停车、不检查、不测核酸、不收费政策。这样有利于优先保障重点物资运输有序通畅。

再比如，可在线建立全国统一的货运异地互认机制。对货运司机的核酸检测结果及时互联互通、全国互认通用，避免多地设卡重复做核酸检测；建议探索推出全国通行的类似于“路路通”的通行码，可基于货运司机核酸检测及货物检疫信息，集成生产通行码。各行政区主管部门要有一盘棋思维，不能人为层层加码、增添通关阻力。另外，要发挥立体化交通网络的运力，比如铁路货运和水上运输等，加强市场保供效能，尽快缓解供求压力。

强“链”补“链”，抵御不确定性风险

2022 年 3 月起的此轮疫情令年初好于预期的中国经济增长出现放缓，供需两端全面受到冲击，未来一段时期经济下行压力将加剧。这次疫情虽未对周边国家和地区产生溢出效应，但由此带来的供应链风险却不容小觑。

“得供应链者得天下”，新时代的竞争越来越表征为供应链的竞争。从传统企业到新兴创业公司，从实体企业到互联网科技公司，从民生保障到社会治理，供应链已经渗透到企业、行业乃至整个社会的方方面面。对市场 C 端的消费者而言，供应链本质上就是在特定时间把需要的商品以合适的价格放到要求的地点。

两年前，当疫情在武汉肆虐时，京东等众多以数字化智能化供应链为代表的电商和物流企业迅速行动，为抗疫物资保障和居民生活供应提供了大力支持，同时让具备韧性的数字化供应链价值凸显，使越来越多的行业及企业意识到数字化供应链建设的重要性。据统计，近

年来，包括美团、京东、饿了么、叮咚买菜等在内的数字型企业，在从产地到社区的供应链领域投入的基础设施投资和运营成本高达数千亿元。不可否认，在疫情来袭之后，这些触达基层社区的市场主体发挥了重要作用。

就物流困局而论，提高运力只能解决短期问题。从中长期看，还是要通过加强基础设施建设进一步增强供应链的韧性，要推进数字化、智能化物流供应链建设。比较理想的状态是，物流与数据流并行不悖，并且大数据平台能够基于分析研判，给物流行业插上数字化翅膀。比如，可以开设抗疫保供物资援助专线，各地驰援抗疫的物流情况（包括司机、货品信息、行车路线等）完全可以在线实时查阅，便于实现高效安全的闭环管理。物流行业数字“新基建”非一日之功，但加快数字化进程却是提质增效的必由之路。

毋庸讳言，我国产业链和供应链的强“链”补“链”任务还很艰巨。疫情期间，供应链堵塞严重影响了民众居家防疫的生活和工作秩序，其所暴露的风险不仅在物流的仓储、运输、配送等环节，也让数字化供应链的短板浮出水面。封控期间，人们疲于各种抢菜、团购和买药，线上下单之后还得看是否能顺利发货，即便货物已在物流途中，也可能止步于“最后一公里”的社区派送。诚如京东 CEO 所言：供应链最重要的是“链”，一定要保证“链”上各环节的稳定性和可靠性，这样才能保证供应的及时性、准确性。

随着商业竞争持续深化和细化，许多供应链逐渐走向分散化，供应链越分散，链条上的薄弱环节就越多，链条中断、低效的可能性就越大。此外，在供应链数字化过程中，新型的数字垄断和网络安全威胁也如影随形。未来，在促进大数据、人工智能、区块链、5G 等新兴数字技术与供应链各个环节融合的同时，还应关注线下实体供应链的安全性运营问题，比如一旦线上“断网”，实体供应链需要有应急预案。因此，我们应该大力支持发展兼具数字化与实体供应链运营能力的新型实体企业，激发市场主体活力，充分发挥市场在资源配置中的决定性作用，为统一大市场建设提供强有力的支撑。

2.3　大宗商品市场风险及其应对

当前，百年大变局和世纪疫情交织，经济全球化遭遇逆流，世界进入新的动荡变革期。这种“新的动荡变革”突出反映为持续不断的俄乌冲突。

联合国 2022 年 5 月发布的《2022 年中世界经济形势与展望》报告预测显示：由于全球经济复苏被俄乌冲突扰乱，引发严重人道主义危机，提高了粮食和大宗商品价格，在全球范围内加剧了通胀压力。报告将 2022 年全球经济增速下调至 3.1%，低于 1 月发布的 4%的增速预期。报告预计 2022 年全球通胀率将增至 6.7%，是 2010—2020 年期间平均通胀率 2.9%的两倍多，粮食和能源价格将大幅上涨。

俄乌冲突直接推升了大宗商品价格波动态势。众所周知，俄罗斯和乌克兰都是全球重要的大宗商品资源国，受地缘危机直接影响，以及伴随欧美对俄罗斯制裁进一步升级，原油、欧洲天然气、铝、镍、油脂、小麦和玉米等大宗商品价格出现大幅上涨。2022 年 2—3 月份的数据显示，布伦特原油强势突破 100 美元大关，创下近 8 年新高；欧洲天然气一度大涨逾 50%，逼近历史高点；农产品价格纷纷大涨，棕榈油价格突破 12 000 元大关，创下 14 年新高。

当然，俄乌冲突对大宗商品市场只是一种特定重大事件的冲击。大宗商品价格波动背后有着多重因素，产生的影响也是多方面的，其风险也传导至金融领域，尤其叠加欧美将俄罗斯剔除出环球银行金融电信协会（SWIFT）支付系统等因素，全球金融市场出现剧烈波动，资金风险偏好受到显著冲击。因此，准确认识本轮大宗商品价格波动背后的推动因素，厘清风险，特别是把握其对于我国宏观经济运行的影响，并因势利导提出应对策略，具有现实意义。

推动本轮大宗商品价格波动的多重因素

全球大宗商品价格的大幅波动由多重因素造成，既有国际供应链脆弱的自身因素，有全球流动性宽松的外部影响，也有大宗商品尤其是能源的结构性矛盾，最后又遭遇地缘冲突风险的巨大推动。这些因素，有的是产业自身的，有的是市场周期性的，有的是外部“黑天鹅”事件冲击。

一是全球流动性货币宽松。自美联储 2021 年“天量”货币大放水以来，多个大国央行持续“放水”，实施宽松货币政策，使得全球流动性保持宽裕，市场基本还处在“消化”阶段。

二是疫情抑制导致供需失衡。随着疫苗大面积接种推广，全球经济活动逐步加速恢复，此前被“积压”的制造业和加工业对商品和原材料的需求集中释放出来；同时，由于供需两端复苏进度的不对称性，大宗商品市场供给滞后于需求，市场供求关系的普遍规律推高了大宗商品的价格。

三是国际供应链不稳定。近年来逆全球化趋势抬头，冲击了本身相对脆弱的国际供应链。全球疫情暴发以来，大宗商品增产有限，全球多国和地区疫情反复散发，导致全球供应链修复缓慢，全球供应链不稳定风险加大。同时，全球物流不畅抬高商品流通成本，最终反映在交易价格上。

四是新旧能源结构矛盾。在绿色转型的大背景下，全球的新能源运动有些激进，导致传统化石能源领域的勘探开发和基础设施投资不足，影响了煤炭、石油和天然气供应量的稳定性、充裕性。因此，一旦遭遇不确定性冲击，能源危机即席卷全球，表现为能源化工品和电力价格飙升。而新能源产业发展又带动铜、锂等金属需求增长，推动其价格上涨。

五是地缘冲突激发市场避险情绪。越是在市场波动时期，大宗商品作为主要避险投资品种就越受到资金青睐。比如，伦敦金属交易所的主要金属合约的现货价格一度远高于远期交割的价格。再比如，黄金市场的避险溢价已有所显现，包括黄金相关股票、黄金 ETF 和黄金期货在内的投资标的获得资金流入。

我们应该注意到，上述多重因素之间存在一个相对共性的影响因子，即全球疫情。不得不承认，目前制约全球经济增长的重大原因仍然是新冠肺炎疫情造成的冲击，而且这种冲击和影响还在继续，而且极有可能被错误评估。如果全球抗疫行动不能达成一致的成功，经济上短期内的复苏可能也仅是暂时的，而疫情反复对物流供应链造成的毁灭性破坏，将持续加剧大宗商品价格波动，并导致全球性通胀风险，令经济复苏一波三折。

警惕大宗商品价格大幅波动加剧全球金融市场风险

自 2020 年受疫情影响以来，全球启动量化宽松，美联储更是“直升机撒钱”，大量资金涌入股市和大宗商品市场，推高美股，大宗商品价格大幅上涨。换句话说，撇开俄乌冲突因素，疫情危机引发的流动性“大放水”已经在相当意义上带动风险资产和大宗商品价格走高，泡沫本身有潜在的破灭风险，现在又叠加俄乌冲突这一巨大“黑天鹅”推波助澜，泡沫破灭的风险就变得更大了。

因此，我们要高度警惕大宗商品价格大幅波动加剧全球金融市场风险。基于俄乌冲突本身及其外溢效应影响，全球大宗商品市场的金融活动可能存在多种风险，而这些风险一旦相互共振，形成连锁反应，则有可能诱发全球金融危机。

第一，大宗商品价格大幅波动引发金融期权热潮，进一步加剧整体价格的波动性。波动性飙升正在重塑全球大宗商品衍生品市场，越来越多的交易者选择期权来对冲风险。在大宗商品交易过程当中，贸易方会常规性地使用期权和期货等金融工具通过套期保值手段来对冲未来的风险敞口。这样做一方面可以通过锁定利润和风险降低商品价格波动可能造成的损失，另一方面可以获得来自银行的信用承诺，从而获取银行的融资支持。

然而，虽然期权交易可以带来巨额利润，但与所有衍生品一样，它们也可能造成巨大损失。近年来，从石油生产商到航空公司，都曾有因期权亏损了数十亿美元的。有时，对冲期权头寸的交易者不得已要买入或卖出期货，这可能会加剧整体价格的波动性。

无论是多头还是空头在借助衍生品市场进行套期保值时，衍生品市场本身会受到流动性的影响。因此，实际上多空双方的现金流并非能够相互对冲。比如，2022 年 3 月初市场上镍的价格因俄乌局势飙升，被市场称为“妖镍”。总的来说，随着全球能源和粮食价格持续飙升，无论是欧美大宗市场的多头还是俄罗斯大宗市场的空头，不仅对商品融资需求大幅抬升，还需要为其必须缴纳的保证金融资。持续追加保证金势必引发市场流动性需求缺口加大，从而刺激大宗企业进一步扩大对金融市场的融资需求。

第二,大宗贸易商的扩张需求,持续推高金融信贷风险。大宗商品价格飙升无疑有利于提高大宗商品生产和制造商的整体利润水平,但大宗商品价格飙升也意味着金融信贷需要同步满足大宗贸易商的扩张需求。在当前大宗商品融资需求飙升的背景下,银行作为大宗贸易商主要的信贷来源将承担持续上升的信贷风险。

一方面,在全球银行系统资本盈利能力普遍收缩的背景下,多数银行依旧愿意继续向大宗贸易商提供信贷支持。这有利于维持大宗商品贸易链的稳定性,但长期来看,随着流动性的积累,这可能将助推全球商品市场的价格泡沫,同时弱化银行系统和金融市场应对违约和信用风险的抵御能力。

另一方面,如果银行短期内减少对大宗商品企业的信贷融资支持,这可能将直接助长市场的逼空行为,造成恶性循环,导致商品价格被进一步拉高。同时,如果银行出于信用风险或声誉受损的考虑,减少对重要大宗企业的商品贸易融资,企业商品实物或其衍生品的交付势必将直接受到负面影响,这同样也将刺激短期内商品成本抬升。在大宗商品贸易链上,这将直接影响上下游的综合成本,从而助长原油价格抬升。

第三,给全球各国央行等监管部门的风控能力带来挑战,监管乏力可能引发金融系统性风险。流动性风险对经济和金融稳定性产生冲击。如果商品交付因融资中断而出现价格波动,这势必将影响离岸美元和美元资产的流动性,因为全球大宗商品主要是以美元结算支付的。若离岸美元融资出现问题,全球资本流动加剧将直接打击新兴市场和全球主要能源国的经济和金融稳定性。

全球各国央行和监管部门应特别强化对大宗商品市场中的行为监管。一方面,欧美央行应积极采取有效方案为能源市场的异常情况提供紧急流动性支持。另一方面，新兴市场和全球主要大宗出口国的央行及相关部门需要考虑商品市场流动性变化对美元需求产生冲击的可能性。一旦石油、粮食以及天然气等关键性大宗商品出现交易危机，比如无法完成最终交付，将直接给经济各方面带来严重的系统性影响，这种影响极可能使金融体系作为一个整体运转失灵，从而对实体经济带来严重冲击，引发金融系统性风险。

对我国经济运行的影响及应对策略

我国是多种大宗商品的净进口国，如我国是全球第一大铁矿石进口国、第一大大豆进口国和第二大原油进口国。由于我国并未掌握大宗商品定价权，只能被动接受价格，全球大宗商品价格大幅波动必然对我国经济运行产生深刻影响。

对此，2022 年 2 月国家发改委等部门印发的《促进工业经济平稳增长的若干政策的通知》提出，要做好铁矿石、化肥等重要原材料和初级产品保供稳价，进一步强化大宗商品期现货市场监管，加强大宗商品价格监测预警。4 月国务院金融稳定委员会会议明确指出：要保持物价基本稳定，特别是关注大宗商品价格走势。大家都知道，金稳委的核心使命是防范化解金融系统风险。金稳委关注大宗商品价格问题，主要因为大宗商品价格大幅波动会加大金融市场和实体经济的波动性，从而产生金融系统风险、打乱经济发展节奏，进而对金融市场稳定和实体经济发展不利。具体而言，大宗商品价格大幅波动对我国经济运行的影响有以下几大表现：

表现一：扰乱市场预期。大宗商品价格上涨直接冲击经济运行，让面临下行压力的中国经济再添变数，价格频繁波动导致市场对通胀和利率水平预期的不稳定，成为扰乱金融资产价格波动的重要因素。

表现二：导致企业经营困难。上游产业受大宗商品价格直接影响，价格上涨幅度较大，但越接近终端价格，涨幅越小，生活资料价格涨幅轻微，企业利润空间受到严重挤压。大宗商品价格上涨对制造业企业的负面影响，已成为 2022 年经济稳增长的重要变量。因此，4 月份李克强总理主持召开经济形势专家和企业家座谈会时特别强调，要加强原材料等市场调节，缓解企业成本压力。

表现三：加大政策调节难度。大宗商品价格大幅波动，将倒逼企业在补库存和去库存中不断徘徊，提前补了库存的企业还可能因为大宗商品价格的下跌出现巨亏。库存周期是影响经济周期的重要力量，库存周期的不稳定导致经济运行的波动率上升，加大了货币政策和财政政策跨周期调节的难度。

应对大宗商品价格大幅波动带来的不利影响，需要从多方面考虑、施策。从短期策略看，要确保主产区在国内的大宗商品能实现稳价保供，将进口大宗商品价格波动的负面影响降至最低，以稳市场、稳预期，实现稳增长的目标。

一是要给过热的市场降温。密切跟踪企业原材料、产成品等产业链环节库存水平，及时消除囤积居奇行为，让市场机制正常发挥作用。

二是降低实体企业采购成本。建议针对中小型实体制造业企业面临的困境，允许适当扩大部分大宗商品进口配额发放数量，适度降低关税税率。

三是合理引导市场预期。引导智库研究及传媒机构更多关注传统制造业企业的生存情况，了解真实困难。引导大宗商品期货投资者全面、客观地认识市场供求格局，理性把握市场走势变化，并充分发挥好金融服务实体的作用。

四是提高政策执行落实效率和力度。要按照国家统一部署，打破部门和集团利益藩篱，凝聚共识，坚决执行国务院统一部署，确保上令下达、执行到位。比如全国统一大市场建设，就是要统一市场规则，优化资源配置效率。因此，各地方、部门要立足新发展格局，切实行动起来。要防止“把好经念歪”“大象屁股推不动”等情况出现。

从中长期策略看，一项重要工作是推动能源转型，逐步让中国工业发展降低对传统能源特别是进口能源的依赖，大力推动可再生能源的高质量发展，加快实施可再生能源、清洁能源替代，以有效对冲和减缓外部影响。长远之计还在于，要从国家战略层面，积极争取、打造国际大宗商品的定价权。定价权问题，是我国未来更多融入世界，并在全球舞台上发挥更重要作用的关键性问题。

怎样打造国际大宗商品的定价权？我认为，至少有三方面的工作需要重点关注。

第一，信息、数据是当今时代的“石油”，要尽快建立完善的大宗商品信息服务体系。一方面，需要政府部门统筹规划，编制各项信息指数，给国内企业和投资者作为参考，类似于美国非农就业指数、消费者信心指数、耐用品订单指数等。同时发挥政府在数据统计上的优势，深入了解各个行业的真实数据并及时公布，在信息公布上要做到全面、及时、真实、权威。另一方面，要尽快完善我国大宗商品价格预警机制。政府部门、行业协会和企业三方通力合作，对相关大宗商品价格影响因素进行深入分析，对其历史价格走势进行深入研究，了解实际价格运行动态，及时向社会公布相应数据和信息，引导企业采取应对措施，避免出现大的经营风险和危机。

第二，金融发力，加大金融衍生品市场建设，加快人民币国际化步伐，优化配套的金融法制环境。一方面，加快金融衍生品的开发，满足产业资金和金融机构多方面复合需求，做好仓储配套、信息披露等工作，吸引更多的基金与机构参与进来，逐渐形成对大宗商品定价的影响力和话语权。目前，我国几大期货交易所的期货品种较少，而外汇、利率的期货和期权也一直是空白，这使我国企业缺少相应的工具来规避价格大幅波动的市场风险。

另一方面，想要获得大宗商品国际定价权，人民币的币值需相对稳定，被其他国家接受和认可，并在国际结算中便利使用。因此，加快人民币国际化进程，对我国争取大宗商品定价权至关重要。再者，要积极推进金融体制改革，创造有利于金融市场发展的政策环境，加强法制建设，增加市场透明度，打击内幕交易和暗箱操作。2022 年 4 月 20 日，《中华人民共和国期货和衍生品法》表决通过，自 8 月 1 日起施行。这意味着期货和衍生品领域有了自己的基本法，也标志着金融市场的法律框架基本完成。

第三，优化产能，提高行业的集中度、竞争力。有行业竞争力才可能有议价能力，要提高我国大宗商品的议价能力，必须进行产业整合，淘汰落后产能。一方面应制定相应规划，逐步将高污染、高能耗的企业淘汰。另一方面，要加快国内市场化改革，鼓励企业兼并重组，整合上下游产业链，真正实现资源优势互补、做大做强，形成规模效应，提高企业竞争力。

2.4　市场化下一步：对内微观搞活，对外扩大开放

继 2020 年 4 月 9 日印发《关于构建更加完善的要素市场化配置

体制机制的意见》后，中共中央、国务院于 2020 年 5 月 18 日又发布了《关于新时代加快完善社会主义市场经济体制的意见》，这应该是新时代中国经济发展新阶段的最新指引和系统部署，是在更高起点、更高层次、更高目标上推进经济体制改革，构建高水平社会主义市场经济体制的"动员令"。

市场化改革再出发

改革开放特别是党的十八大以来，我国坚持全面深化改革，充分发挥经济体制改革的牵引作用，不断完善社会主义市场经济体制，极大调动了亿万人民的积极性，极大促进了生产力发展，极大增强了党和国家的生机活力，创造了世所罕见的经济快速发展的奇迹。

与此同时，在国际政治经济秩序进入深刻调整的关键时期，我国经济体制改革已步入深水区。这一时期，社会主要矛盾发生了变化，政府和市场的关系需要进一步理顺，推动高质量发展亟待在一些深层次的体制机制上寻求更大突破，针对要素流动不畅、资源配置效率不高、微观经济活力不强等问题，必须坚定不移深化市场化改革，扩大高水平开放，不断在关键性、基础性重大改革上突破创新。基于此，党中央、国务院适时出台《意见》，宣示了中央新一轮市场化改革再出发的坚定决心。

《意见》部署了七个方面的改革任务，明确了当前和今后一个时期深化改革的重点领域和关键环节，提出要"把国有企业、垄断行业、公平竞争、要素市场化配置、宏观经济治理、财税金融、科技创新、民生保障、制度型开放等领域具有牵引作用的改革牢牢抓在手上"。

应该说，《意见》出台和新冠肺炎疫情短期冲击关系不大，而是和十九届四中全会公报、要素改革等文件一脉相承，更多是中国经济进入高质量发展阶段后的内生诉求。在总结四十多年改革开放伟大成就和制度建设成果的基础上，《意见》对党的十九大和十九届四中全会相关决策部署进一步细化实化，把社会主义市场经济体制框架中具有"四梁八柱"性质的改革作为重点，具有十分鲜明的时代特征。《意见》全文逾万字，囊括九大部分，涉及方方面面的诸多领域，综观之，从内部、外部两大维度而言，可概括为"对内微观搞活""对外扩大开放"的总体特征。

"微观搞活"有三层深意

微观搞活的一个根本前提，也是完善经济体制的一个基本原则，即"坚持正确处理政府和市场关系"。《意见》明确提到要更加重视市场经济一般规律，发挥市场在配置资源中的决定性作用，最大限度减少政府对微观经济活动的直接干预。《意见》中的很多方面，比如推动股票注册制改革、探索实行信用债注册管理制，完善人民币汇率市场化形成机制、增强双向浮动弹性，都是为了降低对股票、债券供给以及价格形成的干预。再比如推行全国统一的市场准入负面清单，能够防范地方政府另外设置门槛，限制符合要求的企业准入。当然，《意见》也提到了要更好发挥政府作用，目的是为了有效弥补市场失灵的不足之处。

微观搞活的另一要义，是要激发多种经济形式和要素的"活力"。一是推动国有企业市场化改革，通过资本化、证券化、优先股、"混改"以及健全国企经理层的任期制和契约化管理等手段，提高国有资本的收益，做强做优做大国有资本。二是落实对中小企业和民企融资的支持，根本上缓解它们的融资难问题。比如，支持发展民营银行、社区银行等中小金融机构，完善民营企业融资增信支持体系，健全民营企业直接融资支持制度。三是充分释放各类生产要素的活力，推进要素市场化改革。比如，加快培育发展数据要素市场，建立数据资源清单管理机制，完善数据权属界定、开放共享、交易流通等标准和措施，发挥社会数据资源价值。再比如，在促进人力资源流通方面，《意见》增加了“探索实行城市群内户口通迁、居住证互认制度”的提法，将进一步促进人口向“长三角”“珠三角”“京津冀”等城市群迁移，有利于区域经济体的更快发展。

再者，搞活的重要动力来自创新，特别是科技创新。《意见》比以往更加重视科技创新的作用，指出要全面完善科技创新体制，而且更加重视企业在科技创新中的主体地位。比如，《意见》提出“支持民营企业参与关键领域核心技术创新攻关”，“更多支持企业承担科研任务”，“激励企业加大研发投入”，“建立以企业为主体的技术创新体系”，“支持大中小企业和各类主体融通创新”。企业创新，需要市场化激励，也呼唤更多的财政资金支持用于对企业创新的补助和奖励。有了创新的土壤，经济才有源头活水。

赋予开放新内涵

开放是市场经济的基因，新时代社会主义市场经济体制下建设多元平衡、安全高效的全面开放体系，提高开放发展水平，具有三方面新内涵：

其一，向制度型开放转变。近年来中国对外开放实质性大幅推进，在金融领域尤为明显。中国将继续加快对外开放，推动从商品和要素流动型开放向规则等制度型开放转变。《意见》提出“健全外商投资准入前国民待遇加负面清单管理制度，推动规则、规制、管理、标准等制度型开放”，“健全外商投资国家安全审查、反垄断审查、国家技术安全清单管理、不可靠实体清单等制度”，“全面实施外商投资法及其实施条例，促进内外资企业公平竞争，建立健全外资企业投诉工作机制，保护外资合法权益”等。

在逆全球化已经从思潮变为实际行动的背景下，《意见》明确表示，要“降低关税总水平，努力消除非关税贸易壁垒，大幅削减进出口环节制度性成本”，和美国的贸易保护举措形成鲜明对比。中国扩大对外开放，能够团结更多支持全球化的国家，也能倒逼国内产业升级和市场化改革。

其二，实施更积极主动的开放战略。全面对接国际高标准市场规则体系，实施更大范围、更宽领域、更深层次的全面开放。《意见》明确提出，要加快自由贸易试验区、自由贸易港等对外开放高地建设，深化自由贸易试验区改革，在更大范围复制推广改革成果；要“建设好中国（上海）自由贸易试验区临港新片区，赋予其更大的自主发展、自主改革和自主创新管理权限。聚焦贸易投资自由化便利化，稳步推进海南自由贸易港建设”。

同时，推进以“一带一路”建设为重点构建对外开放新格局，积极参与全球经济治理体系变革。依托共建“一带一路”倡议及联合国、上海合作组织、金砖国家、二十国集团、亚太经合组织等多边和区域次区域合作机制，积极参与全球经济治理和公共产品供给，构建全球互联互通伙伴关系，加强与相关国家、国际组织的经济发展倡议、规划和标准的对接。推动国际货币基金组织份额与治理改革以及世界银行投票权改革，积极参与国际宏观经济政策沟通协调及国际经济治理体系改革和建设，提出更多中国倡议、中国方案。

其三，更自信、更纵深地开放领域。《意见》指出，“推动制造业、服务业、农业扩大开放，在更多领域允许外资控股或独资经营，全面取消外资准入负面清单之外的限制”。同时，加大西部和沿边地区的开放力度，推进西部陆海新通道建设，促进东中西互动协同开放，加快形成陆海内外联动、东西双向互济的开放格局。

2.5　中国资本市场发展的“源”与“流”

2022 年 7 月 4 日，内地与香港股票市场“ETF”交易正式开通，双方投资者可以买卖包括沪深港股通 ETF 在内的 87 只首批可投标基金份额。这是继沪深股通、债券通与粤港澳大湾区银行间跨境理财通之后，内地与香港金融市场互联互通、扩大双向开放的又一标志性举措，也是中国资本市场持续扩大开放的硕果，意味着中国资本市场双向开放水平迈上一个新台阶。

中国资本市场发展的成绩可以在总量和结构上得到直观体现。截至 2022 年 7 月 1 日，中国上市公司有 4 733 家，A 股股票市场总市值达 84.6 万亿元，债券市场托管余额约 140 万亿元，两者规模均位居全球第二位；中国基本形成了主板、科创板、创业板、北交所以及新三板、区域性股权市场在内的多层次资本市场。资本市场的发展壮大，显著提升了我国直接融资比重，优化了融资结构，为稳经济、稳金融、支持科技创新和资本形成等，发挥了积极作用。

从发展历程看，以上海、深圳证券交易所的建立为起点（1990 年

12 月先后营业)，到 1992 年中国证监会成立，标志着全国性资本市场形成并初步发展。到 2002 年中共十六大报告明确提出“推进资本市场改革开放和稳定发展的若干意见”，资本市场建设初见成效。截至 2002 年年末，中国上市公司的数量达到 1 153 家，中国股市成为美、日之后的全球第三大证券市场。2009 年 10 月，创业板的推出标志着多层次资本市场体系框架初步形成。2012 年党的十八大以来，设立科创板、试点注册制扎实推进，A 股先后被纳入明晟、富时罗素等国际知名指数，我国多层次资本市场体系建设加快推进。2019 年 6 月，科创板正式设立；2021 年 11 月，北京证券交易所正式开市。这些对于促进多层次资本市场高质量发展和落实创新驱动发展国家战略等都具有重要意义。至此，我国资本市场发展全面进入新阶段。

中国资本市场和西方资本市场的主要区别在于“发展历程”和“制度环境”的不同。一方面，中国资本市场总体是一个学习型、引进型、追赶型的资本市场，而西方的资本市场有 300 多年的历史，发展相对成熟。另一方面，制度环境决定经济形态，而经济形态必然决定了资本形态。中国是社会主义市场经济体制，资本市场需要较好地体现、落实党和国家的战略意图，国家的五年计划、中长期规划等等，都是资本市场发展的重要依据，国家集中资源重点支持上海、深圳、北京等城市的资本市场发展，交易所、金融机构形成集聚效应；西方信奉自由的市场体制，政府、政党对资本市场的直接影响相对较弱，有一套市场形成的制度，金融中心主要是依靠竞争形成的，而不是主要依靠国家的政治力量来布局的。此外，中西资本市场的结构、机构、实力以及市场文化也不尽相同。

与西方资本市场相比，中国资本市场具有的自身特点可以集中从“源”与“流”两方面来认识和理解。

从“源”上看，中国资本市场从无到有，从小到大，从区域到全国，在改革中成长，在开放中完善，但其脱胎于计划经济，是向市场经济转轨的产物，因此带有明显的转型特征。这就使得我国的资本市场发展必须立足于自身实际，只有把党的政治优势、组织优势和资本市场发展的一般规律有机结合起来，自觉把资本市场改革发展放在国家工作全局中去谋划推动，才能够攻坚克难、行稳致远。

从“流”上看，我国资本市场高质量发展的基础和条件正在不断形成和巩固，特别是进入新时期，资本市场在金融运行中的牵引性作用更加凸显，其支持服务实体经济的功能与定位十分明确，突出反映为资本市场的“三大”发展取向：

一是科创型。经济的高质量发展和竞争力，越来越取决于科技创新能力。在中国产业转型升级、跨越中等收入陷阱的过程中，最重要的是改变经济增长的核心动能，从依赖资源配置效应转向依赖全要素生产率，而科技创新对提高全要素生产率至关重要。科创板开市三年来，科创板上市公司由首批 25 家增加到 2022 年 7 月 10 日的 435 家，总市值达到 5.46 万亿元；2021 年科创板 IPO 募集资金规模达 2 029 亿元，为 2019 年的两倍有余，科创板已经成为新经济的重要融资渠道。因此，应该通过资本集聚供给支持，做大做强人工智能、生物医药等相关科创产业，大力布局数字经济、元宇宙等新赛道。

二是普惠性。建设多层次资本市场，例如 A 股市场、新三板、区域股权市场等，分别满足不同的市场需求，尤其是畅通中小微企业的创新创业融资渠道、降低融资成本。要为各类企业提供多层次资本供给体系，实现“大河有水小河满”，营造区域内金融资本和实体企业互惠共生的良好生态。

三是低碳化。发展绿色低碳经济是实现“30 · 60”双碳目标、走高质量发展之路的内在要求。从推进低碳转型的重点难点来看,要有序推进实体经济和金融资本体系的低碳转型,以碳市场交易改革为契机,提升我国碳市场的成熟度和开放度,未来争取国际碳定价的主导权。未来产业政策需精准施策,在低碳化投资、文旅、时尚消费、康养产业、在线新经济等领域形成需求拉动效应。

总体而言,资本市场的高质量发展,依托于实体产业升级发展。在这一轮产业升级中,制造业升级和消费升级正在成为推动经济持续增长的新兴力量。大消费数据表明,原创、智能、绿色、精致、全球化、体验是未来品质消费的六大趋势,这些领域蕴含着万亿级规模的商机,将成为驱动下一轮经济增长的新动力。

第三章

稳定性之『锚』

世事变幻，树欲静而风不止。推动经济发展方式转变，盘活内生性市场，有效拉动内需，将是中国经济带有确定性的发展之『锚』。

3.1 有效扩大内需关乎中国经济稳定性

有效拉动内需是经济发展的长期战略，对当前中国经济的意义更是非同一般。一方面，受全球疫情影响，世界经济严重衰退，产业链供应链循环受阻，国际贸易投资萎缩，大宗商品市场动荡，出口拉动经济力量疲软；另一方面，国内消费、投资、出口下滑，就业压力显著加大，企业特别是中小微企业困难凸显，金融等领域风险有所积聚，基层财政收支矛盾加剧，内需市场受到抑制。在全球疫情和经贸形势存在很大不确定性的背景下，把外部市场尽可能地嫁接到内部市场，通过实施扩大内需战略，推动经济发展方式加快转变，把内生性市场培育盘活起来，进而有效拉动内需，将是中国经济带有确定性的发展之"锚"。

在不确定中寻找确定性，实施扩大内需战略，推动经济发展方式加快转变，成为各方最广泛的共识。接下来，所有问题的关键点在于，如何把战略路线变成可实施的具体方案和切实行动？如何更有效、更长效地拉动内需？甚至可以认为，能否在外部性风险加剧的情况下有效拉动内需保民生、促发展，不仅考验着我们化解危机的能力，更考验着党和政府科学执政的能力。

毋庸讳言，当前困难时期，不少地方和部门都迫切希望通过"强心针"快速提振经济。在长期 GDP 增速导向的发展思路下，仍然存在片面追求发展速度和发展总量的路径依赖，还是单纯地以规模发展、基建扩张作为手段，错误地以为拉动内需就是要靠"大项目"投资驱动，这其实偏离了经济高质量发展的初衷。所以，以"拉动内需"为契机，真正调整发展思路、提升科学发展水平，显得非常必要。

首先，要从思想上正本清源。拉动内需不能成为政绩工程、面子工程和形象工程的借口，不能把中央以拉动内需来促增长、保发展的“经”念歪。比如，中央近几年来每年安排数万亿地方政府专项债券，重点支持既促消费惠民生又调结构增后劲的“两新一重”建设，即新型基础设施建设、新型城镇化建设和交通、水利等重大工程建设。因此，要建立符合各地经济社会实际的发展布局，确保中央各项政策落实到位，确保在资金流向、项目规划、审批、实施等方面严格把关，把资金用在“刀刃”上，财尽其用。中央就拉动内需制定的措施，从确保民生、改善基础设施、优化产业结构、可持续发展、生态建设等方面进行了系统全面的考虑，这指明了各地拉动内需的方向和目标。

其次，要从宽广度上激发内需潜力。比如，加快落实区域发展战略，继续推动西部大开发、东北全面振兴、中部地区崛起、东部率先发展；深入推进京津冀协同发展、粤港澳大湾区建设、长三角一体化发展；推进长江经济带共抓大保护，编制黄河流域生态保护和高质量发展规划纲要，推动成渝地区双城经济圈建设，促进革命老区、民族地区、边疆地区、贫困地区加快发展，发展海洋经济，等等。中国的纵深腹地，将成为内需市场的广阔天空。

再者，要最广泛提升公众的消费能级和水平。一段时间以来，由于我国劳资分配体系上客观存在“马太效应”现象(财富向少数人积聚)，社会分配的两极分化不仅未得到缩小，反而有拉大的迹象。这样一来，老百姓的实际购买力不但没有增加，反而不得不紧缩开支。因此，我们在制定发放消费券等刺激消费“回补”的措施时，要重点解决低收入人群的消费力提升的问题。

从长远看，要大范围、更持续地拉动消费内需，需要从根本上“医治”好分配体系上存续已久的“内虚”现况。诸如扩大居民收入、全面刺激国内消费，特别要注意向一线员工倾斜，要制度性制约那些公共权力机构或垄断高薪企业惯性“加码”，只有让广大企业职工、下岗失业人员和农民工的腰包鼓一些，才能真正缩小群体收入落差，也只有落到民生实处的“内需”，才能成为持续支撑消费市场的不竭源泉。

我国内需潜力大，要深化供给侧结构性改革，突出民生导向，使提振消费与扩大投资有效结合、相互促进，通过稳就业促增收保民生，提高居民消费意愿和能力。消费力及内需市场，说到底反映了一个较长时期的经济张力。内需问题，实际上触及一个很深刻的问题——消费乏力的“根子”在增收不足，而普遍意义的增收，本质在于要建立一个公平公正的分配体系。因此，有效、长效地拉动内需，盘活内需市场，绝不是一朝一夕的阶段性发展策略，而应该成为推动我国经济社会实现科学发展的长久之计。

3.2 基建投资要在“远、实、新”上做文章

稳增长是当前重要而紧迫的任务。在传统拉动经济的“三驾马车”中，服务性消费难以弥补，靠消费拉动的可能性不大；出口方面受国际地缘冲突因素并叠加全球疫情不利影响，也难有强劲表现；因此，投资拉动经济的重要性受到广泛重视。

在经济下行期，基建投资是拉动经济增长的利器。为实现经济社会发展目标任务，综合考虑投资、消费、净出口对经济的拉动作用，投资将在我国经济增长中扮演更重要的角色，在积极的财政政策和灵活

适度的货币政策支持下，基建投资的增速将明显回升。受疫情冲击的近些年，基建投资一直是整个投资圈持续热议的话题。

基建投资对拉动中国经济增长的意义尤为凸显，原因有诸多方面。比如其对制造业全产业链具有明显拉动和刺激作用，是稳经济、稳就业的重要手段；部分城市既有基础设施建设明显不足，补短板需求增强；新增专项债发行提前且规模显著增长，其投向基建的比例持续攀升。值得注意的是，为实现2022年经济增长5.5%的目标，政策逆周期调节力度势必更强，积极的货币财政政策也将更直接，无疑会助推基建提速。随着支持政策效果的不断显现，基建投资增速稳步回升到7%甚至9%亦有可能。

基建投资的重要性已是共识，问题在于怎么科学推进，“一股脑儿”上项目肯定不行，“新瓶装旧酒”式、粗放的烧钱模式也不可取。要而言之，应避免基建投资粗暴拉动，要在“远、实、新”上做文章。

着眼长远，坚持经济高质量发展方向

近年来，我国政府在房地产调控、金融去杠杆、产业优化升级等方面持续努力，取得了显著成效，因此应从长计议基建投资项目，更加注重投资效率，防范风险，追求可持续的高质量经济增长。仅以2020年疫情暴发的一季度数据为例，有13个省区市发布了当年重点项目投资计划清单，总清单计划投资额达34万亿元，共涉及上万个项目。消息甫一发出即振奋了整个投资圈，但也引发了诸多冷静人士的隐忧。建筑类基建项目会不会冲击楼市调控效力？会不会导致物价不稳、通货膨胀？

应该意识到，基建并不天然是解决经济问题、促进GDP增长的良方，只有在契合长远发展需要的基础上谋篇布局，才不至于“寅吃卯粮”“先发展后治理”，甚至成为贻误经济发展的“瞎折腾”。结合疫情来看，医疗相关的基础建设包括疾病防控设备、技术、供应链及人才体系都暴露出软肋，必须加强这类民生保障基建。另外，从“补”城乡发展、区域发展不平衡“短板”的长远角度，农村的基础教育、医疗、养老保障方面仍值得国家倾注大量的基建投资。

关键还在于，对我国经济发展长远向好的趋势要抱有信心。疫情严重冲击了我国经济，但不足以改变我国经济增长的基本面。应警惕借对冲疫情影响的救急之需而打乱整体经济发展思路。比如，2022 年国家制定了 5.5%左右的年度 GDP 增长目标，虽说在疫情的再度冲击下，达成的难度比预期加大，但必须意识到，我们在最初设定目标时已预先充分考虑到了一些可能突发的不确定因素影响，也预留了一定的政策回旋空间，通过政策有效供给完全可以有足够的时间来应对。因此，特别要保持住我国经济高质量发展的韧劲、定力和决心。

务实推进，摒弃投机心态

具体分析各省区市重点项目投资计划清单会发现，总投资额并不是年内的花费，而是所有项目的总花费，包括前一年已经开工需要继续建设的、今年计划开工建设的以及处于备案审批阶段的项目总规模，有的基建项目周期长，平均下来一年投资量并不算多。例如河南省 2020 年列出了 3.3 万亿元的重点投资项目，但 2020 年内完成的投资计划只有 8 372 亿元，只有总规模的 1/4 左右。因此，要对每年基建投资计划有清醒的认知，进而因地制宜、务实推进每一个基建项目。

受疫情影响，顺利推进每一项基建都实属不易。从事基建投资的企业，同时面临在建项目停工、项目投融资滞后等多重问题；建筑企业工期受到极大冲击，复工复产后依然面临建筑劳务工人缺乏、地区性原料短缺等问题；生产建筑材料的企业日子也不好过，疫情之后可能要面对原材料、人工费用的涨幅，在已经签订固定供货价格的情况下，甚至可能出现利润倒挂的现象。从根本上讲，首先要保障基建上下游链条上众多的企业一起挺过去、活下去，在此基础上，才能谈整个行业的良性运转以及有效拉动经济增长。

国家高层领导会议一再明确提出，要“发挥好有效投资关键作用”。核心在投资的有效性，即是要综合考量投资的收益和风险问题：一方面需要基建刺激经济增长，另一方面则要谨防基建背后的债务金融风险。

基建投资拉动经济的有效性需要进一步审视。改革开放初期，“要想富先修路”的基建成功给很多人造成一种错觉，即“基建项目＝GDP”，认为只要基建动工就必然能给当地带来经济增长。但是，近年来很多三四线城市在这个观念上吃了亏，频频曝光的“鬼城”和一些无人问津的观光旅游项目，以残酷的现实纠偏了人们的“天真”想法，大家开始量力而行，不再跟风炒作盲目“投机”。如果以“投机”心态搞基建，势必违背区域经济发展规律，也势必事与愿违拖累经济发展。比如，贵州独山县大量举债修建的“天下第一水司楼”，不料成了“烂尾楼”；不少地方脱离地方发展实际，大搞“科技产业园区”“高铁新城区”等，让政府债务不堪重负、地方经济雪上加霜。

任何投资都要考虑回报率，基建亦不例外。如今基建环境已不同往日，投资回报率也出现明显下滑。毕竟，大量基础设施建设已经接近完成，就连身处大山之中的贵州也已经实现县县通高速公路，广西高铁总里程一度超过广东，云南已有 15 座民用机场，从全国来看，基建短板得到了根本改善，而新一轮基建侧重的中西部地区和三四线城市，投资回报率明显不及东部沿海。未来，传统基建对经济的刺激作用越来越有限，“新基建”的广阔蓝海值得大力拓展。

发力“新基建”，助推数字经济

“新基建”即新型基础设施建设，是相对传统基建而言的。所谓传统基建，是以铁路、公路、水利和市政管网为代表，以钢铁、水泥为主体的投资建设。2018 年 12 月召开的中央经济工作会议首次提出“新基建”概念，会议指出要“加大制造业技术改造和设备更新，加快 5G 商用步伐，加强人工智能、工业互联网、物联网等新型基础设施建设”，因此“新基建”主要是指与高技术产业相关的基础设施。

经济下行压力增大时需要基建发力，但囿于融资端约束及长远规划的节奏控制，基建机会更多应该在结构层面，尤其是关注政策倾斜的“新基建”领域。2020 年 3 月 4 日召开的中共中央政治局常委会强调，要加快推进国家规划已明确的重大工程和基础设施建设，包括要加快 5G 网络、数据中心等新型基础设施建设进度。短短一句话，让“新基建”很快成为热词。

“新基建”关键在“新”。有经济学家提出要“用改革创新的方式推动新一轮基础设施建设，而不是简单重走老路”，并把未来新一轮基建概括为四新，即新地区（长三角、粤港澳、京津冀等城市群）、新主体（民间资本）、新方式（PPP 模式，即政府和社会资本合作模式）、新领域（新型基建）。要而言之，新一轮基建应当立足新的市场空间，吸纳更多的主体以更灵活的方式发展新经济新产业。

“新基建”被看好有其偶然性，更在于其必然性。偶然性在于，疫情时期催生出城市智慧管理技术和平台应用，比如智慧城市融合项目及交通领域大数据应用融合等项目，尤其是人工智能、大数据、物联网和产业数字化等巨大需求，促使不少传统产业加大对数字化进程的支持和投入，积极推进新技术的产业发展。必然性在于，中国经济未来必然持续走高质量发展之路，疫情之下的政策重点将是培育新的经济增长点，而数字经济将成为拉动后疫情经济发展的“优选项”。“新基建”事实上构建了数字经济的基础设施平台，迎合了数字经济发展的大趋势、大潮流。数字经济的发展离不开5G、人工智能、大数据、物联网、区块链等技术应用，“新基建”成为数字经济发展的强劲助推器。

3.3 发展“新基建”须避免揠苗助长

“新基建”因兼具了稳增长、产业升级和惠民生等多项特征，无论是从经济转型方向、政策支持力度，还是从发展景气指数上考量，都毫无悬念地成了业界、学术界以及资本市场当前关注的“宠儿”。特别是疫情防控期间，数字经济撑起了一片天，使人们得以透过“线上”现象，看到其背后5G、大数据、人工智能、云计算等新技术的核心价值。

我国经济需要强力引擎拉动走出低谷，“新基建”成为重点首选。2021年年末数据显示，我国常住人口城镇化率为64.72%，相比发达国家城镇率平均水平约80%，我国还有很大空间，城镇化的人口将更多聚集到长三角、粤港澳、京津冀等城市群。未来城市群的轨道交通、城际铁路、教育、医疗、5G等基础设施将面临严重短缺，这也成为“新基建”的巨大市场需求。“新基建”看起来很香，于是各地纷纷出台投资计划。然而,如果无视事物自身的发展规律,问题可能会接踵而至。

瓶颈问题亟待突破

眼下,投入量大、重复建设、重建设轻运营等问题已凸显出来,更突出的问题还在于,新型基础设施建设同消费市场培育有些“脱钩”,短期无法获得良好的投资效益,使得后劲不足,易导致投资失控。在政府主导的“新基建”投资行为中,易引发高强度投资后的高地方债务,为地方经济长远健康发展埋下隐患。“新基建”投资项目的有效治理、依法监管,打造高质量精品工程,皆面临巨大挑战。

首先是高昂的建设和运营成本。5G 高网速、低延时,但要普及并不容易。单个 5G 基站建设费用是 4G 的三倍左右,这还不是关键,问题是 5G 基站对数量的要求也高。5G 基站的覆盖范围小于 4G,要达到 4G 的覆盖面积,5G 基站数将是 4G 的四到五倍。按比例估算,需要数千万个 5G 基站才能达到目前的覆盖范围。5G 基站建完后,“养”基站也非常烧钱:每个 5G 基站月度电费约为 4G 的四倍。

同样面临高成本的还有数据中心和充电桩。数据中心是名副其实的“电老虎”。截至 2021 年 10 月 31 日,全国数据中心机柜总量约为 415.06 万架。2021 年中国数据中心耗电量为 2 166 亿千瓦时,而三峡电站 2021 年累计发电 1 036.49 亿千瓦。这也意味着,当年我国数据中心的耗电量几乎相当于两个三峡电站的发电量。

其次,无法在短期内形成交易市场。比如 5G,因为成本高昂,许多应用场景需要在 5G 成本大幅下降的情况下才能够普及。再比如数据,虽然数据作为一种新型生产要素写入国家文件中,但其作为生产要素有其复杂性——它的可复制性带来的非排他性和非竞争性使之具有公共物品的性质。公共物品最好的提供方是政府，但由于目前主要的数据掌握在为用户提供服务的私企手里，这使得政府无法建立一个大规模的数据公共品。目前，数据中心主要为公司自身服务，还没有形成统一的数据交易市场。如果数据无法形成共享市场，人工智能所能训练的数据量将受限，从而影响人工智能的发展。

深层次的警示在于，搞“新基建”不能头脑发热、揠苗助长。规划必须因地制宜，必须发展差异化的基础设施，不应该全国千篇一律地都上数据中心，各地一窝蜂地都上算力算法基础设施，核心还是要考虑当地的资源禀赋结构和产业需求基础。

规划先行，市场发力

建议将“新基建”纳入国家和各地整体规划，做到统筹规划，分步实施，避免各地一哄而上，形成恶性竞争。“新基建”同传统基础设施建设要做好衔接，做好传统基建和“新基建”的互补和资源的最优化配置。针对各个领域和细分领域，做到精准施策，对政策效果进行跟踪评估，动态调整。特别是应出台财税、产业政策，对“新基建”相关产业给予税收减免支持，提供低息贷款、专项贷款、专项债，在上市、发债等资本市场行为上也应予以滴灌帮扶。

政府投入应聚焦引导基础性、公益性部分，通过政府投入改善营商环境和产业基础，以撬动更多的社会资金投入。同时，政府要做好“保驾护航”工作，建立统一的监管平台，利用大数据、物联网和云计算等技术，建立全生命周期“新基建”项目管理平台。

“新基建”能否激活经济这“一江春水”，归根结底还在于是否可以充分激发、调动市场力量参与的积极性，要让市场转起来、活起来。有几个发力的方向需要重点培育：一是创新投融资机制，大力推行政府和社会资本合作（PPP）模式。二是要通过“新基建”培育壮大一批时代性产业。比如人工智能产业、工业互联网产业、新能源汽车充电桩产业、城市轨道交通产业等，提升这些领域的产业实力和竞争力，形成新的经济增长点，进一步提升我国在世界上的产业地位。三是促进产业链和价值链壮大。催生新业态、新产业、新服务发展，最大限度实现“新基建”的放大效应，推动我国经济转型升级。四是积极加强“新基建”专业人才队伍建设力度。高等院校可以开设大数据、人工智能等新专业，改革人才培养模式，加强学科交叉融合。同时，发挥各类职业院校的作用，培养一批高技能型人才。

新技术，驱动经济增长未来

有学者指出，“新基建”中5G占据核心地位，5G是“新基建”中的通用基础设施，“新基建”应该围绕5G发展新的通用技术。由5G的特性可以看出其主要应用场景在产业互联网领域，包括制造、能源、交通、医疗以及教育等行业。

然而，在我国众多领域尤其是制造业领域，互联网技术及其相关应用的“技术效应”和“配置效应”发挥得并不明显，根源在于缺乏核心的技术。因此，要认识到，“新基建”能否真正“新”起来，不仅在于全新项目的投资、研发与应用，弥补我国产业领域多年来相关技术短板也是一种“新”。否则，失去这次“新基建”带来的机遇，我国众多企业的转型升级会受到阻碍，在关键时刻还可能会受制于人。

换句话说，“新基建”中，投资不是问题，甚至应用也不缺市场，但是必须要有引领地位的新技术，同时还要将补短板作为新的重点项目，通过融合创新加以建设，这样才能带动我国整个产业技术水平的跃升。

多年来我国经济增长主要依赖工业化、人口和资源等红利，但是随着这些红利的逐步消散，越来越多的增长动力需要依靠真正的技术创新。因此，在以5G为代表的“新基建”中，要在“新”上做文章，一方面要具有长远的眼光，追求技术的引领地位，以带动整个产业技术水平的持续升级；另一方面也要认识现实的短板，脚踏实地地夯实产业发展的技术基础。

3.4　提振消费不仅要关注存量，更应培育新消费动能

全国消费复苏低于预期，直观的原因是居民消费受到一定程度抑制，表现为不敢消费和无从消费。2020年以来，疫情对经济的影响始终如影随形。在常态化疫情防控背景下开展的复工复产，在生产成本推高的条件下，利润空间势必受到挤压。从目前的经济数据看，实体经济尚待进一步增长。

在全球化市场持续受到冲击之下，区域性市场正逐渐形成。对我国而言，具有确定性的市场还是以国内大循环为主体的市场。然而，当前我国的国内大循环还需要进一步畅通。一方面，国际大宗商品价格上涨势头明显，由于我国在定价权方面相对被动，外贸优势受到负面对冲；又由于欧美市场国家大多数采取“不设防”的疫情应对政策，其对于防疫物质和医用品的需求大大减少，导致我国相关企业的产品

相对滞销。另一方面，即便是国内市场，在疫情防控的背景下，人员与物资的流动成本在一定程度上也有所增加，使得跨区域消费市场难以恢复如初。

当务之急，还是要想方设法发展经济，尤其是帮扶实体企业持续“强基固本”，顺时应势发展生产。这是从供给侧驱动，而从需求侧着眼，就是要在消费提振方面，出实招、想新招。

2021 年 7 月中国人民银行发布的第三季度城镇储户问卷调查报告显示，受疫情冲击影响，在储蓄和消费方面，50%以上的居民更加偏向于储蓄，选择收紧钱包，而选择增加投资的居民则下降明显。根据该行发布的 2021 年一季度金融统计数据，我国本外币存款总额为 227.21 万亿元，住户存款为 100 万亿元，外币存款为 9 568 亿美元。根据第一财经的比较，按地区来分，2021 年人均存款最高的是北京，已经超过了 22 万元；其次是上海，作为国际化大都市，上海的人均存款也已超过 17 万元；第三名是杭州，人均存款接近 13 万元。即便从 2021 年我国超过 3.5 万元的人均可支配收入来看，我国的人均存款金额也还是非常高的。

当然，由于储蓄的不均衡分布，加之许多居民的负债情况特别是房贷压力并没有减轻，因此并不能根据人均储蓄推论出消费的大繁荣、大发展。但是，基于此可以看到两个提振消费的“着力点”：提高居民收入与取消消费限制，两者可以分别从两端发力。

对于普通的低收入居民而言，提高收入依然是推动消费最有效的方式方法。因此，要鼓励收入分配更多地向一线职工倾斜，增加基础性岗位的工资水平。提振低收入人群的消费力，可以通过直接发放消费代金券的形式，促使其投入消费市场。对于相对富裕群体或者“北、上、广、深”等相对发达的一二线城市区域，可以出台消费引导型举措，突破一定的消费限制壁垒，尽可能释放消费头部群体效应，带动主体消费市场的活力。

以上海为例，上海消费复苏的突出亮点是新消费的增量型“崛起”，新消费的兴起又催生了许多新消费品牌的诞生。这种新消费潮流在上海表现抢眼，成为沪上消费复苏的重要力量。新消费品牌青睐上海有很多原因，从深层次讲，是缘于这座城市的优良基因：一方面，上海本身是首屈一指的国际消费中心城市，消费市场丰富、场景多元且引领时尚消费潮流，除了国际成熟品牌青睐上海市场外，上海也正成为最适合新消费创业的城市。换句话说，上海对于新消费的需求，给了新消费品牌快速成长的土壤。另一方面，上海近年来积极打造最优营商环境，尤其是对于首店经济的推崇，给了新消费品牌很好的政策性供给，使得各地的新消费品牌纷至沓来，形成集聚效应。此外，上海城市治理与产业的数字化转型，促进了在线新经济的繁荣发展，互联网营销生态得以形成，这些线上新生态使得新消费品牌快速扩张和指数级增长。

上海新消费品牌的崛起，对于建设国际消费中心城市而言，意义不容小觑。新消费是提振新经济、实现新增长的强大动能，同时新消费品牌是消费转型升级的重要体现，代表着新时代年轻人的消费时尚、消费偏好。国际消费中心城市必然是引领潮流、焕发生机活力的城市，在这一点上，作为时尚创新之都的上海当之无愧。上海已经在首发经济、夜间经济、品牌经济，以及“全球购”“卖全球”等国际消费场景打造方面取得了不俗成绩，未来将进一步集聚全球消费资源、提升消费能级、打造消费地标载体，加快构建与具有世界影响力的社会主义现代化国际大都市相匹配的商业文明，全面打响“上海购物”品牌。

需要意识到的一个关键点是，消费复苏不是简单消费的“昨日重现”。经济在发展，消费方式、消费倾向和品类都会有新的变化。因此，在提振消费的过程中，不仅要关注提振消费存量，更应积极关注新消费趋势，顺势培育新消费动能，打造新消费品牌。

3.5 激活经济“稳压器”

在有效防疫的基础上，加快恢复社会运行秩序、全面推进复工复产复市成为当务之急。要着力扩大国内需求，有序推动各类商场、市场复工复市，促进生活服务业正常经营，积极扩大居民消费，加快推进投资项目建设，形成供需良性互动。

当前，国际环境不稳定不确定因素显著增多，出口受到极大影响，净出口对经济的拉动作用有限。为实现经济社会发展目标任务，迫切需要在投资、消费端下功夫。投资拉动经济增长的重要作用已无需赘言，各地的项目都在紧锣密鼓“上马”。现在突出的问题是，消费难以在短期复苏：一方面，消费受疫情重创，恢复消费信心并非易事；另一方面，疫情直接导致居民收入减少，居民消费能力受到实际抑制。

作为商业重镇，上海的繁华都市气象，离不开多层次、多样态的消费经济，复苏消费之于上海至关重要。近年来，消费拉动上海 GDP 占比都在 50%以上。上海是名副其实的国际消费大都市，全球零售商集聚度高达 55%以上，仅次于迪拜，排名居全球第二。上海消费市场规模长期稳居全国城市第一，商贸业税收对全市税收增长贡献率超过 30%。

从经济持续发展角度看，居民消费可谓上海经济健康发展的“稳压器”。尤其自 20 世纪 90 年代以来，上海居民收入与消费水平不断提高，居民消费结构不断升级。虽然投资和外贸在拉动上海经济增长方面表现强劲，但从长远看，上海经济发展的真正动力是居民消费，只有积极扩大消费，促使消费需求、投资需求和外贸进出口协调发展，才能使上海经济持续、健康、稳定发展。尤其是在疫情持续影响下，要避免发生较大的经济波动，必须有效复苏消费，激活经济发展的内生动力。

受疫情持续影响，上海消费市场恢复“烟火气”不久，又再度受到严重冲击，2022 年 3 月以来肆虐上海的疫情比 2020 年第一波疫情造成的负向效应更明显。因此，再度修复的消费市场，将在意料之中呈现新的结构性变化。比如，无接触的居家消费必然进一步发展，补偿性消费会有一轮“窗口期”，但长期看，还需要加大刺激力度。综观而言，复苏上海消费，需要想方设法在创新消费、潜能消费、信息消费、消费升级和直接消费上把文章吃透、做深、落实。

其一，培育消费创新。近年来，各种概念店、旗舰店、融合店在上海集中爆发，单以“首店经济”为例，据上海市商务委数据统计，近年来上海的首店数量出现迅猛增长：2018 年总共有 835 家上海“首店”落户，数量是 2017 年的 3.7 倍；2021 年上海引入首店 1 078 家，突破了千家，继续保持全国第一。上海之所以能源源不断引入“首店”，靠的就是培育消费创新。大量“首店”有效带动了消费业态、模式、技术等全面创新，将帮助上海商业从并跑到领跑。这种消费创新，某种意义上正是“上海购物”的品牌气质，也彰显了海派消费的价值主张。

其二，挖掘消费潜能。在疫情有效防控的前提下，发展“夜经济”是另一种形式的“弥补”。2020 年 7 月发布的《阿里巴巴“夜经济”报告》显示，上海“夜消费”领跑全国。如今商、旅、文，夜间消费场景进一步融合，一站式消费已成趋势。近几年来，上海市商务委发布了数批地标性夜生活集聚区，涉及黄浦、浦东、杨浦、徐汇、静安、闵行等区，夜间经济动能十足。作为国际化大都市，上海发展夜间经济，对于优化营商环境无疑具有积极意义。

其三，发展信息消费。疫情影响下，海量消费转向数字化端口消费。因此，应大力开发 AI、VR、大数据、云计算、物联网等新一代信息技术，将其有效运用于电子商务，以更好地满足新时期人们的个性化无接触消费需求；支持平台企业不断丰富线上消费场景和内容，打造信息消费品牌。

其四，推动消费升级。身处开放度高的上海，上海消费者更有自信、眼界更高，消费时更多考虑自身的需求，也更追求品质。比如，发展品牌经济。位于静安区曹家渡商圈内的中服上海免税店，是上海市中心唯一一家面向中国消费者开放的免税店，常年客流突破 100 万人次；在品牌集聚的南京西路商圈、小陆家嘴区域，销售额增长势头良好。再比如，开发文化旅游消费，“演艺大世界”带动了黄浦区的周边商业消费增长。

其五，刺激直接消费。为拉动消费市场，全国各地相继出台扩大消费的政策措施，许多省市直接发放总价数十亿元的消费券。发放消费券对消费的刺激作用是明显的，一方面具有直接性、及时性，另一方面还可以有效触达需要补助的人群。除直接发放消费券之外，还可以尝试发放数字人民币，等于直接发放现金补贴居民消费，实现精准补助。为了较快刺激消费市场，建议有关方面可在财政能承受的范围内提升补助的发放覆盖面和力度，以在短期内促进消费回补，直接助力消费经济复苏。

3.6 尊重市场规则，让企业活下来活起来

保市场主体是“六保”之基，保住市场主体才能稳住经济基本盘，也才能稳住百姓生活的基本预期。在新冠肺炎疫情的持续冲击下，保市场主体尤其是帮中小企业纾难解困，让其更好地活下来，显得至关重要。

近年来，为帮助市场主体减压、渡过疫情关，国家打出扶持组合拳，出台了一系列真金白银的减税降费惠企政策，在金融支持中小微实体经济方面，创新性地推出了许多“直达”实体经济的举措，疏通“最后一公里”，确保实现精准滴灌帮扶。比如，在银保监会的指导下，三大政策性银行牵头向网商银行提供低成本的资金，以免息券的形式精准滴灌中小微企业，基本建立了一套精准滴灌的普惠金融服务体系。

应该说，一揽子“保市场主体”政策已发挥良好效应，企业获得感也得到了明显体现。“活下来”是保市场主体的第一步，“活下来”之后，更要“活起来”。

“活起来”的根本，是要有效提振市场主体的信心，而这种信心的源头来自制度化、法治化的稳定预期。需要意识到，保市场主体的帮扶政策只是外部助力，关键是要靠市场主体的内生动力，在市场经济的制度规则框架内良序运行。在这个意义上，既要根据复杂疫情防控和经济运行态势，增强政策前瞻性、针对性，更要注重营造法治化的制度环境。这就要求各地、各部门持续深化简政放权、放管结合、优化服务改革，切实打造市场化、法治化、国际化营商环境。比如，持续深化

商事登记制度改革，持续精简涉企经营许可事项，坚持包容审慎监管，提供便利高效的政务服务，形成让企业家心安、创业者心动的营商环境，最大程度激发市场活力和社会创造力。

市场经济的本质是契约经济，即法治经济，法治是最好的营商环境。政府和市场的边界需要也唯有用法治来规范，才能让各类市场主体的产权和合法权益得到平等保护。发展好的市场经济，前提是要尊重市场经济规律，通过市场化手段，在法治框架内调整各类市场主体的利益关系。国务院颁布的《优化营商环境条例》已正式施行，作为优化营商环境的基础性行政法规，这部条例确立了对内外资企业等各类市场主体一视同仁的营商环境基本制度规范，在一流营商环境建设中具有里程碑意义。

最大限度减少政府对市场的直接干预，是社会主义市场经济的改革方向。疫情期间，政府出手帮市场主体渡过难关，是危难时刻的非常之策。要真正把好事办好，就要帮扶帮到点上，多做雪中送炭的事，切忌越俎代庖，以免造成过多行政干预的负面效果。从长远计，根本原则还是要大力推进简政放权，让市场充分发挥调节作用，让企业和个人有更多活力和更大空间去攻坚克难、发展经济、创造财富。

保市场主体，除了要盘活市场存量，还要培育新的市场增量，要让市场创新的力量充分涌流。市场主体也是就业基本盘，保就业、扩大就业，还需要激发出更多新的市场主体，让新生力量不断生长出来。尤其是在疫情防控日益常态化、长期化的情形下，推动经济正常发展，越来越有根本性意义，因为没有一个国家有实力为整个社会长时间按下暂停键，最终能否扛住疫情的持续影响，与经济发展的力量密切相关。

存量市场主体显示一个地区发展的基础和底蕴，新生的增量市场主体则反映出活力和后劲。在应对疫情的过程中，与数字经济相关的网购、在线服务等一批新兴业态逆势增长，新模式、新职业不断涌现，新系统、新技术更新换代，“新基建”、新动能助推产业发展转型升级，新消费、新市场促进了许多新的经济增长点，更多新经济市场主体得以快速成长。

归根结底，保市场主体的重要一条，是要充分尊重市场规则。在充分尊重市场经济规律的基础上，补位不越位，帮忙不添乱。只有真正做到让政府和市场各司其职、默契配合，坚持市场化手段、法治化准则，才能有效确保市场主体活下来、活起来、长出来。

3.7　“稳就业”的关键是要保民营企业

在疫情的有效防控下，复工复产复市有序推进，经济社会生活逐步回归正轨，稳经济、稳就业、稳民生更显重要。就业，一边连着经济，一边连通民生，就业稳则经济稳、社会稳、人心稳。从这个意义上可以说，“稳就业”是关乎疫后经济恢复发展的“牛鼻子”。

统筹实施“稳就业”策略，无外乎两端：一则需求侧，一则供给侧。在特定时期，人力资源的供给侧状况一时难以改变，因此就需要从需求侧多做文章，以较大的弹性空间吸纳就业人员，使其各就其位、各尽其责。截至 2021 年末，我国农民工总量约为 2.9 亿人，其中约 1.7 亿人外出务工。2022 年，全国高校毕业生人数达到 1 076 万人，规模创历史新高。这两大群体是特别重要的劳动生产力，能否尽快妥善解决其就业问题，直接影响我国经济增长的动力、速度和效能。

就业的基本盘在企业，特别是提供了80%左右就业岗位的民营企业。但是，在疫情影响下，民营企业首当其冲遭遇打击。从行业来看，消费类为主的生活服务业受到重创，酒店业、餐饮业、旅游业、娱乐业等几乎停摆；从市场主体来看，中小微企业和个体工商户更为艰难，它们由于现金流中断造成“失血”过多而举步维艰。因此，稳就业的关键一步，是要稳企业，尤其是要帮助千千万万的民营企业渡过难关。

企业兴，则经济兴。危急关头，再怎么帮扶民营企业都不为过，要多策并举打出政策“组合拳”。首先，讲求速度。各项助企纾困政策要简化手续，政府涉企事项尽可能网上办理，尽快让企业特别是中小微企业和个体工商户“补血”受益。其次，结果导向。出台的减税降费、社保费减免缓缴、金融支持等系列帮扶政策要落实到企业身上，切实为企业减负。再次，托底支持。出台中小微企业租金减免、补贴政策，确保对因疫情拖欠电费、水费的中小微企业不断供、不收取滞纳金。

应该说，所有的帮扶政策都是为了给风浪中的企业护航，挺过危机之后，企业才能通过复工复产转起来、活起来。当然，企业复工复产之后，还可能面临资金支持难、订单交付难、产业链配套难等一系列问题，这就要求帮扶政策具有一定的可持续性，要减负、助产、稳市场等全流程帮扶到位，打通“堵”点，接上“断”点。换言之，扶上马，还要送一程。

按照经济学原理，疫情必然会导致“需求抑制”。受疫情冲击，不少企业为求自保纷纷减薪裁员，客观上使就业需求的存量减少，中长期又将降低预期而使得就业需求的增量减少。所以，通过逆周期调节，帮企业、稳就业，就是要通过政策主动作为，打破“需求抑制”，以盘活存量，并因势利导、化危为机，激发新的增量。

从盘活存量就业市场角度看，除了如前所述，从微观上帮扶中小微企业活下来，以保障就业基本盘以外，还要从更广义的高度提升现有劳动力市场的匹配度。改革开放四十多年来，我国人口红利得到充分释放的重要原因之一，在于不断打破城乡与体制性的分割，实现了劳动力的充分流动，使一大批离土离乡的农民工进入工厂成为“产业工人”。因此，当前的重要一环，是要提升劳动力市场的流通性，要在疫情可控的前提下，尽快取消对劳动者外出和返岗的不合理规定，通过跨区域点对点劳务协作等方式有序组织农民工返岗就业，促进存量劳动力市场实现自由、自主匹配。此外，还可以充分发挥城市和农村两个劳动力市场的作用，鼓励并支持农民工留在家乡就业创业，参与乡村振兴。

从激发增量就业市场看，就是要在就业寒冬中，探寻新的曙光。疫情期间，线上创新业态得以深度拓展，数字经济表现不俗，各类产业转型升级带来了新的就业空间，生产形式、生活方式、用工需求等都随之发生一些变化。截至2021年年底，我国有14.1亿人口，其中有7.5亿是劳动人口，而在这些劳动人口当中，就有2亿人是灵活就业人口，这个数字还在不断增加当中。这部分灵活就业群体，许多都是通过在线平台实现就业。一方面，不乏人工智能训练师、网约配送员等新职业及各种兼职；另一方面，随着无接触服务需求爆发，各类骑手以及共享用工岗位也将大量涌现。

在数字经济时代，“灵活就业”成为激发就业增量市场的重要方向。国家提出要加大对“互联网＋”、平台经济的支持力度，发展数字经济新业态，催生新岗位、新职业，同时支持发展共享用工，为灵活就业者提供就业服务。我们看到，疫情冲击下，各类互联网平台不但加速了中国服务业的全面数字化，而且创造了大量服务业的灵活就业岗位，成为中国稳就业、灵活就业的新引擎。当然，解决就业问题，根本上还是要靠宏观经济良性发展，要保持经济运行在合理区间，守住稳中向好的经济基本面。同时，以创新驱动发展，实现新业态、新模式、新经济带动经济向高质量发展。

3.8 激活新一轮土地市场红利

改革发端于农村，肇始于土地。在某种意义上，改革开放取得的巨大发展成果，就在于极大程度地释放出了“土地红利”。起初，以家庭联产承包责任制为基本特征的农村改革，充分激活了作为农业生产资料的土地的红利，对推动农村乃至全国经济发展至关重要。如今，在社会主义市场经济条件下，农村集体土地资源的红利需要进一步激发。

“四个红利”为沿海经济发展提供支撑

如何将农村集体土地从资源转化为资产、资本，赋予农民更多、更好的财产性权利？如何在新一轮市场化改革中激活农村土地红利，让农村、农民在城镇化进程中充分享受改革成果？十八届三中全会后，各地有关土地制度改革的热潮涌动不息：农村经营性建设用地的出让、租赁、入股及综合开发利用，承包地经营权抵押、担保及流转信托、规模经营，征地过程中让农民获得更多的土地增值收益，等等。

这一系列带有突破性意义的试验，在我国各大产业园区表现得尤为集中和突出。笔者多次深入沿海产业园区调研发现，支撑沿海地区经济发展的逻辑可概括为“四个红利”：一是人口红利。集中体现为大量中西部地区劳动力和沿海地区农村人口的红利，劳动力的富足为产业发展作出了重大贡献，大大支撑了地方税收。二是土地资源红利。处于相对强势地位的政府和开发商，在“土地价值未明朗”的情况下，以“廉价”方式将土地转成经济发展的宝贵资源，即把农村耕地用地转化为建设用地，政府从中得到丰厚的土地红利。三是资产增长的红利。近年来土地价格以几倍、几十倍的速度增长，实际上解决了土地融资的问题，使得产业园区能够不断实现“滚动”开发。四是沿海地区先行先试的政策红利。上海、深圳等沿海地区率先拿到“土地批租”等土地使用上的灵活政策，加上一系列产业扶植政策，使得沿海地区具备了先天的资本吸附能力。

“四个红利”的核心在土地。当前，中国经济发展的“牛鼻子”是土地政策，在经济活动的生产要素中，土地极为重要。沿海地区的经济开发区建设和城市化进程之所以总体呈健康发展态势，就在于抓住了“四个红利”的发展机遇，形成了产业高地，才有了可持续发展的可能性。相对而言，中西部地区发展在进一步释放“四个红利”方面还有巨大空间。

农村集体土地不能一征了之

近年来，我国产业园区数量呈快速飙升态势。产业园区经济的发展，必然要求更多的土地投入，而城镇国有建设用地可供量日益减少，越来越稀缺，客观上为农村集体建设用地流转提出了需求。

城市化建设这么多年，城市里通过旧改拆迁搞增量开发的空间已经很少了，现在新增用地主要靠征收农村的集体土地。过去工业化时期，集体土地都被假定为农用地，征地补偿都是按被征土地上一年度的农业收入的一定倍数计算，这很不公平。集体土地一旦被纳入城市建设规划，通常由政府征收后出让给土地使用者，而农村集体组织和农民个人不能将自己的土地资源加入城市化过程，也不能充分分享土地开发的增值收益。集体土地征收制度改革的未来预期应该是限制征收、鼓励流转，限制土地财政，发展土地市场。要淡化征收的强制性，强化征收的平等性。

征地是政府行为，政府应当承担起安置被征地农民的责任，帮助失地农民完成从务农到务工，从农民到市民的转变，给失地农民提供稳定的长远生计保障。政府投资开发农村土地，将“毛地”变“熟地”，让“农民”变“居民”，之后必须为农民提供商品房居住，还有承担养老费用，这是最起码的条件。此外，还必须解决农民长效增收的问题。

壮大农村集体经济，用非公共财政的钱来“养活”失地农民，是一个不错的选择。因为壮大农村集体经济，不单单是解决失地农民的“吃饭”、增收问题，有了集体经济，农民的闲散资金就有了投资渠道，可以通过入股的方式实现资产性收入。

集体建设用地的流转收益，应当受集体组织内部成员的监督，主要用于兴办集体公益事业，改善集体土地的投资和生活环境；同时，还可按一定比例用于集体成员建立医疗、养老、失业等社会保障制度；也可进行新的投资，新办乡镇企业，解决农村剩余劳动力再就业，同时使集体土地保值、增值，繁荣农村经济，保障实现集体的长期利益。

政府也要转变财政实现方式，由过去通过垄断土地一级市场经营土地的方式转变为在管理和服务土地市场的基础上鼓励流转、获取税收的方式，集体土地征收应允许农民集体以建设用地使用权投资入股参与商业开发，其中包括房地产开发。

激活新一轮土地红利

我国城乡市场体系二元结构特征鲜明，已成为建立全国统一市场的一大障碍。它不仅造成农产品的买难与卖难交替出现，也导致农村生产要素呆滞，使农村产业结构调整艰难，还造成农村人口向城市盲目流动，使城市问题进一步激化。

土地是宝贵的，要保护每寸土地，但很少有人算过农民手中的土地值多少钱。农民的土地财产长期以来处于隐性状态，土地财产权也长期处于无保护状态。集体农地使用权流转在法律上已得到认可，但集体建设用地的流转一直未能在政策法律上得到认可和规范。集体建设用地流转有助于搞活农村土地二级市场，促进农村经济的发展，给农民把土地这一主要资本变为更大财富的机会，发挥土地的最佳效益，一定程度上可以缩小城乡二元差距。

比如，建卫星城。若能打破条条框框，给予一定的土地政策倾斜，允许农民在农村集体土地上投资建超市，土地出让金再分年限补交，农村集体土地就变成了资产，就能极大地调动农民的积极性。实践探索总是走在前面的，政策往往是在“边破边立，先破后立”中不断完善。农村城镇化过程中，需要养活农民，但也要防止“养懒汉”，把集体资产量化给农民后，农民成为持股的股东，由政府主导投资可以实现农民资产的保值增值。

由于目前我国土地流转尚处于摸索中，集体建设用地流转还存在许多问题，土地产权不清、城乡二元结构、流转范围模糊、土地收益机制不完善等严重损害了农民利益。因此，解决集体建设用地流转中所有问题的关键是以保障农民的根本利益为出发点。

必须解决集体所有权的主体问题，尤其是农民对土地所享有的权益问题。所以应该强化落实物权法里规定的集体所有的“成员权”。我国集体土地所有权制度的完善，尤其是集体所有权主体的明晰化问题，一直是困扰立法者的难题。物权法提出“成员集体所有”这一表述，与民法典中的“劳动群众集体所有”和土地管理法中的“农民集体所有”都有重大区别，这可以成为完善我国集体土地所有权制度的途径。

应该让农民成为农村集体土地红利的最大、最普遍的受益者。如果从这个逻辑出发，政府少取多予，不与农民争利，就应该给予农村集体建设用地最优惠的政策倾斜。比如，可以根据产业周期，考虑将土地使用期限由 50 年改为 20 年，这样能够降低土地使用门槛。再比如，允许集体土地入股、合作开发，实现共同收益，等等。

3.9 从本质上理解“共同富裕”

促进共同富裕，是社会主义发展的历史必然。2021 年 8 月 17 日，习近平总书记主持召开中央财经委员会第十次会议时，对促进共同富裕的方向、路径和重要任务等，做出了明确的阐释和部署，这为我国全面建设社会主义现代化国家新征程提供了目标指南。共同富裕，绝非一时心血来潮的创新性提法和要求，而是我国社会主义发展一以贯之的不懈追求，尤其是党的十八大以来，党中央把逐步实现全体人民共同富裕摆在更加重要的位置上。

共同富裕是社会主义的本质要求，是中国式现代化的重要特征。

中国在实现民族独立和解放、推进国家富强和现代化的两大根本战略中，历史性地选择了社会主义道路，并且实现了社会主义社会的繁荣和稳定发展。当前，我们致力于构建初次分配、再分配、三次分配协调配套的基础性制度安排，加大税收、社保、转移支付等调节力度并提高精准性，扩大中等收入群体比重，形成中间大、两头小的橄榄型分配结构，使全体人民朝着共同富裕目标扎实迈进，这与社会主义发展的内在逻辑是一致的。换句话说，促进共同富裕，是社会主义发展的历史必然。

“源”：马克思的社会发展理论

马克思的社会发展理论创立了唯物史观，它使社会发展的一般规律走出历史迷雾，也使社会主义能够成为科学。马克思的社会发展理论有两条贯彻始终的主线，即“物”的主线和“人”的主线，这两条主线构成了中国社会主义社会的发展观的源头。

从“物”的方面看，马克思强调生产力是社会发展的根本内容，生产力与生产关系的社会基本矛盾运动是社会发展的根本动力。他认为，“物质生活的生产方式制约着整个社会生活、政治生活和精神生活的过程”，社会结构的先在性、社会发展的客观规律决定和制约着人类社会历史的发展进程。在马克思看来，作为生产力和生产关系统一体的生产方式，就是社会和自然相互联系、相互交换物质和能量的纽带，它决定着社会的结构、性质和面貌，决定整个社会历史的变化和社会形态的更替。而生产方式对社会发展的决定作用是通过生产力和生产关系的矛盾运动来实现的。在阶级社会里，社会基本矛盾表现为阶级矛盾，两大阶级对立的直接结果就是爆发被统治阶级反对统治阶级的社会革命，这是社会发展的最主要途径。马克思也正是从这种基本的社会矛盾运动中得出资本主义必然被社会主义取代的论断。从中我们可以领悟到，我国坚持以经济建设为中心不动摇，就是要极大地发展社会生产力，建设社会主义市场经济，就是要有效激发社会效率，使社会资源得到合理配置，让一切创造财富的源泉得到充分涌流。

从“人”的方面看，马克思对社会问题的考察又十分突出主体性价值。马克思极其重视人的自由和解放，并把它视为社会发展的重要内容和终极目标。马克思的这种人文关怀，放在整个社会的视阈里，就是倡导社会公平和正义。青年时期的马克思对资本主义社会中人的生存状况给予了高度重视，提出了“异化”理论。在对资本主义制度进行批判的基础上，马克思认为，公平、正义应当是人类社会的理想之一，未来社会将在高度发达的经济基础上消灭一切非公平、非正义的社会现象，实现全人类的彻底解放。人的发展是社会发展中最为核心的内容，“历史不过是追求着自己目的的人的活动而已”。马克思非常关注人的前途和命运，他认为未来代替那个存在着各种阶级以及阶级对立的资产阶级旧社会的，将是一个以“每个人的自由发展为一切人的自由发展的条件”的联合体。在马克思那里，社会发展与进步的程度取决于人的解放与发展的程度，社会越向前发展，个人也就越获得解放与发展。我国要建设的现代化国家是具有社会主义特性的，因此就更应该关注社会公平和正义，而共同富裕则是题中应有之义。

“流”：不断在实践中提升发展观

当代中国共产党人以高度的理论品质和执政素养，与时俱进，紧紧围绕公平与发展，不断在实践中提升社会主义社会的发展观。

中国人民取得民族独立和解放，建立了社会主义新中国——一个从根本制度上保证全体人民享有公平的光明社会。早在1926年，毛泽东就指出：“国家于革命后，一切制度都要改变的，要变压迫大多数人的政府为保护大多数人的公平政府，只有那个时候，公平社会和制度才会给社会带来发展动力。”他认为，只有公平的社会才能够带来繁荣的契机，社会公平和制度公平是社会发展的前提。

邓小平深刻认识到，“一大二公”绝对不能满足全体人民日益增长的物质需求和精神需求，必须使社会立即转到发展的轨道上来，否则就会抽掉社会公平的实际内容。他指出，“搞社会主义，一定要使生产力发达，贫穷不是社会主义”，“社会主义的优越性归根到底要体现在它的生产力比资本主义发展得更快一些、更高一些，并且在不断发展生产力的基础上改善人民的物质文化生活”，“社会主义的本质，是解放生产力，发展生产力，消灭剥削，消除两极分化，最终达到共同富裕”。效率优先，并不是要抛弃社会公平的原则，而是要通过发展，实现更高水平的公平，达到共同富裕。事实上，我国改革开放事业的所有成就，都离不开对“发展”的珍视和务实态度。

中国是在尚未实现工业化、生产力非常落后的条件下，开始进行社会主义建设的，目前仍处在社会主义初级阶段。中国的社会主义实践在经历了一系列曲折之后，才对发展的社会主义本质有了深刻的理解，认识到发展不仅关系到民族的兴衰，也关系到社会主义制度的生死存亡。只有通过以生产力为核心的经济基础的发展和包括精神文明在内的整个上层建筑的发展，才能使中国在社会主义现代化的道路上不断前进。

“新”：在高质量发展中促进共同富裕

社会主义不是离开了生产力的发展和社会的进步来追求公平，也不是空谈社会公平、迷恋低水平的形式平均而漠视发展。离开发展讲公平，或者只讲发展忽视公平，都不是科学的发展观，都必然会在实践中催生多种社会矛盾。在社会主义条件下，发展是追求公平的发展，公平是不断发展着的公平。

对于“共同富裕”，习近平总书记始终念兹在兹，视为“国之大者”：2012 年 11 月，他在十八届中共中央政治局常委同中外记者见面时，强调“坚定不移走共同富裕的道路”；2017 年 10 月，党的十九大对实现“第二个百年”奋斗目标作出了两个 15 年的战略安排，两个阶段都对推进共同富裕提出了具体要求；2020 年 10 月，党的十九届五中全会明确提出，到 2035 年，“全体人民共同富裕取得更为明显的实质性进展”；2021 年全国人代会审议通过的“十四五”规划和 2035 年远景目标纲要，把“全体人民共同富裕迈出坚实步伐”列入“十四五”时期经济社会发展主要目标；2021 年 7 月，在庆祝建党 100 周年大会上，习近平总书记强调在新的征程上，“推动人的全面发展、全体人民共同富裕取得更为明显的实质性进展！”

科学认识和理解新时期的共同富裕发展战略，需要把握一个重要前提：高质量发展。“在高质量发展中促进共同富裕”，强调了实现共同富裕的前提基础和必然路径——我们不但要持续做大蛋糕，而且要做“优”、做“好”蛋糕，让全体人民在社会全面进步、人民幸福安康的高质量发展中共享发展成果。这意味着，促进共同富裕要进一步做大“增量”，发展仍然是我们党执政兴国的第一要务，只是在做大增量的同时,要更关注解决“不平衡不充分的发展”的问题,包括区域、群体、产业等各个方面。

共同富裕绝非轻轻松松就能实现的。我国仍处于社会主义初级阶段,必须充分估计实现过程的艰巨性、复杂性和长期性,需要冷静思考,统筹规划,还要特别预防“路线跑偏”。比如,简单粗暴地把共同富裕理解为“杀富济贫”;或者把共同富裕仅仅局限在经济层面上考虑,甚至认为是回到“计划经济”。共同富裕是全体人民的富裕,不是少数人的富裕;是人民群众物质生活和精神生活双富裕,而不仅仅是物质上的富裕;是由于资源禀赋不同仍然存在一定差距的共同富裕,不是整齐划一的平均主义同等富裕。我们要从本质上对共同富裕作进一步的分析和深入理解。

3.10　呼吁实体经济回归,推进发展质量变革

党的十九大报告明确提出建设“现代化经济体系”的目标,实体经济无疑是其重中之重。党中央把大力发展实体经济放在五方面重点工作的首位,要求“推动资源要素向实体经济集聚、政策措施向实体经济倾斜”。实体经济是我国作为经济大国的根基所在,释放经济转型升级的巨大潜力,建设现代化经济体系,最终的成果需要体现在实体经济的发展上。

毋庸讳言,尽管当前经济已转向高质量发展阶段,但实体经济发展过程中还存在诸多必须直面的问题。比如,资金投入实体经济不积极,“脱实向虚”的情况仍然存在;实体经济与科技创新、现代金融及人

力资源协同发展的局面还未真正形成;实体经济发展面临着产能过剩、债务率过高、企业生产成本过高等短板。这些问题需要通过深化供给侧结构性改革来解决,也需要通过市场化改革激发、保护企业家精神,鼓励更多社会资本投入到实体经济中。

呼吁发展实体经济,就是要摆脱实体经济成本提高且在资本市场价值扭曲的困境。一方面,企业人工成本高、物流成本高、税费负担重、融资难融资贵,更有甚者,与政府打交道的制度性交易成本,令企业主苦不堪言;另一方面,在资本市场功能扭曲的条件下,企业主关厂炒房,直言"开工厂不如买几套房""房子升值秒杀努力工作",凸显了实体经济的困局。某上市公司巨亏上千亿,却靠 12 年前偶然买下的北京两套学区房竟成功保壳,这个黑色幽默,让人们笑不出来。坊间不乏流传这类段子,大意是卖房筹资办企业,十年后的家当再买回原来的房子。

实体产业结构不合理,导致大多数实体产业处于价值链的中低端。实际上,我们通常意义上讲的"产能过剩",应该是个相对概念:其"过剩"的是低质量、低价值的产能,相应的却同时存在高质量、高层次的有效供给不足。从这个意义上说,我国经济中传统产业代表的旧动力在减弱,而以新兴产业为代表的新动力还不够强劲,这成为制约我国实体经济发展的重要障碍。因此,创新是今后及未来引领发展的第一动力,可以为实体经济发展培育新增长点。

与"实体经济"相对应的是"虚拟经济",虚拟经济可以适度发展,但重要一条是要防止"脱实向虚"。当前,我国网络购物、移动支付、共享经济等数字经济新业态发展迅速,走在了世界前列。国家互联网信息办公室日前发布的《数字中国发展报告(2020 年)》显示,我国数字经济规模已达 41 万亿元,总量跃居世界第二,成为经济增长新引擎。相比较而言，目前我国实体经济的投入和增长还远不及预期。所以，党中央从战略高度强调，“现代金融体系应当以服务实体经济为基本导向”，换句话说，金融不能“空转”，金融产品及其工具创新不能背离服务实体经济的初衷。2008 年美国次贷危机的深层原因，就是虚拟经济“玩过火”而实体经济“空心化”；危机过后，欧美国家普遍实施“再工业化”战略、重新回归发展制造业的选择，这是世界范围内实体经济“理性回归”的大趋势。

迈进中国特色社会主义新时代，我国社会主要矛盾已经转化为人民日益增长的美好生活需要和不平衡不充分的发展之间的矛盾。当前我国实体经济正处在转变发展方式、优化经济结构、转换增长动力的关键期，我们必须把发展经济的着力点放在如何做强、做优、做大实体经济的竞争力上，把提高供给体系质量作为主攻方向，加快发展先进制造业，推动互联网、大数据、人工智能和实体经济深度融合，在新经济领域培育新增长点、形成新动能，实现经济发展的质量变革。

3.11　破解大学毕业生就业难题

当前，大学毕业生就业形势异常严峻。从供给端看，根据教育部统计，2022 年全国普通高校毕业生共计 1 076 万人，同比增加 167 万人。疫情造成就业求职诸多不便，为防控疫情扩散，各类校园招聘活动一律暂停。按照往年惯例，每年的 3 月、4 月是应届大学生求职、签约的高峰期，但从实际情况看，大学生就业签约率很不理想。从需求端看，疫情对经济产生连锁反应，传导和反映到就业环节，即企业用人需求总体呈缩减态势。一边供给屡创新高，一边需求受到抑制，双重叠加，客观上造成大学毕业生就业难上加难。

政府工作报告表示，要加强对重点行业、重点群体就业支持，并提出用两年完成职业技能培训 3 500 万人次以上，高职院校扩招 200 万人，要使更多劳动者长技能、好就业。很显然，应届大学毕业生应该是需要重点支持的就业群体。

应该说，现在国家层面出台了不少引导性的大学毕业生就业帮扶政策。总体来看，有五大方面：一是国家发展战略释放就业机会。推动新产业发展和传统产业改造升级，其间蕴藏了大量的就业机会，应该积极引导、鼓励大学毕业生到国家重大工程、重大项目、重要领域就业。二是扩大重点领域的招聘。比如中小学教师，特别是急需教师的高中和幼儿园。高考改革以后，高中教师结构性缺乏，需要开辟更多这样的岗位，尤其是要落实应届统招师范生入编入岗。三是引导基层就业。基层是青年人成长成才的大学校，也是吸纳毕业生就业的主阵地，需要继续组织实施好农村教师特岗计划、大学生村官、三支一扶、西部计划等基层就业项目。同时出台优惠政策，鼓励中小微企业吸纳大学生就业。四是鼓励入伍参军。通过优化指标分配、提前体检等举措，更大力度鼓励毕业生参军入伍。五是丰富新就业形态。我国新就业形态发展迅速，其中含有大量的服务预定、技术开发、内容付费等新的就业形式，应该鼓励毕业生到这类生产性、生活性服务业以及民生急需的教育、医疗、养老等领域就业、创业。

就业政策的疏导性帮扶当然重要，但不是治本之策，关键在于要把微观企业群体搞活。中小微企业提供了 90%的就业市场，从这个意义上说，“保市场主体”的重中之重就是要“保中小微企业”。

我们注意到，根据政府工作报告的部署，中国人民银行创设了两个直达实体经济的货币政策工具，一个是普惠小微企业贷款延期支持工具，另一个是普惠小微企业信用贷款支持计划。这两个货币政策工具对于受疫情影响的中小微企业群体可谓雪中送炭，是对政府工作报告提出的“让中小微企业贷款可获得性明显提高”“让综合融资成本明显下降”的直接呼应，给破解传统普惠金融难题、打通中小微企业金融服务“最后一公里”带来新机遇。

从财政政策到货币政策，再到直接的针对中小微企业的定向帮扶，国家千方百计“保市场主体”。保市场主体就是保民生、保就业，这是帮大学毕业生渡过就业难关的基础保障。

另一个不容忽视的重要方面，就是要帮助大学毕业生群体通过自身能力、心态建设，理性认知当前的就业形势，以更加积极、灵活的状态投身就业市场。比如，中国就业培训技术指导中心发布《关于对拟发布新职业信息进行公示的公告》，拟新增社区网格员、互联网营销师、核酸检测员等10个新职业。这些新增职业当然是促就业的手段，大学毕业生要对新职业有开放的心态和尝试的勇气。

对于新的职业，大学生毕业群体或许会抱有疑虑和担忧。比如核酸检测员，随着疫情的消退，大家可能会担心面临第二次失业的风险。其实，大可不必过于担心。从较长时期看，核酸检测员不会很快消失，即便疫情结束，因具备检测技能和上岗资格，也可以在医卫和疾控领域转岗就业。

需要意识到，“稳就业”和“保就业”两者的目标是一致的，就是创造更多的就业机会。新经济发展过程中会产生新的经济业态，随之产生新的就业机会，及时学习获得更多更新的技能应该成为新时期大学毕业生的就业新常态。对职场新人来说，多一种职业、多一个岗位就意味着有更多选择的空间。新的职业形态，对大学生就业也可以带来启示，就是要及时加强新技能的培养学习，以适应新的业态。

大学毕业生就业难，破解难题需要多方齐抓共管渡难关。在就业岗位的选择上，建议大学生放宽视野，大胆尝试新领域，拓宽就业渠道，在就业形势比较严峻的情况下，先就业再择业将是理性的选择。

3.12 百年大变局加速演进，创新思维至关重要

时代奔涌向前，新一轮大发展、大变革、大调整席卷全球，大国战略博弈全面加剧，人类文明发展面临的新机遇、新挑战层出不穷。世界百年未有之大变局在新冠疫情的冲击下加速演进，使得我国发展的内部条件和外部环境发生深刻复杂的变化。

在激烈的国际竞争面前，在单边主义、保护主义上升的大背景下，我们必须走出适合国情的创新路子，特别是要把原始创新能力提升摆在更加突出的位置，努力实现更多“从 0 到 1”的突破。我们要加快科技创新，增强机遇意识和风险意识，尤其要善于在危机中育新机、于变局中开新局，而其根本在于要有创新思维指导下的创新实践。

科技创新要突破思维桎梏

人类社会已经进入一个创新引领巨大变革的新经济时代，只有顺应科技创新、观念创新、经营创新和管理创新的潮流和趋势，国家、企业和组织才能立于不败之地。特别是不能忽视新科技浪潮的整体性、

结构化要素对于“百年未有之大变局”深度生成、深化进程中的巨大催化作用，由人工智能、机器人技术、虚拟现实、5G、大数据、云计算、量子科技以及生命科学等前沿科技构成的全方位创新实践，推动着工业文明向后工业文明、信息文明阶段快速转变。

这种时代的狂飙之声，无时无刻不在警醒着我们，在一个创新主导的世界里，始终保持与时俱进的创新状态，何其可贵。一方面，要努力追赶科技浪潮。比如硬核的芯片技术，我们一定要在“卡脖子”技术问题上实现突破，真正用“中国智造”引领中国经济新的未来。另一方面，要关注更深刻的思维突破问题。我们需要回答时代之问：今天，我们需要怎样的创新思维？换句话说，如果我们不在创新的思维上突破桎梏，那就很容易走老路，“从 0 到 1”的源头创新就难以实现。

如何培养科学的创新思维？

中国的所有问题都要靠发展得以解决，而高质量的发展绝不是低水平的重复建设，不是按部就班、因循守旧。只有深刻把握“创新”要义，以科学的创新思维作为指导，才能实现科学的可持续发展。

科学的创新思维，首先要把握好“积极扬弃”这个前提。马克思早就说过：“人们自己创造自己的历史，但是他们并不是随心所欲地创造，并不是在他们自己选定的条件下创造，而是在直接碰到的、既定的、从过去继承下来的条件下创造。”从现实的语境看，我们今天所有的工作，所有的创新实践，都不可能是“空中楼阁”，而应该是在一定工作基础上的继承和发展。创新，不能不认“旧账”。如若一搞创新，就重来一套，那“创新”就永远只能从“原点”出发，永远是在打“地基”、盖“底楼”。我们应该看到存量与增量的互动关系：所保持或坚持的存量部分是增量的起点，为增量创造条件和基础；增量的不断积累又会转化为新的存量，并反过来促进原有存量的增长，形成新一轮增量。存量和增量的互动是我国渐进式改革的一大特点，它也应该成为指导各项事业的总原则。

基于这种创新思维方法论，我们应该意识到，无论当前我们处在一个什么样的历史方位上，无论当前我们面对的是怎样的国际国内大变局，无论是“关键时期”“特殊时刻”抑或是“前所未有的大挑战时期”，我们都应当首先全面、客观、科学地分析过去的工作，积极“扬弃”，实现合理传承。

不搞“推倒重来”，绝对不是意味着要机械地重复走老路，而是要在合理继承的基础上“前进”和“超越”。要根据时代的发展变化，根据人们社会活动方式和生活方式的新变化，针对工作中出现的“空白点”和“盲区”，运用创造性思维，积极探索出新机制、新途径、新方式。例如，中央多次强调，要加快形成以国内大循环为主体、国内国际双循环相互促进的新发展格局。我们今天倡导的“双循环”新发展格局，绝不是对多年来改革开放道路的背弃，而是基于当前国际国内大环境、大格局变化的科学调整，是中国经济发展道路的理性选择。

科学的创新思维，关键还在于强化创新的“定力”。一般而言，创新的过程是“寂寞”而“漫长”的，守得云开见月明。坚持走高质量发展之路，发展的速度会慢一点，但由于其前瞻性和可持续性的特点，这样的发展才是真实的、靠得住的，才是人们所期盼的。坚持创新的“定力”，就不能追求“快”字当头，更不能一说发展就是加大投资、开工上项目；不能只考虑经济活动的活跃与表面的繁荣，却不管背后的实际效益；不能只考虑工程项目本身的短期利益，而全然不顾资源、环境等隐性代价。说到底，就是要保持创新创业的“初心”，不能只关注财务报表，急于求成。否则，创新就有可能“折戟于半途”，或是被“异化”为某种噱头而名不副实。

创新不是天马行空

好的创新思维还必须体现在“接地气”和“抓落实”上。创新不是天马行空，不能停在天上画蓝图，而是要有目标导向。不能为了创新而创新，而是要为解决实际难题而创新。在这个意义上，接地气的创新要“真枪实弹”，创新研究和创新性项目要落地有声。如果没有现成经验和惯例可循，那就要创造性地开展工作，就要拿出可操作的方案。现在，一些创新专利发明出来就束之高阁了，创新性设计根本就没法付诸实践。这样的创新显然是不成功的。因此，科学的创新思维不能虎头蛇尾，必须要一张蓝图绘到底，要考虑可行性，要重视落实、重视执行，定下来的事情要雷厉风行地去做，部署了的工作就要一抓到底。

“苟日新，日日新，又日新。”中国历来有不断革新的传统，与时俱进的理念已经融入中华民族的血脉。身处大变局之下，我们的创新必须摒弃投机的心态，要敢于“啃硬骨头”“动真格”，要务实创新、砥砺奋进，从而以更昂扬的姿态自立、自强于世界民族之林。

第四章

国际视阈与应对

诸多『黑天鹅』事件，致使世界经济 V 型反转无望。『蝴蝶效应』几经流动、传导，可能演变成全球性飓风，全球经济的未来愈发寄托于新一轮突破性技术的创新应用。

4.1 全球低利率下，技术如何影响金融体系现代化？

负利率是指利率低于正常水平、银行存款利率低于通货膨胀率的一种特殊金融现象。这种特殊的金融现象，现在似乎已经变得不再特殊。2008年全球金融危机爆发至今，全球金融一直没能真正走出阴霾，银行业的增速尚处在低于金融危机前十年的水平，而且大多数银行的盈利尚未恢复到危机前水平。

全球经济的长期衰退叠加疫情不利影响，全球制造业和贸易活动持续恶化，实体经济仍然深陷“寒冬”。全球金融负利率的“怪圈”正在显现：低利率带给市场充足流动性，而实体经济收益下降、生产过剩，形成市场资金过度供给，由此催生经济泡沫，“金融空转”现象愈演愈烈。

欧美发达经济体金融业的负利率特征，反映了其经济衰退的本质，其根子在经济发展的动力问题上。当今世界，正处在技术革命的“中间地带”，旧的经济在消弭、式微，但新的技术应用却还不足以引爆经济的飞速发展，萎靡不振的世界经济需要类似于工业革命的强力推动。

现在比较多的分析研判认为，世界进入了以人工智能、绿色能源、清洁能源、虚拟现实、生物技术以及量子信息技术等驱动的第四次工业革命。而现实的境况是，这些新技术带来了改变，但这些改变显然还无法支撑现实的经济世界完成新旧迭代。

一方面，传统产业、产品供给产生机构性过剩；另一方面，新技术与产业的结合还没有带来突破性的生产力革命，世界经济踌躇在新旧动能转换的“漫漫长夜”。

因此，就像全球经济的未来寄托在新一轮突破性技术的创新应用上一样，全球金融业能否彻底走出低增长、低通胀、低利率的窠臼，大概率只能等到新技术带来经济的爆发性增长。这一点很容易得到理解。

金融是经济的核心，但金融的繁荣根本上离不开实体经济的支撑，否则就是无本之木。从长周期看，若实体经济不行，金融业的繁荣都只是数字、泡沫营造的假象。

当今世界，谁引领了科技创新与应用的制高点，谁就掌握了引领世界经济优胜权和话语权，未来经济的竞争力越来越指向科技实力。也正是基于这一点，当今世界大国都不遗余力地在高科技领域加大投入，中美之间的贸易摩擦实际上也就演变成了科技领域的博弈较量。

负利率的负面效应很明显，但以欧美为代表的全球金融业为何还是要执行低利率、负利率政策呢？这似乎是一种清醒的无奈，不得已而为之。如前所述，全球金融业寄希望于新技术革命带来全球经济的结构性升级，而靠金融业体系本身自救似乎已经“力不从心”。2020 年美股的接连“熔断”引发多米诺骨牌效应，欧美多国股指暴跌，导致全球金融业集体恐慌。

全球股灾引发全球金融市场大幅震荡，仿佛又一个 2008 年的金融寒冬逼近。透过现象，当我们审视今天的金融体系现代化进程，作为其副产品的过度“金融化”问题浮出了水面。

过度“金融化”与金融体系本身的运作特征相关。金融体系是对一国金融系统有机组成部分的总称，包括参与资金流动的经济主体、中介机构、交易市场与金融工具等要素，各国金融体系都拥有不同的结构。

通常学术界以融资方式作为区分金融体系的标准，由此大致将全球金融体系分为两大类：一是市场主导型。在这类金融体系中，金融市场直接融资是企业融资的重要渠道，金融市场高度发达，其金融体系体现为以资本市场为导向的特征。二是银行主导型。在这类金融体系中，银行贷款是企业融资的最重要渠道，银行业与工业化高度相关，其融资体系体现为以银行业为基础的特征。

在金融体系现代化的进程中，无论是市场主导型还是银行主导型，其资本市场和银行业变得日益发达。我们注意到，美国、英国是市场主导型金融体系的代表，资本市场（股市）相当发达。在经济低迷的情势下，国家央行释放的流动性虽然有助于经济复苏，但很大部分是繁荣了短期的资本市场，而对实体经济的帮扶相对有限，进而又加剧了“金融化”。

当然，面对全球金融业负利率的大趋势，我们绕不过一个问题：中国金融业是否也会进入负利率时代？确实，受全球大环境影响，以及中国本身经济的结构性调整与疫情影响，中国金融业的利率也在走低。是否会降至零利率、负利率呢？答案应该是否定的。这是由中国金融体系的特点与国家治理特色决定的。

中国的金融体系属于银行主导的金融体系，处于间接融资与贷款占比“两高”的状况。资本市场不够发达，社会融资功能主要依赖银行体系。长期以来，中国依赖银行主导型金融体系在动员储蓄、选择项目、监督企业和管理风险等方面发挥了积极作用，有效促进了经济增长。

与欧美发达国家金融业持续低迷不同，以银行业为主导的中国金融业在过去十年取得了长足增长。中国银行业的规模已经超越整个欧盟。2018 年以来连续四年全球四家规模最大的银行均来自中国，而在 2007 年，全球十大银行之中还未出现来自中国的银行。

那么，是不是银行主导型金融体系就优越于市场主导型金融体系，风险就更小呢？显然不能这么简单推论。德国、日本和中国一样，也是典型的银行主导型金融体系，银行主导型的金融体系也面临“大而不能倒”的巨大系统性风险。因此，金融体系没有优劣之分，只有是否适合各国的具体发展情况的区别。

金融体系不仅体现了该国的金融发展水平，还受到文化和社会发展水平等方面因素的影响，因此撇开金融体系或者结构的差异，金融功能会比金融体系与结构更能反映金融发展水平，对经济增长的影响也更为显著。换言之，穿透整个金融体系的金融功能，才是决定经济增长的关键因素。

从这个角度看，中国金融业能够抵御全球经济的不利影响取得逆势增长，一个重要原因就是中国金融业在国家科学治理框架下总体上发挥了支持经济发展的正向功能，而且中国金融的穿透式功能性监管一定程度上抑制了金融体系本身的盲目逐利性，有利于金融业的稳健发展。

4.2　全球股灾：过度“金融化”之殇？

在新冠肺炎疫情全球扩散之际，金融海啸又以摧枯拉朽之势席卷而来。全球“寒风”凛冽：一方面，多国陷入疫情恐慌；另一方面，欧美股市大有全面崩盘之虞。2020 年 3 月 12 日，由于标准普尔 500 指数跌幅达到 7.02%，触发市场熔断停盘 15 分钟，这是美股历史上的第三次熔断；上一次熔断，还要追溯到 2020 年 3 月 9 日，对于那天的记忆，人们心有余悸，仿佛就在“昨天”……

美股激烈震荡，旋即引发多米诺骨牌效应，全球相继有十多个国家爆发股市熔断，欧美多国股指暴跌，纷纷拐入熊市。叠加疫情影响，以及沙特与俄罗斯在原油产量上的分歧等诸多“黑天鹅”事件，世界经济 V 型反转无望，逐渐滑向衰退深渊的边缘。

美股史上长牛或将终结

美股“崩盘”的论调并不新鲜。2019 年年初以来，时任美国总统的特朗普在“唱空”美股的言论中，一边搞贸易战，一边运用推特“救市”，把美股拉回到历史高点，直叫人瞠目。特朗普这波“骚”操作能奏效吗？这次美股跌进技术性熊市，是否意味着美股史上长牛终结？

回顾历史，经历经济危机，挺过“9・11”，美股一路波澜壮阔地走来，可以说并未发生过真正不可逆的崩盘。真正影响比较大的“崩盘”是经济大萧条（1929 年）、珍珠港事件（1937 年）、石油危机（1973 年）、互联网泡沫（2000 年）以及次贷金融危机（2008 年），美股平均跌幅在 50%左右。让人记忆犹新的是 2000 年和 2008 年这两次。2000 年，在欧美及亚洲多个国家的股票市场中，与科技及新兴互联网相关的企业股价高速上升，并在当年 3 月 10 日纳斯达克指数直冲 5 048.62 的最高点时到达顶峰。这一时期股价飙升和买家炒作的结合，以及风险投资的广泛利用，创造了一个温床，使得这些企业摒弃了标准的商业模式，突破了传统模式的底线，转而关注如何增加市场份额，最终导致股市泡沫破裂，使得一群最终投资失败的“.COM”互联网公司关门大吉。2008 年那波危机的标志性事件是雷曼兄弟银行倒闭，接连几家大型投资银行投机失败，华尔街一时暗淡无光。

不过断言美股彻底崩盘为时过早。时下，为缓解股灾压力，全球多国救市，美联储紧急宣布两天之内释放 1 万亿美元的流动性：2020 年 3 月 12 日增加投放 5 000 亿美元的 3 月期回购；13 日继续投放 5 000 亿美元的 1 月期和 3 月期回购。救市效果明显，欧美股指、期货全线反弹。此外，直接诱发金融危机的标志性事件还未显现，比如并没有大的金融企业倒闭。这意味着相关方面的承受韧性依然存在，救市的政策行动还有回旋空间。

美股史上长牛是否真的走向终结，应该还取决于接下来三方面的持续性走势。一是全球疫情蔓延是否能得到有效控制，投资者恐慌情绪是否能得到有效缓解；二是美国国债、黄金、石油等大宗商品的价格能否进入理性区间，市场流动性紧张能否得到改善；三是救市策略能否持续有效，股价能否有效止跌回升。

“救命”和“救市”之间

美股保持非理性高位多年，纵使“崩盘”论时有发生，美国依然扛过来了，为何偏偏在 2020 年走到拐点？因为，今时已非同往日。以前遇到危机，可以通过“拆东墙补西墙”的形式过冬。比如石油价格问题，往年虽然能源行业会受损，但其他诸如汽车、航空、化工等行业会因为成本降低而获得利润。所以，能源价格的波动，可以在正常的市场机制中得到消化。此消彼长，全球经济基本上处在动态平衡之中。

不幸的是，2020 年是极不平凡的一年。开局不利，新冠肺炎疫情全球蔓延，全球消费预期急转直下，波及供需两端，全球产业链陷入割裂境地，经济金融血脉严重堵塞……油价暴跌，成为引爆危机的导火索。由于全球经济乏善可陈，能源行业的损失并不能靠其他行业获利得到有效弥补，最终只能使惨淡的经济雪上加霜。一些传统产油国，比如北非、中东地区还遭遇了严重的蝗灾，原本可以靠卖出石油对冲粮食危机，但油“贱”如水令他们苦不堪言。

在“救命”和“救市”的选择题之间，当前最明智的选项还是前者。这也是中国在成功防控新冠疫情的实践中贡献给世界的宝贵经验，即不惜一切代价（尤其是经济代价）筑起生命的安全墙。短期来看，经济停摆，生产生活大受影响；但从长期看，小不忍则乱大谋。套用中国一句谚语，“留得青山在，不怕没柴烧”，只要保护好了生产要素，疫情控制后即可迅速复工复产，经济活力可以在短暂停止一两个月后重新恢复到正常水平，而且在疫情应对中还可以倒逼新旧动能转化，实现产业的优化升级。

全球股市是全球经济的“晴雨表”，各国能否“救市”成功使经济企稳回升，在某种意义上已经不再取决于经济手段本身。所以，多国熔断、各种流动性投入，都不是治本之策。当务之急，就是要在疫情对经济造成严重打击之前，坚决控制好疫情蔓延。鉴于新冠肺炎已成为全球流行病，因此，全球联合共防共治疫情应当成为全球治理的第一大议题。

谨防过度“金融化”

全球股灾引发全球金融市场大幅震荡，仿佛又一个 2008 年的金融寒冬逼近。2008 年，全球金融危机作为一个历史节点，激发了人们对于美国金融霸权地位的批判性反思。2008 年的金融危机更让人们清醒意识到：金融对于现代生活渗透之全面、深刻，而所谓的“金融化”现象已经远远超越了传统讨论中金融对于经济增长的作用。

“金融化”作为一个专有名词，一般指经济体系中利润的创造主要通过金融渠道而不是贸易或者产品生产渠道来实现。从抽象层面看，金融化的核心就是越来越多的经济活动不再遵循马克思笔下“资本—商品—资本”的增值过程，而是直接完成“资本—资本”的增值过程。

“金融化”越多越好吗？答案显然是否定的。过度“金融化”带来金融高杠杆，将导致金融严重脱离实体经济在金融体系“空转”，进而形成高风险。

20 世纪 80 年代，美国企业经历大规模兼并、拆分重组，大量资本从衰落中的制造业退出，转向能获取更高利润的产业，主要是由金融、保险、房地产构成的所谓“火烧经济”(FIRE：Finance，Insurance，Real Estate)。随着企业估值与华尔街的分析之间的联系日益紧密，金融思维也更全面深刻地渗透到全社会。越来越多的美国人转向资本市场寻求财务安全和投资机会，不少中产阶层开始将住房视为资产，将养老金作为投资工具。可悲的是，2008 年全球金融危机之后，不少中产阶级的房产和股市投资都化为了泡影。

经济危机是过度“金融化”趋势的严重表征，值得引起警醒。进入 21 世纪之后，全球发达经济体普遍出现一种现象：劳动收入在总收入中萎缩，产业资本与金融资本的力量对比在迅速向后者倾斜。尤以美国为代表的西方发达国家最为典型，这些国家金融越来越发达，金融化程度越来越高，这一方面助推了经济的繁荣发展，另一方面也容易导致经济脱“实”向“虚”，埋下经济危机的隐患。

这次股灾的直接诱因是石油价格暴跌，究其根本，除了新冠肺炎疫情的影响，恐怕还是在于：美股本身的价格实在太高，严重偏离实体经济本身价值，价格泡沫的破裂存在必然性。法国著名思想家伏尔泰说过："雪崩的时候，没有一片雪花是无辜的！"经济危机来袭之时，每个经济体都会觉得自己是受害者，但事实上，大家对危机的产生都负有或多或少的责任。

4.3　美国经济衰退不能简单归咎于疫情

把美国经济衰退归咎于疫情，显然过于简单。疫情之下，美国经济出现严重的经济衰退，这已是不争的显性化结果，而"有望快速反弹"似乎太过于乐观。

美联储前主席伯南克（Ben Bernanke）在接受采访时表示，受新冠肺炎疫情影响，预计美国经济可能出现急剧衰退，但随后有望快速反弹。在他看来，疫情导致的金融市场动荡更像是一场"自然灾害"，而不是经济萧条。

没错，触发这轮全球股市震荡的导火索是新冠肺炎疫情。但需厘清一点，即本次金融市场危机与"2008 年金融危机"以及"20 世纪 30 年代经济大萧条"存在本质区别。2008 年金融危机的诱因在于金融市场本身，由于次级贷款所带来的金融系统的崩溃；而本次危机是疫情带来外部性影响，进而传导到经济领域并感染金融系统。20 世纪 30 年代经济大萧条是由人为原因造成的混乱，并历时 12 年之久，如果不是第二次世界大战转移了危机，可能还会持续更长时间。相比经济大

萧条时期的金融体系，现代金融已经经过了好几轮进化升级，相应的金融工具也比以前多了很多。但是，是不是在现代经济金融框架背景下，大萧条就一去不复返了呢？答案应该是否定的。或许呈现的形式会有差异，但危险依然存在。

内部、外部多因叠加

美国经济能否回归正轨，取决于两大方面。一方面，诚如伯南克自己指出的，取决于是否能有效“控制新冠肺炎蔓延”，如若不然，货币政策和财政政策都难以发挥作用。这是最直接、最现实的问题。另一方面，需要从更深的层次，看疫情背后美国经济长期固有的顽疾能否从根本上得到综合整治，这没那么容易，非一日之功可成。美国经济就像一辆着火的超高速运转列车，灭火固然重要，列车本身的制动及运转问题也要充分重视，否则随时有脱轨翻车的危险。

偶然之中，往往潜藏着某种必然。在疫情以及国际油价暴跌的冲击背后，美国经济金融体系本身的内部性问题凸显。2008 年以来，美欧等西方国家大量加杠杆，累积到今天，全球债务规模已经膨胀到了超高水平。除政府借债、居民借债外，非金融企业，也就是实体企业债务累积过大，杠杆率急剧上升。

而美股的牛市主要是靠 30%的股票拉起来的，这些上市公司盈利后大量投资债券，加上杠杆融资、杠杆贷款增加，使得企业资产负债率居高不下。一旦美国的商业银行不再做高收益债券的做市商交易，资产负债表就会受到重大影响。美国企业发债主要用于回购美国上市公司的股票，这也是支撑美国股市长牛的重要因素，有关债务累积的风险，近年来各方多有提醒。

如今，企业杠杆过高，到期债务数额大，势必造成债务违约，债券泡沫必然戳破股市泡沫。从这个意义看，美国股市震荡不可避免，只是疫情打开了潘多拉的盒子，使得其以极端方式呈现了出来。

内部、外部多因叠加，导致美国经济衰退。如果只是头痛医头，治标不治本，美国经济衰退之后难言“快速反弹”。

政策“救急”短期有效

2020 年为了应对疫情，美国出台了救市计划，投入资金总额共计 6.5 万亿美元。其中美联储提供 4 万亿美元以稳定金融市场，提供贷款担保支持。

可以说，美国推出了力度空前的经济刺激政策。美联储接连加码宽松政策，两次紧急降息将利率降至接近零的水平；随后又宣布开启无限量 QE(量化宽松)，同时推出了一系列支持信贷流向企业和消费者的新项目。另外，美联储启用了多种金融工具，还包括扩大与其他央行流动性互换额度，放宽贴现窗口利率及条件，取消准备金要求，鼓励银行利用流动性和资本缓冲等措施。

美国的大规模刺激政策，以及货币宽松“大放水”，从短期看是“救急”之举。因为美国实体经济企业面临一段时期现金流大幅下滑的压力，其间如果不能获得及时融资，很可能技术性破产；对于家庭而言，未来一段时期其工资收入可能下降，甚至暂时性失去收入来源。向家庭直接发放现金、向小企业提供贷款等，这对于家庭和企业顺利度过疫情冲击高峰期将起到较大帮助。

尽管政策性刺激可以暂时让受疫情冲击严重的行业和中小企业存续下来，但从长远看，很难成为美国经济稳定增长的“定心丸”。

衰退大趋势或不可避免

美国实施无限量宽松政策，实际上等于开启了美元印钞机撒钱模式，这种极端做法对缓解当前流动性危机立竿见影，但能否借此突围，以及有什么后患，还需要观察和分析。有一点可以确定，如果无节制印发美元，势必加剧美元贬值，而美元的世界货币属性无形中又把危机带到了全球各地。

即便没有疫情，美国经济亦将不可避免地出现衰退。数据显示，在疫情发酵之前，美国负债总额达 21.5 万亿美元。2020 年以后，美国财政每年的最大支出将是偿还债务和利息。在刺激计划作用下，美国经济仍出现 2%—3%的萎缩。

美国救市政策基本上能够平息金融市场上的流动性短缺，避免因为流动性不足而造成的恐慌性抛售资产。但美欧等西方国家政策工具稍显不足、空间狭窄必将导致边际效应递减、后遗症加大。

要而言之，除非美国政府能够出台足够强的政策和举措来抑制疫情扩散，这种“强”政策往往是要以按下经济“暂停键”为代价的，从而势必又会加剧美国经济本身积重难返的企业债务风险问题，使得内部危机激化。如此，左右为难，未来美国经济将面临重大考验。

4.4　激进的市场干预给全球经济埋下隐患

2020 年 6 月，美联储扩大了“主体街”贷款项目的范围，将最低贷款额度下调至 25 万美元，此前为 50 万美元，最高贷款额度从之前的 2 亿美元增加到 3 亿美元。美联储这一举动的主要目的，旨在用进一步的宽松政策来刺激经济复苏，鼓励更多企业和银行参与经济帮扶行动。

这反映了美联储的积极救市态度，有利于稳定市场经济主体的预期。为应对疫情冲击，美联储宣布实行无限量宽松政策，这就像一剂猛药，在短期内对美国金融市场的稳定和刺激经济复苏起到了直接作用。但美联储不断推出宽松政策，激进地市场干预，也给美国和全球经济埋下了隐患。

由于购买国债、抵押债券不设额度上限，等于开启了“印钞”模式，其资产负债表在不到两个月的时间内迅速扩张 2 万多亿美元。按照这个速度，2020 年年底美联储资产负债表规模会达到 10 万亿美元。俗话说，过犹不及。从长远看，“无上限”量化宽松给美国经济带来的风险正在加剧：一是催生新一轮资产价格泡沫；二是给政府和企业带来债务风险；三是可能引发通货膨胀。

对全球经济而言，主要在于美元“热钱”的输入性风险。全球市场流动性过多，有可能引发新一轮资源价格上涨，给资源进口国带来输入性通胀风险。在全球经济贸易不振的环境下，有可能引发竞争性货币贬值，扭曲全球贸易和供应链体系。

采取救市举措之后，美股连创新高，完全收复新冠肺炎疫情以来的跌幅，美股估值重回历史高位，各行业估值普遍偏高。原因主要在于救市举措带来的短期效果得到充分体现，甚至超出市场预期。但从长远看，负面效果将延后显现，短期繁荣之后，可能陷入长期低迷的区间。主要判断依据是美股走高与美国经济基本面相背离，这种股市繁荣显然是泡沫假象。

随着疫情逐步得到控制，美国经济的“猛药式”救援告一段落，流动性溢价反弹，市场定价核心重回基本面。因此，美股二次调整的概率较高，回落风险依然存在。一方面，美国疫情、失业率、社会冲突等负面因素将带来冲击；另一方面，美国财政货币化和低利率政策短期内也不会改变。两者对冲之下，美股有一定的稳定基础，但长期看，美股走势取决于美国经济的基本面，资本市场的虚假繁荣难挽实体经济的大衰败。

尽管美国部分经济数据好转，但总体而言，美国经济已经步入衰退，恢复到疫情前水平需要较长时间。从目前的表现看，美股走势和美国经济具有某种相背离的表征，但两者又具有内在一致性：在美国经济形势陷入颓势的背景下，美股走高，也反映出美股长期大牛市所具有的预期基础。作为全球最大的资本市场，美股市场本身具备较强的风险抵御能力，美股市场聚集着全球最优秀、最聪明的华尔街精英，这些人的应急能力以及聪明才智不可低估。作为经历过十年大牛市的美股市场，其战略定位仍然深刻影响着全球经济的走向。

美股大幅回升，与宽松流动性及政策扶持有着直接的联系，美联储接下来还有哪些强有力的措施出炉，将会直接影响美股市场的后续走势。换句话说，一旦美联储的“子弹”真的打完了，美股市场就会开始价值回归，风险就会暴露，就会和经济衰败的真实形势靠近。

股市牛，许多时候是政策牛，并非真实反映经济的晴雨表。股市的持续上涨，与量化宽松等政策扶持密不可分。应该透过股市，看真实的企业经济数据。在持续宽松政策背后，实际上用宽松的流动性延后了风险的爆发。随着政策回归，企业利润率下滑、企业债务风险暴露、居民债务违约等问题陆续显现，2020 年美国及全球经济萎缩将无可避免。

4.5 “RCEP”诞生意味几何？

历经八年旷日持久的谈判，区域全面经济伙伴关系协定（RCEP）于2020年11月15日终于签署，全球最大的自由贸易区应运而生。作为世界上参与人口最多（覆盖1/3全球人口）、成员结构最多元（15个成员国囊括发达国家、欠发达国家以及新兴经济体）、发展潜力最大（GDP规模约占全球经济总量的1/3）的自贸区，RCEP的签署不仅仅是东亚区域合作极具标志性意义的成果，更是多边主义和自由贸易的胜利。在保护主义抬头、贸易争端接连上演的大背景下，RCEP无疑是一道让世界经济振奋的曙光。它让人们看到，逆流涌动之下，自由贸易、全球化趋势终将力挽狂澜，代表世界经济和人类前进的主流方向。

RCEP将对新发展格局提供有力支撑

RCEP的签署可谓恰逢其时。应该说，这是我国在习近平新时代中国特色社会主义思想指引下实施自由贸易区战略取得的重大进展，将为我国在新时期构建开放型经济新体制，形成以国内大循环为主体、国内国际双循环相互促进的新发展格局提供有力支撑。

其一，RCEP将提升我国在国际国内两个市场的配置资源能力。这有利于我国以扩大开放带动各产业更充分地参与市场竞争，不断实现产业转型升级，巩固我国在区域产业链、供应链中的地位，加快形成国际经济竞争合作新优势，推动经济高质量发展。RCEP一体化大市场的形成将释放巨大的市场潜力，进一步促进区域内贸易和投资往来，进一步优化对外贸易和投资布局，不断与国际高标准贸易投资规则接轨，构建更高水平的开放型经济新体制。

其二，RCEP将提升我国自由贸易区网络的“含金量”。RCEP签署后，我国对外签署的自贸协定将达到19个，自贸伙伴将达到26个。RCEP旨在通过削减关税和非关税壁垒，在成员国之间建立相互开放的市场、实施区域经济一体化、达成统一市场的自由贸易协定。值得一提的是，通过RCEP，我国与日本建立了自贸关系，这是我国实施自由贸易区战略取得的重大突破，使我国与自贸伙伴贸易覆盖率增加至35%左右。在全球贸易体系新一轮重构中，RCEP是中国构建全球高质量自由贸易网络的重要基石，RCEP的达成也将为中国在全球贸易规则制定的激烈竞争中赢得战略主动。

其三，RCEP将通过重构区域价值链为中国经济增长提供新动能。随着RCEP的实施，区域内成员经济体之间的价值链分工关系会更加紧密，有助于进一步加深中国与周边经济体的经贸关系，进而有利于中国在区域经济合作上发挥“在场”乃至主导作用。RCEP显然在一定程度上可以减少中国与亚洲国家对美国市场的依赖，特别是将为中国出口和对外投资发挥重要的支撑作用。数据显示，2020年前三季度，中国与东盟贸易额达4 818.1亿美元，同比增长5%，东盟历史性地成为中国第一大贸易伙伴，中国对东盟投资同比增长76.6%。RCEP的生效将进一步扩大中国对RCEP成员国的进出口。

作为拥有14亿人口的大国，我国有相当大的经济转型升级空间并蕴藏着巨大的内需潜力市场，由此形成以国内大循环为主体的基础和条件。以国内大循环为主体，并不意味着闭关自守，相反，要以高水平开放实现国内国际双循环发展，尤其要重视以“国内国际双循环”带动和反哺“国内大循环”。“打开门来搞建设”，建设高水平开放型经济新体制，发展的最终落脚点，还是为了满足人们对美好生活的向往。

自由贸易仍是时代主流，经济全球化趋势不可逆

不可否认，近年世界经济的持续低迷与“去全球化”逆流有着密切联系，多边贸易体系遭受冲击，直接引发全球贸易量的大幅下滑。这种“去全球化”逆流，集中表征为美国以破坏秩序的方式寻求新秩序的重建：美国欲以所谓的“公平贸易”取代自由贸易，以“互惠对等”取代最惠国待遇，以双边协商取代多边框架，以国内法为标准的单边行动取代国际法为准则的多边仲裁。这一趋势动摇了以世界贸易组织为基础的多边贸易体制，全球经贸体系亦愈发碎片化。

RCEP 的达成有望通过包容性的制度弥合碎片化的地区架构。作为一个新型自贸协定，RCEP 拥有更大的包容性，它不仅涵盖货物贸易、服务贸易、投资等议题，也涉及知识产权、数字贸易、金融、电信等新议题。RCEP 各成员国经济发展水平迥异，社会政治制度与历史文化都不一样，这么多具有多样性的国家能够走在一起，达成各方都能接受的高水平自由贸易协议，这种具有高度包容性的南北型经济合作，显然比美国正在推动的所谓“公平贸易”更具实践价值，对于未来全球经贸规则的制定也具有重要和深远的意义。

RCEP 朋友圈的经济总量超过了北美自贸区“美加墨”三国经济总量，同时也超过了欧盟的经济总量，它的增长潜力和发展动力无疑非常巨大。在当前全球经济不景气的背景下，RCEP 自贸区的建成发出了反对单边主义和贸易保护主义、支持自由贸易和维护多边贸易体

制的强烈信号，有力提振了各方对经济增长的信心。特别是，越来越多的人意识到，RCEP 协定对本地区应对新冠肺炎疫情大流行意义重大，并将在疫后通过包容和可持续的经济复苏进程，为打造区域韧性发挥重要作用。

签署 RCEP 协议，是亚洲经济体坚定不移构建开放型世界经济、支持多边贸易体制的重要行动，这是贸易保护主义盛行背景下的破冰之举，也反映了全球贸易体系新一轮重构期的一种主流。尽管区域经济发展遇到“反向运动”的掣肘，但从长远看，自由贸易仍是时代主流，经济全球化趋势不可逆。

4.6　从瑞幸风波看做空中概股的手法

瑞幸咖啡像那只来自亚马逊河热带雨林中的蝴蝶，不经意间扇动几下翅膀，却引发一场做空中概股的“龙卷风”。2020 年 5 月 19 日，纳斯达克交易所通知瑞幸必须摘牌，而瑞幸也称收到退市通知。

海外成熟资本市场的集体诉讼制度比较完善，对牵涉到财务造假乃至欺诈发行的上市公司来说，当面临集体诉讼的问题时，一旦案件得到确立，企业遭到败诉，那么企业将会承受巨额的索赔压力。这一次财务造假风波对瑞幸咖啡来说，确实是致命一击。继瑞幸咖啡遭遇财务造假风波之后，多家中概股企业先后遭到做空的压力。其中，还不乏一些我们熟悉的企业名字。海外机构接连做空中概股企业，背后原因值得深思。

境外上市的中国概念股正遭遇历史上最严重的信任危机。自

2010 年以来，伴随着民间调查机构的指责、媒体的质疑、意在渔利的金融机构发起的做空风潮以及监管机构的调查，绿诺科技、中国高速频道、艾瑞泰克等 50 余只中国概念股因未能满足信息披露条件、不符合交易规则、财务造假等原因被停牌或退市。由此，关于中国公司“财务造假”“欺诈美国”的传言在美国舆论界的持续发酵下，正演化为对中国公司集体信誉的质疑。

做空手段及利益链条

浑水们做空中概股取得了不俗成绩，令美国资本市场高度怀疑中国概念股诚信问题，同时严重打压了中概股的估值。那么，以浑水为代表的做空者，究竟用什么手段做空中概股？

首先，锁定目标后进行实地调查，发现漏洞。浑水公司往往首先通过其在中国境内的代理人，深入目标公司实地调查，搜集各种信息，留下证据。据报道，代理人通常出身国内财经类高等院校，具备基础的金融财务知识，大部分经朋友辗转介绍。除了代理人，还有一些不知名的小型商业咨询公司充当类似角色。

接着与对冲基金合作，并形成做空报告。一般在做空机构发布质疑报告之前，对冲基金便已入场，做好卖空准备。做空基金潜伏入市通常经过周密计划，时机拿捏准确，看空期权投注的价格和规模也往往和做空机构的质疑报告紧密配合。

随后由律师所代理集体诉讼，了结空头头寸获利。一旦中国公司被做空，流通市场股东蒙受损失，马上就会有美国律师事务所“默契”地提出负责集体诉讼索赔，费用一般由律师所预支，采取风险代理。待股价下跌后，做空机构了结空头头寸获利。近几年，美国做空中概股的机构已经超过 20 家，形成一条以研究机构、对冲基金和律师事务所为主力军的清晰产业链。很多做空机构会和律师事务所、投资者达成合作，这种合作不一定签协议，但会结成一个同盟。各种基金和投资者事先卖空该股，然后第三方出具负面报告，之后是律师们负责集体诉讼。这些律师们诉讼开始是没有律师费的，如果投资者获得赔偿之后，他们便得到了相应的费用。无论怎么说，这是一个三方共赢的游戏。我们可以较为清晰地梳理出浑水、香橼等做空机构的获利模式：对上市企业情报的研究—联合投资者做空上市公司股票—出具负面研究报告—股价下跌—律师代表中小股东发起集体诉讼—股价进一步下跌—浑水等机构、做空者、律师共享收益，最后上市公司遭受重创。

中概股被做空的几大成因

其一，财务造假是祸根。从东方纸业到绿诺科技，再到中国高速频道，再到瑞幸咖啡，被机构猎杀的根源在于公司在财务的营业收入、利润、资产、客户数量或者税收等数据上造假。财务造假成为“做空”的最根本原因。这些财务造假，是企业追求“包装上市”的直接恶果。因此，财务造假说到底是诚信问题，中国短暂的市场经济历程，还没有建立完善的诚信体系，企业造假的成本低，或者说企业还没有真正尝到造假的苦头，这次中概股遇难可以说尝到了苦果。

其二，与聘请的会计师事务所有关。在被勒令停牌退市的企业当中，聘请过四大会计师事务所担任独立审计师的企业有 14 家，从涉及中概企业审计机构所属地域来看，65％来自美国本土，13％来自中国内地。中国内地审计机构中，4 家是四大会计师事务所在中国的注册机构。但是外部审计师临危脱责常常陷中概企业于被动。临近提交财报的时候，审计师的辞职，往往直接导致上市企业无法按时递交季报或年报，因此加剧了企业因违规而被交易所停牌或退市的风险。根据统计，四大会计师事务所在审计问题中概企业的时候，辞职率高达57.1%；而同期其他所有的会计师事务所的辞职率为26.9%。

其三，商业模式不明确。企业的商业模式是否清晰，上市募集资金后主要做什么？企业如果在这些基本问题上自己还不清楚，而主要是想通过上市"圈钱"，特别是在利用信息不对称情况下，玩弄些项目和花招，最后吃亏的还是自己。公司只有表里如一，如实向投资者发布情况，才是最安全的策略。没有商业模式、不能盈利的企业最终会被市场淘汰。

其四，走捷径上市暗藏风险。国内许多企业，为了达到尽快上市的目的，选择了到海外上市。到海外上市有两种途径，一是反向收购，一是IPO。反向收购是指非上市公司股东通过收购一家壳公司（上市公司）的股份控制该公司，再由该公司反向收购非上市公司的资产和业务，使之成为上市公司的子公司。有些公司的老总盯着免费送壳，资本市场不可能是免费的。美国纳斯达克有260多家中国公司，按美国的上市要求，只要公司财务制度符合要求，都可以去申请上市，而不用要求盈利业绩。出事的公司一般多是反向收购上市的，原因可能就是在这个快速入市的进程中有造假。中国概念股的借壳上市成了问题多发地带，引起美国证监会的严查，其中有很多经验和教训值得反思。

其五，对赌协议存瑕疵。为了达到尽快融资的目的，有些企业和国外机构签署了对赌协议，但是由于对赌协议有很大的风险性，一旦条件不利，会给签约企业带来巨大的风险。前几年的太子奶、碧桂园、南方航空等都曾经遭受过重创。中华网破产，直接的导火索是因为对赌失败。企业在融资尤其是上市融资时，一定要结合自己的实际情况，尽量做好风险控制，而不要通过承担更大的风险，使企业处于风险之中，造成在困境中遭人围攻的局面。

如何应对做空攻击？

中概股受到华尔街做空潮的攻击，有很多是自身的问题。因此，赴美上市前，中国企业需先检视自身，是否有吸引做空基金、相关机构、律师的“蛋壳上的裂缝”。为防患于未然，直面危机，当有积极应对之策。

第一，及时发布信息，粉碎谣言。企业应该以“快”制胜，及时粉碎谣言，根据危机公关3T原则，企业必须牢牢掌握信息发布的主动权，在危机面前应尽快不断地发布信息，而且必须实言相告，强调信息发布的全面、真实。媒体的公众威信力是淡化危机的最好办法，中企应该重视媒体的作用，采取紧急召开新闻发布会、全球投资者电话会议等措施详细回应质疑，并提供工商年检报告、银行对账单、纳税申报表等多份文件，用铁证击碎谣言，变被动为主动，主动向媒体说明情况，避免媒体对事故的猜测和炒作。

第二，巧借权威机构的证实作用。借助投行、评级机构的权威报告，使之成为化解危机事件的新的突破口，同时，也可邀请上下游的合作伙伴和经手自己经济业务的银行、政府、事务所等在商业保密行为允许的情况下出具相关证据来反击这种猎杀事件。对于匿名机构质疑的企业毛利率偏高的问题，中企可邀请行业内知名专家、学者一同召开新闻发布会进行解释，利用第三方的权威来证实企业不存在财务造假的情况。

第三,利用法律手段维护自身的合法权益。适当利用法律手段包括诉讼手段打击这些造假行为,有效地揭露和证明做空机构在造假,才能打击其报告在海外投资者中的公信力。用法律手段来维权的同时,也能证明公司自身有足够的信心来应对做空机构的子虚乌有,对市场投资者也起着积极暗示作用。所以中企可以宣布将成立独立特别委员会来专门负责调查这个案件,维护自身的合法权益。

第四,承担责任,真诚沟通。危机事件中常牵涉到两大问题,即利益和感情问题。在利益问题上,无论谁对谁错,企业都应承担相应责任;同样,在感情问题上,公众很看重企业是否在意他们的感受。中企可宣布发放股票股利,或将回购部分股票并进行现金股利分配,以期获得私募基金或其他投资者的支持,并表示公司高管不出售任何股票或存托凭证,鼓励公司高管身先士卒,以个人资金购入股票,对投资者起正面引导作用。

第五,熟悉美国证券市场的法律以及会计规则。中国的会计准则是与国际会计准则趋同的,更加强调基于原则的判断,会计师有一定的判断权,而美国通用会计准则更加强调基于具体规则的判断,会计师必须依照具体准则行事。所以中国公司的财务人员还应当熟知美国通用会计准则,加强和海外财务制度的对接。

第六,重视非财务信息披露。许多做空机构的指责并非直接针对企业的财务报表信息,而是针对那些影响财务业绩的非财务信息。很多美国公司都会定期召开新闻发布会,主要披露盈利预测、重大事项说明和风险介绍三大类信息。在定期拜访机构投资者这一点上,过往几年中国的上市公司普遍做得不够好。形成定期拜访机构投资者的观念,才能做好信息的沟通工作。

4.7　本轮全球高通胀的诱因、深层症结和潜在风险

通货膨胀的实质是社会总需求大于社会总供给，现实购买力大于产出供给，导致货币贬值，而引起的一段时间内物价持续而普遍地上涨现象。2022 年年初以来，欧美等国家相继疫情解封，经济活动普遍恢复，原本预期这波通货膨胀会随之降温，不料依旧居高不下。如今，这场美元无限量化宽松的“蝴蝶效应”几经流动、传导，已是“覆水难收”，演变成了全球性通胀飓风。

历史性高通胀时刻

当前，全球经济正遭遇历史性高通胀时刻。美国迈入通胀“9 时代”：根据美国劳工部公布的数据，2022 年 6 月美国 CPI 同比上涨 9.1%，刷新 40 年来的最高纪录，高于市场预期值 8.8%。剔除了食品和能源消费价格之后的核心 CPI 同比上涨 5.9%，同样高于市场预期值 5.7%。3—6 月美国 CPI 涨幅均在 8%以上波动，同时核心 CPI 同比连续 6 个月在 6%以上。不仅美国，欧洲同样深陷通货膨胀的困扰。英国统计局 6 月数据显示，英国 5 月 CPI 同比上涨 9.1%，为 40 年以来的峰值；欧盟统计局 7 月数据显示，欧元区 6 月 CPI 同比增长 8.6%，再创历史新高；土耳其 7 月官方公布，6 月 CPI 同比上涨 78.6%；与此同时，德国、西班牙和比利时等国的通胀率均值也都维持

在高位。为此，各欧元区财政部长在欧元集团会议上表示，抑制通胀是欧洲经济的首要任务。

在亚洲，通货膨胀也呈扩散蔓延态势。印度、韩国和新加坡的通胀率远高于各自央行的目标，韩国 6 月 CPI 同比上涨 6.0%，高于上月 5.4%的涨幅，创下 1998 年以来的最大增速；印度尼西亚、马来西亚、菲律宾和泰国的通胀较为温和，总体是成本推动型通胀。

对中国而言，由于 2022 年疫情多点散发频发带来内需抑制、消费疲软，中国的 CPI 上行幅度低于预期，但国际大宗商品价格的普遍上涨，也使中国面临着严重的输入型通胀风险。随着经济增长的快速复苏，核心通胀率极有可能攀升。

诱因：美元惹祸，全球埋单

过去两年来，美国疯狂印钞 7 万亿美元，并将债务提高到 30 万亿美元。在美联储放水的诱导下，世界上许多国家的央行都推出了货币宽松计划，以拉动经济复苏。以往，货币超发可以通过股市和房地产市场吸纳，但无奈这波疫情的抑制作用太大，严重影响了全球经济运行，使得大量超发的货币没法被产业消化，大量流动性在市场游荡，从而不断推高通胀。

长期过度发行货币的后遗症以“发高烧”的形式显现。美国对抗通胀的药方，无外乎加息，但老药方不一定总是奏效。在 6 月的货币政策会议上，美联储宣布加息 75 个基点，尽管祭出了自 1994 年以来最大幅度的单次加息，仍难改 6 月通胀破“9”的局面。事实上，自 3 月以来，美联储已三次加息，将联邦基金利率目标区间上调至 1.5%—1.75%之间。美联储于 7 月 26 日至 27 日召开新的货币政策会议，明确宣布再次加息75个基点。

美联储加息的一个重大影响，是拉他国“下水”。道理很简单，美元作为支付占比接近40%的世界霸权货币，加息之后势必走强升值，相应意味着其他货币就会贬值。如此，会倒逼其他国家尤其是发达经济体跟随加息节奏，否则就可能承受股市下跌、物价飙升等一系列不良后果。美国的货币财政政策加剧了全球流动性过剩，推高了新兴市场国家与发展中国家的负债水平，增强了金融不稳定性。一旦美国国内经济复苏导致通胀率上涨，美联储就会开始收缩货币政策，而这又将给外围国家造成新的负面冲击。2022年7月以来，日元大幅贬值，欧元兑美元跌破1∶1，一定程度上都是美国加息的连锁反应。

恶性通胀使资产贬值，对于欧美发达国家而言，可以依托经济实力抵御通货膨胀，甚至转嫁其影响给发展中国家。因此，发展中国家尤须警惕世界其他发达经济体通货膨胀的泛滥。

需要解决深层次供需矛盾

引起通货膨胀的原因较多，但大致可分为供需两端：一方面，货币供应量过多带来需求增加；另一方面，成本上升，供给不足，结构失衡。当前，美联储加息、缩表，无非是想通过抑制需求来缓解通胀，这只是问题的一个方面，而且不是问题的症结所在。从根本上看，通货膨胀需要解决深层次的供需矛盾问题，供给侧在某种程度上更具有先导价值。

纵观近几年的通胀，大概都是因为供给侧出了问题。新冠疫情直接影响了供给，造成供给侧受阻甚至停摆。实施积极的财政货币政策，是为了对冲危机，拉动需求，促进疫后经济复苏。但如果供给链、产业链的可持续性受到重大冲击，意味着其修复的速度会明显滞后于现实需求，会直接导致商品与服务涨价。

俄乌冲突进一步加剧了疫情冲击下的全球供应市场的紧张局面，煤炭、石油、天然气等大宗商品价格随之上涨，不但上游原材料成本价格上涨，而且经全球供应链向中下游行业广泛传导，居民消费领域的能源、食品、房租等生活方面的价格快速走高，全球通胀压力上升。

供给端的紧张既有短期冲击因素，也有长期的结构性问题。从短期看，新冠疫情既冲击了大宗商品的生产，也冲击了其供应链系统；从中长期看，强调应对气候变化和减碳，降低了传统能源的产能，加码了供不应求的态势，而全球贸易摩擦上行带来的关税上升，也相应抬高了进口商品的价格。从深层因素看，逆全球化、贸易保护主义日益抬头，国际产业链、供应链承压，降低了全球资源配置的效率，尤其对那些出口大量依赖国外进口中间品的国家影响较大，造成贸易国家制造业订单积压和成本大幅增加，因此通胀潜伏已久，只是如今通过疫情影响以一种极端的方式爆发了出来。

换言之，仅有疫情冲击不足以导致美国目前近乎失控的高通胀，疫情只是打开了潘多拉魔盒。通胀失守的底层原因可能在于，美国政府力推“美国第一”、保护主义和民粹主义政策，在破坏经济全球化规则的同时也侵蚀了低通胀的基础条件，而逆全球化、绿色能源转型、地缘冲突等结构性因素，从多方面推升了货币与产业的深层次供需矛盾。

警惕经济陷入衰退的风险

美欧通胀压力快速形成和演变提示一个客观现象：美国和欧元区

尽管是国际货币发行主体，在实行刺激政策时似乎是想怎么干就怎么干，然而刺激政策扩张还是会受到通胀压力上升的制约，经济规律仍会发生作用，并迟早倒逼出合规律的调整。

从当前来看，欧美的主要央行为了对抗通胀，不断加快加息步伐，或将引发全球经济衰退。因为货币供应增加与经济增长之间属于正相关关系，一旦货币政策收紧，将主要目标瞄准降低通货膨胀率，那么经济放缓是必然的。2022 年 7 月 12 日，IMF 将美国 2022 年和 2023 年经济增长预期分别下调至 2.3％和 1％，这是 6 月以来 IMF 第二次下调美国经济增长预期，凸显美联储加息应对高通胀背景下美国经济增长前景恶化。

在经济低迷期，宽松的货币政策对经济和资产价格起到了支撑作用，随着通胀水平攀升，各国央行都在收回这一做法而换之以货币紧缩，从而控制货币的流动性。由此会导致企业的融资变得困难，推高融资借贷成本，部分企业可能会因为无法融资而倒闭，失业率会上升，股市、楼市的资金来源也会收紧，投资热度将下降。

美联储加息幅度和节奏均一再超预期，对全球资产定价造成深刻影响，美债、美股等风险资产价格迅速调整，人民币等货币的汇率也经历了一轮扰动。全球各国政府为了确保本国金融市场稳定，控制资金回流美国，不得不跟进加息，从而使得资金流量变小，支持实体企业以及重大基础设施建设的力度因此而减弱，全球经济增长进一步放缓。

总之，要警惕从一个极端走向另一个极端。美联储陡峭的加息与缩表既会造成全球金融市场动荡，也可能造成未来美国的衰退以及当前部分金融较为脆弱的新兴市场与发展中国家的危机，而全球大宗商品价格持续高位震荡将会加剧全球通货膨胀水平。为抵抗全球历史性高通胀，极度金融紧缩政策可能带来极端风险，当全球央行都把重点放在抑制通胀上时，无疑会给债务负担沉重的国家增加了压力，债务危机可能成为无法承受之重。

第五章

区域协同发展

国际、国内市场不是取舍问题，而是阶段性发展策略的权重问题。

国家的发展没有固定模式，区域协调发展的前提

是要尊重产业集聚的自身规律，形成和禀赋相适应的道路。

5.1 “双循环”何以与“一带一路”相得益彰?

“一带一路”倡议与“双循环”新发展格局，无疑是当今中国备受瞩目的两大战略关键词。两者共同作为统筹中国中长期发展方向的重大布局，它们之间有何内在逻辑关联？在共同推进的过程中，如何形成合力？这是需要我们厘清和把握的重要问题。“一带一路”倡议刚刚兴起时，笔者曾以“一带一路”为方向，结合我国供给侧结构性改革的时代要求，基于国际、国内政经生态，提出以多层次有效供给推进“一带一路”高质量建设，打造我国战略性新兴产业的国际竞争力。由于海外国别市场、法律和文化环境等都不尽相同且不断变化，这使得我们经常在内外两个市场的“供给—需求”上产生错配，以致出现“不适应”“滞后”和“盲目性”等问题，只有提高供给质量、减少无效供给，打通内外“肠梗阻”，形成国内、国际双向循环，才能确保在“一带一路”框架下国内市场资源的优化以及与国际市场的有效对接，推进传统产业升级改造，驱动发展新经济、新兴产业，最大限度地共建共享“一带一路”。当前，我们提出的“以国内大循环为主体、国内国际双循环相互促进”新发展格局，是新时代深入推进“一带一路”倡议的重要突破点，也是下一步高质量共建“一带一路”的动力之源和可靠保障。

从时代背景看，两者具有一脉相承的内生延展性

我们先简要回顾一下“一带一路”倡议的发展历程。国家主席习

近平于2013年9月和10月相继提出建设“丝绸之路经济带”和“21世纪海上丝绸之路”的重大倡议，此后共建“一带一路”即作为顺应国际形势、统筹国际国内两个大局的战略部署，发挥着重要引领作用。在党的十九大会议上，习近平总书记进一步明确指出，“中国开放的大门不会关闭，只会越开越大”，要以共建“一带一路”为重点，坚持引进来和走出去并重，遵循共商共建共享原则，加强创新能力开放合作，形成陆海内外联动、东西双向互济的开放格局。共建“一带一路”的倡议提出以来，中国“一带一路”的朋友圈不断扩大。截至2020年5月，中国政府先后与138个国家、30个国际组织签署200份共建“一带一路”的合作文件，中国不断深化与“一带一路”相关国家的经贸合作，贸易投资自由化和便利化水平不断提升。商务部发布的《中国“一带一路”贸易投资发展报告2020》显示，2013—2019年，中国与“一带一路”沿线国家货物贸易进出口总额从1.04万亿美元增加到1.34万亿美元；中国企业对“一带一路”沿线国家非金融类直接投资累计超过1 000亿美元，年均增长4.4%；中国企业在“一带一路”沿线国家建设的合作区累计投资350亿美元，产业聚集效应显现。在“走出去”的同时，“引进来”也在稳步提升：2013年到2019年，“一带一路”沿线国家对华直接投资超过500亿美元，设立企业超过2.2万家。

“一带一路”建设基于共商模式下所做的工作，既惠及了沿线民生，也为当地相关产业积蓄了可持续发展的后劲和能力，充分体现了共建共享、互惠互利的原则目标。应该说，作为一种包容性发展创新思维，“一带一路”倡议的生命力已经显现出来。它契合了当代需求，使合作伙伴将分歧放在一边、达成互利，并为共同利益作出贡献。

2020年新冠肺炎疫情暴发后，“一带一路”倡议进入了后疫情时代。疫情“偶然”的背后，是世界“必然”的深刻调整。面对世界百年未有之大变局的加速演进，以及国内改革发展稳定之艰巨繁重的任务，站在“两个一百年”奋斗目标的历史交汇点上，中国的发展战略亟须顺势而为、与时俱进，新发展格局得以应运而生。

2020年5月以来，习近平总书记多次强调，加快形成“以国内大循环为主体、国内国际双循环相互促进的新发展格局”；2020年9月1日，习近平总书记主持召开中央全面深化改革委员会第十五次会议并发表重要讲话，强调要推动更深层次改革，实行更高水平开放，为构建新发展格局提供强大动力，特别指出：加快形成以国内大循环为主体、国内国际双循环相互促进的新发展格局，是根据我国发展阶段、环境、条件变化作出的战略决策，是事关全局的系统性深层次变革。“双循环”新发展格局是我国处在即将全面建成小康社会，进而开启全面建设社会主义现代化国家新征程的历史节点，面对世界“百年未有之变局”，面对国家发展优势和现实约束而提出的发展新战略，是关系到我国发展前途的重大谋划，为“十四五”规划乃至更长远的发展提供了方向性的引领。

作为基于最新时代判断而作出的发展新战略，“双循环”新发展格局必然将对接下来“一带一路”倡议的深入推进产生实质性影响，两者形成合力势在必行。

“以内循环为主”不是降低开放，而是打造高水平开放能级

在2019年，我国人均GDP历史上首次突破1万美元。伴随我国经济的发展，我国的外贸依存度已经从2006年的超过60%下降到2019年的31.8%。现在，我国城镇化率超过60%，总体上进入向全面建设社会主义现代化强国迈进的新阶段，靠原有外向型发展模式已经

无法实现新的目标，必须更好地利用国内超大规模市场的优势，把满足国内需求作为发展的重点。

外向型经济模式确实给我国带来了巨大的经济效益，但也在一定程度上导致了对挖掘内需尤其是中西部地区发展的忽视，使“不平衡”“不充分”的问题较为突出。笔者曾撰文《“国内大循环”为主体是中国经济发展的理性选择》[①]指出：如果过度依靠海外市场来发展经济，经济增长的主动权很难掌握在自己手中，国内产业升级和经济安全也受到一定影响，而且外向型经济模式很难再实现稳定增长。同时也强调，从“一带一路”、稳外贸稳外资、扩大自贸区试点，到建设自贸港、举办进口博览会，中国积极“走出去”“引进来”，大力拓展新兴市场贸易，这种顺应时代发展主流的国家战略长期不会动摇、改变，越是在“逆全球化”沉渣泛起之时，我们越是要坚持改革开放。

我国改革开放四十多年能够取得巨大成功，一个重要原因在于，通过生产要素方面的比较优势切入全球价值链进行全球竞争。但是，时至今日，比较优势在发生变化。随着发展水平的提升，我国廉价的生产要素不再是竞争优势。问题还在于，如果过于依赖国外的市场，同时对国内市场开发利用不足，就不能有效用好国内逐步扩大的市场容量这一巨大竞争优势。如今，国内良性循环体系的建设，对于形成“中国制造＋中国消费”的超大规模市场优势，进而提升我国产业链、供应链的国际竞争力具有越来越重要的意义。

传统的出口导向战略形成了我国长期处于价值链中低端的国际分工地位，提高我国生产要素在国际分工的地位显得现实而紧要。“打铁还需自身硬”，我们在搞活内部经济，不断提升产业水平、技术水

① 发表于《第一财经日报》2020年9月22日。

平的过程中，能够快速发现所面临的瓶颈问题，比如在“卡脖子”的关键技术上寻求突破。通过充分发挥我国超大规模市场优势和内需潜力，切实提升产业基础能力和产业链现代化水平，从而在新一轮的外向型经济中建立我们的比较优势，这样才可以使得高质量的“一带一路”建设成为可能。

在一定意义上，面对新的国际国内发展形势和环境，中央提出加快构建以国内大循环为主体、国内国际双循环相互促进的新发展格局，也是发展战略的某种供给侧结构性调整。国际、国内市场不是取舍问题，而是阶段性发展策略的权重问题。以国内经济大循环为主体，绝不是关起门搞“内卷化”，而是着力补齐相关短板，发展比较优势，维护产业链、供应链的安全稳定，进而提高产业链、供应链的全球竞争力，进一步提高对开放水平和开放质量；以国内经济循环为主体，强调畅通国内经济循环，使得国外产业更加依赖中国的供应链、产业链，也更加依赖中国巨大的消费市场，从而高质量地实现国际经济的外部性循环，最终形成可持续的国内国际双循环相互促进的新发展格局。

高质量推进“一带一路”建设，需要统筹发挥沿海内陆各大市场优势

在“一带一路”进程中，国内各地方市场的充分参与不可或缺。我们注意到，“一带一路”建设规划把中国的大多数东、中、西部省份都吸纳了进来，连成片、形成带，横向贯穿中国东部、中部和西部，纵向连接主要沿海港口城市，并且不断向中亚、东盟延伸，使很多西部省份及中部省份成为国际物流通道的节点，大大增强了中西部地区发展的动力

和对人才的吸引力，有利于促进区域经济协调发展。

推进"一带一路"建设以来，国家从基础设施、财政扶持、人才培养就业、对外开放等多方面给予了大力扶持，政策的驱动效应十分明显。丝绸之路经济带由中西部地区作为新的牵引者，这些中西部省区市一跃由内陆变前沿，它们致力于开发、振兴占国土面积 2/3 的广大区域，与东部地区一起承担着中国"走出去"的重任。随着"一带一路"的推进，全国各地"春潮涌动"。国内各相关省区市为了在"一带一路"建设中抢占发展先机，纷纷做规划、出政策，期盼在这项国家战略布局中谋求一席之地。

由于缺乏有效整合，各省区市的规划时常出现"打架"的情况。单看各相关省区市的功能定位和规划设计，就发现有许多重复和雷同之处，出现区域功能定位趋同、产业结构布局重叠、同质化无序竞争。比如，陕西、河南和重庆争抢"丝绸之路经济带"的起点，福建、江苏、浙江和广东争抢"21 世纪海上丝绸之路"的起点。从各地开通的连接亚欧的国际货运专列来看，西安、重庆、连云港、郑州、成都、武汉和义乌等城市相继开通了类似专列，有"长安号""渝新欧""新亚欧大陆桥""郑欧""蓉欧""汉新欧""义新欧"等国际铁路货运专列往返于中国与欧洲之间，需要进一步加强统筹，使中欧班列发挥更大作用。

新时期，畅通两个循环，尤其是畅通内循环为主体，对有效整合国内市场提出了现实要求。在新发展格局的引领下，需要统筹发挥沿海内陆各大市场优势，形成区域性竞争优势，切实打造开放型经济高地，全面提升我国开放型经济水平。

首先，重点增强以湾区经济增长极为龙头引领的作用。2020 年 5 月国家发改委数据显示，京津冀、长三角和粤港澳大湾区 GDP 总量分别达到 8.5 万亿元、23.7 万亿元和 11.4 万亿元，占全国比重 44%。这三大动力源成为中国经济发展的发动机，也将成为“一带一路”建设特别是海上丝绸之路建设的排头兵和主力军。

其次，作为开放型经济的重要窗口，截至 2020 年 9 月，我国建设的自贸试验区数量已经达到了 21 个，累计形成了 260 项制度创新成果。从资源禀赋的角度出发，这些自贸区所带动的区域，最有潜质打造成为我国新一轮开放型经济高地。在构建“双循环”新发展格局和推进“一带一路”倡议下，我国自贸试验区群体在深化改革、扩大开放中的作用更加凸显。自贸试验区积累了丰富的体制机制创新经验，且拥有较高的制度创新供给权限，是全国最适合开展“大创新”的平台，有效整合它们的优势资源，有助于形成新时代制度型开放的规则引领区、压力测试区和国际对标区。

再则，充分发挥各经济带贯通东中西、协调南北方的对外开放走廊作用，形成犬齿交错的经济增长带，从而激活全国经济“一盘棋”。

两者致力于共同的愿景

“共同体”是一个不断发展的概念。早期的“共同体”概念主要与地域相关，随着社会现代化的推进，这一概念的内涵不断变化。就本义而言，共同体是一个基于共同目标和自主认同、能够让成员体验到归属感的群体。20 世纪 50 年代以来的欧洲一体化进程，特别是 1965 年欧洲共同体的成立，使得“共同体”真正为人熟知并成为国际关系领域的重要概念。此后，共同体逐步成为一种较高形态的区域经济合作形式，一体化程度介于关税同盟和经济联盟之间。

“一带一路”是一项长期的系统工程，将伴随我国新一轮开放型经济发展的全过程，也必然成为我国“双循环”新发展格局的重要内容之一。“双循环”新发展格局是“一带一路”倡议在新时代背景下的延展，“一带一路”倡议也将在“双循环”新发展格局的引领和推动下进入高质量发展的新阶段。未来，应扎实推进“一带一路”倡议和构建“双循环”新发展格局，以打造休戚与共的命运共同体为终极目标，在互利合作中实现共同发展繁荣。

世界范围内以共同体形式存在的区域合作组织主要有欧亚经济共同体（Eurasian Economic Community）、南部非洲发展共同体（Southern African Development Community）、西非国家经济共同体（Economic Community of West African States）等。可以说，经济共同体体现了“共同体”在区域经济合作领域的机制化和平台化，是一种制度安排。随着经济全球化的深入发展，新一轮科技革命和产业变革正在孕育兴起，国际秩序、全球治理体系也在进行深刻变革和调整重塑，国与国之间的交往趋于广泛和深入，人类面临更多的共同挑战和外部性问题。2019 年年末以来，席卷全球的新冠肺炎疫情更是展现了各国之间密不可分、相互依存的关系和唇齿相依、命运与共的现实，也警示人类更需要携手应对全球性挑战。和平、发展、合作、共赢是无法阻挡的时代潮流。因此，我们对共同体的理解和认识也应超越区域经济合作的范畴，在更高层面、更深层次上树立促进人类共同发展进步的意识。正是基于这些战略思考，2012 年 11 月，党的十八大报告提出要倡导人类命运共同体意识，在追求本国利益时兼顾他国合理关切，在谋求本国发展中促进各国共同发展，建立更加平等均衡的新型全球发展伙伴关系。此后，习近平主席在多个国际场合和国际会议上，倡导性地提出构建人类命运共同体。构建人类命运共同体又以构建经济利益共同体为基石，因此，推动新型经济全球化是构建人类命运共同体的必然要求。

“一带一路”合作与“双循环”新发展格局，充分体现了共同体所秉持的理念和蕴含的本质，并且指明了形成人类命运共同体的现实途径。首先，“一带一路”建设使国内国际“双循环”更加畅通，通过各国在多领域的务实合作，在实现自身发展利益的同时，努力推动各国不断提高自身经济和社会发展能力、全面促进经济社会发展，最大化地寻求各自之间的利益契合点，共同提升在全球产业分工和经济格局中的地位。其次，两者强调并遵循互相尊重、平等协商的精神，各方坚持求同存异，可就各项合作事务开展开放合作，平等地对话协商，在不同文明之间凝聚共识。兼顾各方利益，自愿参与，公平公正、真诚友善地制定各项合作规则，求同存异地处理相关事务，这也真正体现了共同体的实质，是其鲜活生命力所在。再次，为了更加积极地应对共同挑战，优化新时代背景下全球治理的有益探索，两者也具体体现了共同体的存在价值。在世界新的发展格局下，权威性、有效性的治理机制和治理效率有待提升，现有的全球治理机制呈现碎片化趋势，现实需求与治理能力的差距扩大。“一带一路”倡议与“双循环”新发展格局是针对全球治理中存在的现实问题而进行的积极探索，它们将有助于全球更好地应对气候变化、生态恶化、贸易摩擦、极端主义等现实威胁，是对现有全球治理机制的补充和完善。

打造命运共同体，推进的原则和方式是开放的、包容的。2008 年金融危机以来，世界经济复苏缓慢，至今仍面临诸多不稳定、不确定因素。如今，世界经济低迷再叠加新冠疫情的严重影响，使得主要经济体出现政策分化、冲突，以中美关系为主轴的国际格局加速演进，增添了许多不确定性因素，暴露出全球维护和平发展秩序的公共产品的紧缺。这在一定意义上彰显出推进“一带一路”倡议与构建新发展格局的至关重要性，我们不是封闭起来谋划一国一域的发展利益，而是着眼于全球框架，本着开放包容、互利共赢的理念，与一切有合作基础和前景的国家、国际组织、企业及团体，共谋发展、共享未来。

中国这个拥有 5 000 多年文明发展史的大国，既经历过长期的和平与繁荣，也经历过战争的摧残和折磨，因此对“和平”的意义有着更深的理解，对“包容”的重要性有着更深刻的认识。因此，中国反对“国强必霸”的陈旧逻辑，坚持走和平崛起道路，积极谋求和美国的新型大国关系，努力与周边国家共同建设稳定和谐的区域秩序。我们基于深刻总结历史经验教训、全面深入分析国际国内新形势而推出的国家发展战略，是具有全球意义的重大倡议和开放布局，将为世界的和平稳定、发展繁荣注入强大的正能量。

5.2　“一带一路”带来的人民币国际化机遇与风险

丝绸之路经济带与 21 世纪海上丝绸之路的建设为人民币国际化创造了难得的投融资机遇和市场条件，同时，也给人民币国际化带来了系统性与非系统性风险。如何抓住“一带一路”建设创造的投融资机遇和市场机会、有效预防和控制可能出现的各种风险，是人民币国际化过程中必须面对的重要课题。

“一带一路”倡议的实施给人民币国际化带来的机遇

随着“一带一路”沿线各国之间海路贸易通道与陆路贸易通道的

建设和完善，在沿线各国、各个经济区域之间形成分工合作关系，将为沿线人民币贸易圈的形成创造国际分工与跨国合作的条件。“一带一路”沿线各国，在资源禀赋、人口规模、经济发展程度、经济结构、历史文化背景等多个方面都存在着差异。“一带一路”建设为各国、各经济区域充分发挥本国、本地区的比较优势，特别是禀赋比较优势，创造了基础设施条件，不仅扩大了各国的商品流通范围，也扩大了各国要素的市场化配置范围，更大的市场规模和要素配置空间范围则为各国之间的专业化分工合作创造了条件，也为沿线人民币国际化创造了国际分工与合作的条件。

其一，沿线各国之间的分工网络日益稠密，为人民币国际化创造了市场网络条件。“一带一路”沿线各国可以充分利用贸易通道建设带来的区域内部商品流动便利化条件，充分发挥自身比较优势，构建具有本国比较优势的特色产品与特色产业体系，参与沿路各国之间的产业分工，获得国际分工的比较经济效益。在其他条件不变的情况下，一个国家或者一个地区内部的分工网络稠密程度受到该国所拥有的市场规模制约。市场规模越大，意味着各国之间的分工网络越稠密，来自国家之间的专业化分工收益和规模报酬收益也越为显著。

其二，沿线各国之间的分工地理空间日益广阔，为人民币国际化创造了广阔的地理空间。“一带一路”的建设过程，就是一个沿线各国之间的市场融合与市场一体化过程，也是各国专业化分工的空间扩散过程。丝绸之路经济带沿线各国分布在亚欧大陆核心地带，特别是中亚五国、外高加索三国和东欧各国的地理区位和战略地位在整个欧亚大陆中居于核心枢纽地位。海上丝绸之路沿线各国跨越太平洋西岸、印度洋北岸和西岸、红海和地中海沿岸。通过贸易通道及相关基础设施的建设，沿线各国的商品流通的地理空间范围将不断扩大：由于商品跨国流通速度提高和成本下降，各国商品流通的地理空间范围将沿“一带一路”进一步延伸；随着沿线各国贸易通道和交通通信基础设施的完善和体系化，一些原先只在各国国内流通的商品将进入国际市场，一些非市场化产品将实现市场化，使得各国之间专业化分工的地理空间范围不断扩大。

其三，沿线各国之间的产业分工程度日益深化，为人民币国际化创造了国际分工环境。海上丝绸之路各国在贸易通道建设的影响下，能够形成各具特色的沿线各国之间的产业分工体系，不同产业之间的跨国分工和同一产业内部上下游生产部门之间的分工会不断深化。海上丝绸之路各国的地理区位、经济发展基础、禀赋条件、社会文化环境存在着较大差异，各国在产业发展和同一产业的不同流程方面的比较优势各不相同。海上丝绸之路建设能够打破一些国家或者经济体内部的封闭式产业发展和低水平产业发展循环，推动各国之间的产业分工，促进沿线各国之间的产业分工体系的形成，同时也促进各国在同一产业链条中的产业内分工。海上丝绸之路各国之间产业分工体系的形成与产业内分工程度的提高，为沿线各国之间的区域内贸易与产业内贸易创造了难得的产业分工条件。

在“一带一路”沿线国家推进人民币国际化的风险

我国在推动“一带一路”建设过程中，能否充分发挥人民币投融资及国际化的比较优势，还面临着多种因素的影响和制约，也面临着各种类型的风险。所谓风险是指“一带一路”建设过程中面临的各种阻碍因素和不确定性的统称，涉及经济、政治、安全、环境、文化等多方面内容。具体而言，“一带一路”建设给人民币国际化带来的风险主要涉及三方面内容。

其一,经济增长不确定性与市场竞争为人民币国际化带来的不确定性市场竞争风险。丝绸之路沿线各国的资源禀赋、经济发展水平、产业及市场结构存在着显著差异,我国企业进入这些国家从事基础设施建设和其他经济活动时,如果不能够适应当地的市场环境,则有可能面临经营风险。各国政府之间的合作是丝绸之路经济带建设的重要制度保障,但各国政府行政效率和信用能力存在着显著的差异,有的国家不但政府办事效率低,而且信誉与信用水平不高,可能给进入这些国家的中国企业经营活动带来消极影响和风险。丝绸之路经济带建设面临的经济风险主要涉及两个领域:一是参与建设的企业面临的市场经营风险。丝绸之路沿线有些国家,特别是中亚和西亚的一些内陆国家,市场发育程度低,市场监管能力弱,不可避免地会增加参与丝绸之路经济带建设企业的市场风险。二是违约风险,包括企业违法风险与政府违约风险,也就是参与建设的国家的企业与政府违反合约导致的成本损失和不确定性风险。

其二,安全与利益冲突给人民币国际化带来的安全冲突风险。"一带一路"沿线有些国家不同程度受到暴力恐怖主义、民族分裂主义和宗教极端思想的影响,存在着各种类型的恐怖组织和宗教极端组织,对沿线有关国家的政治稳定和社会安全构成威胁,也直接影响到丝绸之路经济带的形成和发展。安全风险突出表现在四个方面:一是暴力恐怖主义威胁沿线多国民众生活和经济建设,对当地的经济活动和投资具有明显的消极影响。二是极端民族分裂势力威胁沿线有关国家的国家统一与民族团结,成为制约当地经济发展的障碍。三是极端宗教思想蔓延成为阻碍本地区经济发展的重要制约因素。四是传统文化和意识形态冲突对本经济带的经济造成消极影响。

其三，货币与金融不稳定给人民币国际化带来的金融市场波动风险。“一带一路”沿线各国，除了中国、印度、俄罗斯、土耳其作为较大的新兴经济体经济发展水平相对较高外，大多数国家的经济发展水平有待进一步提高，货币币值不稳定，金融机构抗风险能力弱，容易产生货币信用与金融风险。丝绸之路经济带建设中面临的货币与金融风险在三个领域最为显著：一是汇率波动风险。中亚、西亚和东欧的一些经济规模小、产业结构单一的经济体，容易受到世界经济与国际金融市场波动的影响，本币汇率波动频繁，容易产生汇率波动风险。二是信贷违约风险。大规模的基础设施建设需要大量的资本投入和良好的信用保证，在形成良好信用担保制度以前，丝绸之路经济带沿线各国的政府和企业都可能出现信用违约现象，导致一系列的违约风险。三是货币贬值风险。小规模经济体的货币很容易受到本国经济增长变化和国际金融市场波动的影响，也更容易成为国际流动资金的投机对象。

抓住“一带一路”机遇推进人民币国际化的政策建议

在战略方向上，要把“一带一路”周边国家和地区作为重点，在人民币周边化的基础上推动区域化和国际化，遵循先近后远、先易后难、统筹兼顾、多管齐下的原则，继续加强与周边国家或地区的直接投资和贸易，扩大人民币结算量和流通范围，让更多的国家和企业愿意使用人民币作为结算货币，从而实现“一带一路”机遇和人民币国际化战略的有机结合。围绕上述构想，提出对策建议如下：

一是初期可将重心着眼于东南亚地区。人民币国际化战略始于东南亚。中国—东盟自由贸易区的建立为人民币境外流通提供了广阔空间。在人民币汇率稳定的前提下，一些与中国贸易、投资往来频繁的国家和地区，愿意接受人民币作为计价结算货币。因此，加快“21世纪海上丝绸之路建设”，打造升级版中国—东盟自由贸易区可以作为“一带一路”建设助推人民币国际化的重要选择。

二是加快国内产业转型，提升国家综合实力。无论是推动人民币“走出去”还是提升跨境贸易结算职能，提升国家综合实力、鼓励技术创新都刻不容缓。一方面通过加大科技创新投入和政府支持力度，培育成长性高、科技含量高、附加值高的新兴产业以及新经济、新服务、新农业、新材料、新能源和新商业模式类企业，不断巩固自身的贸易竞争优势；另一方面完善多层次资本市场的建设，丰富天使投资人的退出渠道，引导金融资源流向战略性新兴产业，为全民创业、万众创新营造良好的环境。

三是推动并完善丝路基金和亚洲基础设施投资银行的建设。亚投行和丝路基金的设立标志着我国开始通过国家间合作，以对外直接投资的方式向境外输出人民币。亚投行和丝路基金可通过金融支持，引导企业加大对“一带一路”沿线国家和地区的投资，打造分工协作、共同受益的产业链、经济带，加强相关国家和地区对我国经济的依赖，从而推进国家间使用人民币进行跨境结算。

四是创新支持企业走出去的方式。国内产能过剩的压力、较强的产品竞争力和对现金、技术、经验的渴望使得我国很多企业都有到海外投资的愿望。因此，“一带一路”建设可以采取多种不同的方式支持企业走出国门。鼓励境内银行为双边、多边重大合作项目提供人民币贷款，并利用境外分支机构网络为企业“走出去”提供跟随式金融服务。加快推进人民币跨境支付系统的建设，降低人民币跨境投资支付的门槛，简化相应的审批手续，为企业对外直接投资创造便利的条件。

五是深化中国香港、新加坡等地人民币离岸中心的建设，促进离岸市场持续健康发展。建设人民币离岸中心是提高人民币跨境结算量的保障。因此，要支持人民币离岸中心扩大市场规模。应当首先要建设活跃的离岸人民币债券市场。一方面，利用境内境外两个市场的利差，引导离岸人民币有序回流，通过简化境内企业境外发行债券的审批手续，引导离岸人民币以投资的方式有序回流，降低国内机构、企业的资金成本；另一方面，增加离岸人民币市场中以人民币计价的金融工具的数量，特别是大宗商品、证券等。通过完善离岸人民币市场金融产品和金融创新的建设，丰富境外人民币持有者的投资渠道和风险分散渠道，从而增加其持有人民币的意愿。最后则是放松对离岸人民币市场的管制，为离岸市场派生人民币的功能、发挥货币乘数效应、增强离岸市场流动性创造条件。而中国香港、新加坡等地离岸人民币市场的建设最终将对人民币成为区域性货币起到重要作用。

5.3　理性衡量金融服务“一带一路”的成果

中国经济新常态的重要特征是追求高质量的经济发展，以“一带一路”为动脉打造出的对外开放升级版是中国经济新常态下最重要的增长点。在新的时代要求下，“一带一路”中的金融服务，要更立体、全面地衡量效果，不能光看投融资规模，还要讲实际的质量效果，更要注重风险防范和管控。用通俗的话说，“一带一路”中的金融服务不是搞慈善。衡量金融服务“一带一路”的成果不能光统计金融机构投出去了多少钱，提供了多少融资，还要评估这些项目的实际社会效益和潜在风险。资本是要讲成本和收益的，而在计算收益的时候有多个维度，既包括经济效益，也包括社会效益。

影响金融服务“质量”的重要指标是风险管控，在“一带一路”金融服务中做好风险管理确实是个大挑战。和国内业务相比，金融机构、银行业机构在“一带一路”的投资中对贷前可行性研究与贷后持续管理的要求更高，因为除了普遍性风险之外，还面临更突出的国别风险、合规风险、汇率风险。在这里，主要谈一下国别风险。

防控国别风险的前提是要深入做国别研究。“一带一路”是一个宏大工程，而国别研究是其基础。如果国别研究不深入，后期的建设、投入很可能没有针对性，供给和需求就会产生矛盾，导致事倍功半。国别研究一定要具体，要做专门国别的案例研究。坦率地讲，现在对于“一带一路”沿线地区和国家的研究大多流于宽泛，不少高校科研机构成立了“一带一路”研究院、研究中心，但是研究内容和成果大同小异。其实，科研机构更应该设立区域、国别研究中心，这样可以有的放矢地发布国别研究报告，为企业和金融服务机构提供更实用的素材，也能大幅减少前期重复调查成本，减少后期投资风险。比如，2017 年年初，中欧国际工商学院和中国—中东欧基金联合发起成立了中东欧经济研究所，内设于中欧陆家嘴国际金融研究院。中东欧经济研究所通过对中东欧 16 国及相关国家的宏观微观经济、金融市场、产业发展、贸易投资热点及人文知识等进行介绍、解读、分析，向国家有关部门及机构提供研究支持。波兰大使赛熙军曾访问中东欧经济研究所，对中东欧经济研究所表示高度关注，认为通过智库加深对波兰产业经济的研究，可以增进中国企业对波兰的认识和了解。他指出，把一般的西方模式套用在波兰身上并不合适，波兰的投资模式值得作为单独案例进行研究。

为了在“一带一路”建设过程中能够在更大范围内分担风险，其金融服务需要更好地发动国际金融力量一起参与。“一带一路”沿线的基础设施投资需求非常巨大，如果光靠中资机构融资并不现实，中资机构要学会用小资金撬动大资本、大项目。目前，在“一带一路”的融资统计中，主要统计中资机构的融资规模，其实还应该统计每一个项目带入了多少当地资金和国际资本投入。比如“一带一路”债券，要尽量吸引除中资机构之外的国际投资者，如果都由中资机构包揽，风险很大，也没有什么实际意义。金融服务“一带一路”建设要注意与当地政府、监管机构、企业、社会组织的关系，不能总在华人圈及中资企业的圈子里转，我们的金融家也要是外交家，这样才能提前预知风险，也才可能有更多的资源和途径化解风险。

5.4　战略性新兴产业如何扬帆出海？

在“一带一路”的建设中，新兴产业合作是一项重点规划，要求“按照优势互补、互利互赢的原则，促进沿线地区相关国家在新一代信息技术、生物、新能源、新材料等新兴产业领域的合作，推动促进创业投资的合作机制”。如何把在中国经济转型中担负重要使命的战略性新兴产业发展与“一带一路”建设相结合，关乎国家经济的走向和发展前景。

“一带一路”倡议的实施，伴随着基础生产要素和终端产能的多向流动。中国由于本身强大的生产制造能力，一旦跨过相关技术门槛后很容易形成庞大产能。而“一带一路”建设从国际空间布局上分为东亚段、中亚段、西亚段、中东欧段和西欧段，其中包含拥有优质廉价生产原料的中亚各国，亦包含拥有广阔市场的南亚和东南亚，更包括消费能力强、科技水平高的中西欧国家，这对于中国战略性新兴产业吸纳国际优势竞争要素、开拓多样化国际市场有着突出的现实意义。

抓住“一带一路”机遇，打造战略性新兴产业的国际竞争力，可以在三方面有切实作为：

其一，打破国际既得利益集团对中国高端产业的封杀。国际上有一些传统势力一直妄图边缘化中国，“一带一路”正是中国构建全球贸易新格局的有益尝试。“一带一路”倡议以历史维度的时间观和地缘经济的空间观为依托，是以中国为核心打造的横跨亚欧大陆的资源整合平台，开展紧密的经济合作是其中重要的一个方面。因此，应该重点帮助以国资为引领的新兴产业“走出去”，突破障碍，寻求有利发展空间。

其二，构建大空间资源整合新体系。信息化时代下，产业竞争是体系的竞争。通过共建“一带一路”，兼顾沿线各经济体工业化发展和经济转型的实际需要，我国可以将以创新驱动发展的战略性新兴产业融入合作发展网络中。一方面，“一带一路”打通了亚、欧、非三大洲竞争力要素流动的渠道，形成一个规模空前的巨大市场。另一方面，国内通过多点开花的自贸区建设，加强与国外域内他国端口的对接，使原先的点状本位型发展模式得以改观，形成区域经济一体化的新格局。比如，上海自贸试验区可以利用其龙头优势，将长江经济带沿线及长三角区域具备一定技术和成本优势的部分产业与“一带一路”沿线经济体的实际需求相对接，发挥传统产业价值链转移效应和生产要素重组效应。

其三，实现沿线地区间硬件和软件层面互联互通。市场经济最重要的基础之一，就是充分保障生产要素按照经济发展规律自由流动。“一带一路”倡议的本质精神体现为互联互通，需要从硬件层面和软件层面分别采取措施。在硬件层面，通过高速铁路（公路）网、内陆水运网、海上运输网、航空运输网、基建等方面实现交通、能源、通信等端口的通适性改进。在软件层面上，通过贸易自由化、竞争公平化、投资透明化等框架协议，减少制度、文化等方面的融通障碍。在这方面，上海自贸试验区可以在新兴产业中寻找真正拥有技术壁垒和创新能力的企业，寻找轻资产投入、能够创造良好现金流、商业模式优秀的企业，关心整个行业的扩张速度和下游需求的变化。同时，引导低端要素驱动向高端要素驱动过渡，根据竞争力要素禀赋差异，以与生产能力、市场目标相匹配为原则，进行战略性新兴产业门类的再筛选与再规划，为上海以及国内新兴产业扬帆出海做好资源的优化配置。

当然，发展战略性新兴产业也存在风险。主要表现为：一是原材料和零部件成本高企。与战略性新兴产业相匹配的原材料和零部件供应商的相对短缺与不断增长的需求之间形成的矛盾亟待解决。原材料和零部件供给源的开拓成为战略性新兴产业控制生产成本、提升国际竞争力的关键之一。二是产业技术标准体系的缺失。战略性新兴产业产品和技术存在很高的不确定性，标准也一直没有得以统一。因此，产业标准制定权的争夺历来为各方的关注焦点。期待我国更多的战略性新兴产业在风险可控的前提下抓住机遇，扬帆出海，成为“一带一路”产业发展价值链中的引领者、主导者。

5.5　区域不平衡之下，缘何还要加快发展现代都市圈?

区域经济发展不平衡问题，在我国由来已久。尽管改革开放以来，包括劳动力在内的生产要素得以在市场的作用下跨区域配置，但囿于诸多因素，要素的跨区域流动还存在不少制约：中西部农村进入东部城市就业的人口，长期享受不到完全的市民待遇，相应的经济利益和社会权益大打折扣；东部的资本、技术和人才往往也不把进入中西部作为优选项，而更愿意在软硬环境相对更好的东部地区流动。这在某种程度上更加剧了东西部区域经济发展的不平衡趋势。党的十九大报告明确指出："中国特色社会主义进入新时代，我国社会主要矛盾已经转化为人民日益增长的美好生活需要和不平衡不充分的发展之间的矛盾。"这一新的重大论断表明，新时代我们既要着力深化供给侧结构性改革，不断提高我国经济生产效率，把"蛋糕"做大，又要不断深化体制机制改革，确保社会公平正义，把"蛋糕"分好。

近年来，我们都注意到一种趋势，随着"粤港澳大湾区"和"长三角一体化"发展相继上升为国家战略，国家加快发展现代都市圈的目标方向更为明确了。国家发展改革委员会 2019 年发布的《关于培育发展现代化都市圈的指导意见》提出，2022 年都市圈同城化要"取得明显进展"，2035 年要"形成若干具有全球影响力的都市圈"。

一边是区域经济发展不平衡问题凸显，一边是资源加速向大城市聚拢建设现代都市圈，两者是相悖离的吗？从表面以及短期的现象看，似乎现代都市圈的建设形成的"虹吸效应"会让欠发达区域的资源外流，使得区域差距扩大。一种朴素的观点认为，缩小区域发展差距的方法很简单，就是东部支持西部，用发达地区"反哺"欠发达地区，拉高补低，这样就迎刃而解了。真能如此操作吗？显然，问题并非这么简单。

公平与效率能兼得吗?

不妨来探讨一下“公平”与“效率”问题。现实中,公平和效率往往相互矛盾:追求效率,可能就有失公平;讲了公平,可能失了效率。公平和效率,孰轻孰重?人们争论了几个世纪,都没有结果。公平、效率如同“鱼”和“熊掌”,都是好东西。现在,国人普遍坚持着一个观点,即初次分配讲效率,再次分配求公平。从理论上讲,这是完全没错的。但是,不管是起初讲的“又快又好”,还是后来倡导的“又好又快”,公平和效率似乎总能让人左右为难。

那么,公平与效率能兼得吗?“效率”好说,因为有量化的指标;“公平”就难说了,什么是公平没有一个客观标准,很多层面没法量化,难以操作。美国经济学家阿瑟·奥肯(Arthur M. Okun)曾提出了著名的“漏桶原理”:假定在一个贫富分化的国家只有富人和穷人,他们分别住在东部和西部,国家每天分给两个地区同样多的粥。东部的富人人数少,粥相对来说就多,富人粥喝不完就倒了喂小狗小猫之类的,浪费了很多;而穷人那边人多,粥根本不够喝,很多人饿着,穷人都说这样很不公平。于是,政府决定从富人锅里打粥送给穷人喝。政府的这种愿望和做法很美好,但为了把粥送到穷人那里,政府要买装粥的桶、要雇用挑桶的人,有时不幸的是,它用的那个桶还是个漏桶。这样,等政府把粥送到穷人那里,一路上稀稀拉拉漏掉了不少。为了实现公平,政府增加了很多开支,甚至还漏掉了粥,这些都是效率的损失。故事的实际意思是说,政府用征税的办法,从富人那里征税,把税收转移给穷人,但最后,穷人实际上得到的却比富人失去的少得多。我们经常还会听到或看到一些类似道理的事件。比如说,给某某县筹集赈灾款多少万，而实际落实到受灾老百姓头上的扶助款却严重缩水，甚至微乎其微。在这层层环节中，扣除了各种管理费及人员开支，一些款项眼睁睁地损耗掉了。

如何实现博弈均衡?

道理很简单，"效率"在追求"公平"的过程中流失，国民收入的蛋糕变小。为了公平，国家征税，就要雇收税的人，建办公楼，发工资，这些都来自国民收入。还附带一种消极效应：一方面，收入越高纳税越多，富人投资赚钱的积极性就会减弱；另一方面，穷人如果有一份工作糊口，就会因此失去政府补贴，这样他就宁愿专门等吃国家救济而不去工作。因此，从本质上看，公平和效率是一种利益博弈。富人害怕失去得到的利益，因而鼓吹效率，反对公平；穷人不承担什么成本，因此支持公平，批评效率。问题的关键在于，如何在双方的利益博弈中，实现某种博弈均衡。

这种博弈均衡是什么？从现实的社会领域看，当今社会阶层日趋复杂、社会利益越发多元，各种利益博弈的结果构成了公平与效率的真实生态。不仇富，不嫌贫，各阶层各尽其能、各得其所而又和谐相处，这才是一种博弈均衡，也正是公平与效率关系的理想秩序。

由此反观现代都市圈的发展战略，其正当合理性就容易理解了。推进区域协调发展，需要在区域共同发展的基础上追求公平，而更具基本意义的，是要最大限度地创造机会公平，调动各地区人民群众的积极性和主动性，共同创造财富，尽量做大"蛋糕"的同时尽可能少浪费"蛋糕"，促进各地区人民的收入水平和生活质量在不断提高的过程中趋于一致，最终实现国民收入分布与人口地理分布基本吻合。

世界各国的发展历史表明，均衡发展总是相对的，不均衡发展则是绝对的。一个地方的自然资源禀赋不尽相同，发展的各种条件的成熟往往不以人的意志为转移，其中究竟哪个因素能够发挥决定性作用往往也因时因地而具有差异性。比如，传统意义上认为，沿海是经贸活动最为便利的优势地区，但是发达的瑞士、奥地利处于欧洲大陆中心且多为山地，而芬兰、爱尔兰等沿海国家的现代化进程则晚了许多。

风物长宜放眼量

国家的发展没有固定模式，区域的发展同样要走适合自己的道路。实现区域协调发展，前提是要尊重产业集聚的自身规律，利用其带动扩散的作用，形成各种特色产业区域。都市圈的建立旨在促进圈内各地区之间优势资源联动，实现基础建设、生产、交通、服务等方面的一体化进程，主要依靠经济相对较为发达的核心城市带动周边城市共同发展，缩小都市圈内各城市的发展差距，从而达到区域内圈层的博弈均衡，由点带面推动整体区域的城镇化进程。

现代都市圈的建立势必将促进都市圈内不同城市之间的均衡发展，但不同类型都市圈之间区域发展的层级现象短期内很难得到缓解。长期以来，北上广深早已成为我国商业、贸易、金融、医疗、教育的枢纽中心，而以这四个超一线城市为核心城市的都市圈发展则具有得天独厚的优势。由于多数大型企业更倾向于选择在核心城市建立总部或分支机构，居民工作机会较多，工资水平也相对高，生活保障程度较好。因此，我国各都市圈内核心城市的发展水平和人口密度普遍与圈内其他城市有较大差距。虽然不同类型都市圈取得成效的速度以及程度存在差异，但每个都市圈城市群各方面发展与其自身以往相比均会有所提高，我国综合整体实力的提升显然从中获益。

重要的还在于，“风物长宜放眼量”。随着科技进步、经济市场化和全球化的不断演进，资本和原料紧缺日益缓解，运输成本的比重不断减小，信息的可获得性普遍改善，影响中西部内陆地区发展的传统不利因素的作用越来越小。与此同时，环境污染相对较轻、人口密度相对较低、经济开发程度不高等，进一步增强了中西部和欠发达地区的后发优势，为其实现跨越式发展提供了更大的可能。近年来，中西部各都市圈的核心城市，如重庆、成都、西安、武汉、郑州、合肥、贵阳等，经济社会都得到良好发展，其原因在于，除了区域内实现交通、能源、电信等硬设施的一体化发展之外，这些地方的整体营商软环境有了很大改善。未来，在以国内大循环为主体、国内国际双循环相互促进的新发展格局中，各现代都市圈将积极发挥区域主体作用，中西部区域也将充分彰显后发优势，实现新一轮高质量的经济发展。

5.6　长三角“同此凉热”，一体化筑就强劲经济共同体

无论是线上渠道，还是线下活动，无论是官方的谋篇布局，还是百姓的街谈巷议，“长三角一体化”被频繁提及，热度可谓空前。长三角一体化何以“横空出世”？长三角一体化上升至国家战略后，长三角“三省一市”形成了怎样的经济发展共同体？金融协同在其中又起着怎样的重要作用？许多问题引发了普遍关切。

长三角一体化并非“横空出世”

长三角一体化经历了从构想到讨论交流，再到切实行动的内生发展逻辑。事实上，长三角的一体化发端于改革开放初期。1982 年 12 月，“以上海为中心建立长三角经济圈”正式提出，当时叫“上海经济区”，范围包括上海、苏州、无锡、常州、南通、杭州、嘉兴、湖州、宁波、绍兴等 10 个城市；1988 年 6 月 1 日，国家计委撤销了上海经济区规划办公室，推进了 6 年的“上海经济区”宣告流产。

“长三角城市群”一词进入大众视野是在 1992 年，最初包括上海、杭州、宁波、湖州、嘉兴、绍兴、舟山、南京、镇江、扬州、常州、无锡、苏州、南通 14 个城市，后又分别在 1996 年纳入泰州，2003 年纳入台州，最终以江浙沪 16 个城市为主体形态的长三角城市群得以形成。2010 年，国家发展改革委发布《长江三角洲地区区域规划》，将长三角区域范围界定为苏浙沪全境内的 25 个城市，在原有 16 个城市的基础上，加进了苏北的徐州、淮阴、连云港、宿迁、盐城和浙西南的金华、温州、丽水、衢州。

2016 年，《长江三角洲城市群发展规划》发布，在 2 省 1 市 25 城市的基础上去掉了江浙的一些城市，同时将安徽省的 8 个城市纳入长江三角洲城市群。最终的范围包括上海市，江苏省的南京、苏州、无锡、南通、泰州、扬州、盐城、镇江、常州，浙江省的杭州、湖州、嘉兴、宁波、舟山、绍兴、金华、台州，安徽省的合肥、芜湖、马鞍山、铜陵、安庆、池州、滁州、宣城，总共为 26 个城市。

从雏形到最终成形，“长三角一体化”不断扩容、调整，最终在 2018 年 11 月进博会开幕式上，习近平总书记在讲话中提到，将支持长江三角洲区域一体化发展并上升为国家战略。“长三角一体化”完成最后一次升级，前后耗时36年。这一决策意味着，长三角一体化被提到同“一带一路”建设、京津冀协同发展、长江经济带发展、粤港澳大湾区建设相同的高度，成为中国改革开放空间布局上的重要一环。

进入2019年后，关于长三角一体化的政策消息则出得更为频繁。盖因《长三角地区一体化发展三年行动计划（2018—2020年）》中明确了长三角一体化发展的任务书、时间表和路线图：到2020年，长三角地区要基本形成世界级城市群框架。三年行动计划覆盖了交通能源、科创、产业、信息化、信用、环保、公共服务、商务金融等12个合作专题，并聚焦交通互联互通、能源互济互保、产业协同创新、信息网络高速泛在、环境整治联防联控、公共服务普惠便利、市场开放有序等7个重点领域，形成了一批项目化、可实施的工作任务。

上海龙头引领，长三角一体化渐入佳境

长三角“三省一市”的合作历来具备一体化发展的天然优势，内在具有发展的共同体纽带。首先，长三角交通基础设施完备，地理区位互联互通，已形成网络化和高速化的特征。截至2018年6月，长三角共有17个机场，铁路和高速公路里程均突破10 000公里，跨江跨海大桥相继建成通车，极大地缩短了长三角各城市之间的交通时间。长三角以上海为中心的“3小时经济圈”空间范围覆盖上海、江苏、浙江、安徽等省市的大部分地级市，可达性水平全面提升。其次，长三角地域文化相通相融。海派文化、淮扬文化、吴越文化和徽文化等文化既有鲜明的地域色彩，同时也具有崇文崇教、崇工崇商、兼容和谐、开放创新的共性。三省一市还同属吴语方言区域，有利于增强居民本地化意

识，加速人才大量流动，加强经济相互协作，促进长三角的合作发展。再则，长三角地域产业结构互补、产业布局协同，各地支柱产业协调发展。与珠三角、京津冀相比，长三角优势产业布局更偏向上中游电子信息、电气设备、装备制造等产业。长三角还聚焦“科技＋”，积极培育新一代信息技术、生物产业、高端装备制造、新材料、北斗产业等新兴产业。

近年来，长三角一体化渐入佳境。2018 年 12 月，长三角协同优势产业基金正式成立；2019 年 1 月，上海、江苏、浙江、安徽三省一市签署《长三角地区市场体系一体化建设合作备忘录》，上海大都市圈规划启动等。一系列务实举措，给长三角一体化发展注入了强劲支撑力和驱动力。长三角一体化的雏形就是“以上海为中心建立长三角经济圈”，因此启动上海大都市圈，发挥上海作为长三角“领头羊”的龙头效应至关重要。

单从经济上看，以上海为中心，如果加上苏州、无锡、南通、宁波、嘉兴、舟山 6 个地级市，接近长三角城市群 GDP 的一半，占全国 GDP 的 10％；若缩小范围，以上海为中心，与平湖、嘉善、启东、海门、昆山、太仓、吴江 7 个毗邻县、市、区一起构成的上海毗邻区，占全国 GDP 的 5％。毫无疑问，上海大都市圈是长三角城市群一体化发展格局中的“强核”。

上海市在经济实力、科创实力、国际竞争能力等方面表现突出，带动城市及区域共同体发展作用强劲。其中，重在消除发展壁垒的“放管服”（简政放权、放管结合、优化服务）改革对民营中小微企业扎堆的长三角地区更具参考价值。2019 年，上海市开展以“一网通办”为重要标志的“放管服”改革，全面实施优化营商环境专项行动，获得电力、开办企业、办理施工许可、跨境贸易、纳税、登记财产等的办事和审批环节减少 30.5％、时间缩短 52.8％。

长三角一体化合作接下来的工作重点在于如何最大限度地激发各城市内生动力、发挥城市间内部协同效应。在推动长三角一体化发展的过程中,上海将龙头作用既要体现在引领上,又要体现在服务上,更要在改革的路上先行先试,提供可复制、可借鉴的成功经验。

过去三四十年间,随着区域合作的逐步推进,长三角地区"上海唱戏、苏浙皖搭台"并不鲜见。长三角城市群已成功跻身国际六大世界级城市群,同时又是"一带一路"与长江经济带的重要交汇地带,在国家现代化建设大局和全方位开放格局中具有举足轻重的战略地位。因此,推进长三角一体化形成强劲发展共同体,既是全球世界级城市群发展的经验,也是国家确定的重大战略性共识。

抓住金融核心,金融一体化助推经济一体化

长三角金融市场规模较大、体系完善。长三角已经形成由货币、外汇、股票、债券、黄金、衍生品、保险等市场构成的全国性金融市场体系。另一方面,长三角实体经济融资规模不断扩大,直接融资规模逐渐提高,直接融资方式呈现多元化发展趋势。长三角金融市场支持产业直接融资的方式呈现多元化发展趋势:在企业上市方面,截至 2020 年年底,长三角三省一市上市公司数量达 1 460 家,约占全国的 1/3,覆盖所有一级行业;在产业基金方面,长三角规模较大的产业基金包括上海国方母基金、浙江省转型升级产业基金、江苏省徐州产业发展引导基金、安徽产业发展基金等,目标规模在 100 亿元至 1 000 亿元之间。

金融一体化是经济一体化的核心,推进金融政策、金融要素市场、金融数据和信息、金融人才的一体化发展是金融一体化的重要内容。长三角金融发展优势与挑战并存,借鉴全球经验,发挥政府搭台合力、

探索多元化融资方式、充分用好资本市场、实现金融功能错位发展是可行的方向。

其一，可依托顶层设计，以长三角各地金融集聚区的共建与发展为基础，推动长三角金融发展规划一体化。比如，通过长三角金融机构不断扩大网点布局和互设分支机构，助力实体经济发展的投融资政策一体化。其二，借助资源整合，促进交易对象在长三角内自由交易，逐渐消除不同市场间交易价格的差异，消除长三角金融的套利空间。其三，发展数字经济，通过信息流推动长三角金融数据和信息的标准化，推进金融数据资源的统筹运用；通过大数据、智能风控来反欺诈和降低风险，提高金融平台的运营效率和安全可靠性。其四，加强交流合作，出台统一的金融人才政策，消除长三角内因各地金融产业发展程度不同形成人才鸿沟，打造长三角金融人才集聚地，提高长三角对金融人才的吸附能力。

据此，金融协同促进长三角一体化发展可从以下三方面着力：

第一，发挥政府搭台合力。通过“政府搭台、市场唱戏”，打造长三角直投基金、财富管理和金融国际化三大平台，即是要聚焦投资与长三角一体化发展协同相适应的资源发展新型项目，打造长三角财富管理大平台加强资产配置，进一步加大金融开放力度，促进跨境交易、跨境并购、跨境产品等发展。完善长三角信息合作发展政策，从地方政府、金融监管和金融机构三个层面共同建立长三角规范高效的金融协同信息共享机制，建立“信用长三角”合作机制，形成区域金融机构监督和测评体系，实现风险互防互控。

第二，探索多元化融资方式。大力发展长三角多层次金融市场，利用多样化金融工具提升长三角资产证券化率。建立多个具有一定规模的金融要素市场，发展和优化适应长三角发展的金融产品，培育和吸引金融市场多类参与主体。重点支持长三角平台式产业母基金发展，打造若干以长三角龙头上市公司为核心、产业超千亿元规模的优势新兴产业链。优化长三角地区产业链金融生态，围绕重点产业发展和核心竞争力提升开展产业整合，增加资本创造能力。积极引导“PE＋上市公司＋政府产业引导基金”产融发展新模式，推动上市公司进行产业整合；鼓励有产业链影响力的龙头上市公司发展供应链金融，构建区域间良好的产业生态。

第三，错位发挥区域金融功能。强化长三角各地金融等级与城市等级的一致性，对三省一市分别进行金融功能定位，综合提升长三角金融竞争力。打造适应各城市产业发展的金融生态圈，形成区域内金融分工和互补。比如，围绕上海国际金融中心建设和未来上海自贸区“自由港”建设，把上海打造成为我国金融资源集聚中心、金融深化改革高地和金融对外开放窗口；借助互联网基因和私募基金的发展基础，浙江可定位为私募基金中心和金融科技中心；江苏重点发展新金融和保险创新等金融领域；安徽大力发展绿色金融和普惠金融。

5.7 构建与长江经济带衔接的资源整合体系

作为重大倡议，“一带一路”建设提出分“三步走”的时间表：2014—2016 年为国内和国际动员阶段；2017—2021 年为规划期；2022—2049 年为实施期，到 2049 年初步实现目标。上海与“一带一路”沿线国家和长江经济带沿线众多省区，在资源能源供需和上中下游产业链等众多方面存在互补性，具有建立该区域资源整合方面互补的机制、路径和模式的潜力与基础。为此，应该创新体制机制，将上海未来30年的发展与我国的“一带一路”倡议对接，构建起“一带一路”与长江经济带有效衔接的资源整合体系。

搭建区域合作的多机制、多层次平台

上海在“一带一路”建设和长江经济带发展中的龙头地位非常重要。上海应利用其独特优势，主动争取在有关优惠政策和授权等方面获得国家支持，积极搭建起“一带一路”和长江经济带区域合作的多机制、多层次合作平台，从根本上获得内在和外在驱动力，以提升上海在“一带一路”建设和长江经济带发展中的能力和影响力。一是积极推进区域合作机制建设，如上海合作组织、亚洲相互协作与信任措施会议、中国东盟自由贸易区、亚洲太平洋经济合作组织、金砖国家合作机制等。二是积极参与次区域合作机制的活动，如中俄哈蒙四国六方机制、中哈霍尔果斯国际边境合作中心跨境自由贸易区建设、澜湄合作机制、图们江合作机制等。三是积极参加我国其他省区与“一带一路”国家和地区间的重要机制与活动，如中国—亚欧博览会、欧亚经济论坛、东北亚经济论坛、东南亚区域论坛、陇海兰新经济促进会、广交会等。四是研究设立具有长效机制的常设机构，如“两带一路”论坛或博览会，在中央直接领导和授权下，全权负责协调和承办上海与“一带一路”沿线国家及地区和长江经济带沿线区域的所有相关事务。

通过这些重要机制和活动，可将我国发达的长三角区域与欠发达的西北、西南和东北三边连为一体，将长江经济带与“一带一路”连接起来，通过战略对话论坛、承办会议、提供智力支持，争取区域机制分支机构落户上海，分享经验和信息、培训专业人员、进行企业投资等，以提升"一带一路"和长江经济带的区域合作能力与水平,形成良性频繁互动的机制,扩大这些区域组织以及上海的国际影响力。

推动区域标准一致化建设,建设统一大市场

上海应发挥其在"一带一路"和长江经济带区域标准化建设中的标杆优势,利用上海自贸试验区建设的多项试点和政策,推动"一带一路"和长江经济带区域的标准一致化建设,打破省区间、国家间的标准壁垒和规则壁垒,建设"一带一路"和长江经济带统一大市场。一是积极推动食品、化工、汽车零部件、服装、医疗用品等众多行业标准一致化。二是建立统一的进出口检验检疫标准、交通运输标准、金融业务和创新标准、海关与税务的查验等功能领域的标准。三是建立地区间、国家间各对口部门之间可协调合作的标准执行、监督与追溯机制。四是建立持证上岗制度,主导"一带一路"和长江经济带区域的专业培训,将对各方都适合、各方都认可的标准,适时推广到"一带一路"沿线国家和地区及长江经济带沿线区域。使我们从国际标准和规则的追随者、学习者,转变为国际标准和规则的制定者、主导者,为我国在国际区域经济合作竞争中占据更加有利的地位、参与建立更加公正合理的国际经济秩序发挥重要作用。

确立产业发展的优先重点领域

从全球范围看,新一轮工业革命正在不断深化,它是信息技术与制造业的深度融合,是以制造业数字化、网络化、智能化为核心技术,同时集成新能源、新材料、生物技术等方面的技术突破而引发的新一

轮产业变革，它将对人类经济活动和社会生活产生根本性的影响。“一带一路”沿线国家和地区和长江经济带沿线区域正面临新一轮产业结构调整和提升。上海应结合比较优势，选择移出和承接的产业，积极探索产业转移合作模式，并站在“一带一路”沿线国家和地区和长江经济带的广阔区域，确立产业发展的优先及重点领域，实现有进有出。应重点发展高科技产业、先进制造业和现代服务业。

一是淘汰污染严重、耗费资源多且生产效率低的产业。二是向“一带一路”和长江经济带区域转移能为当地带来巨大收益的产业。在转移时必须考虑到与当地需求、经济发展水平和环保要求的对接，如上海正在将上汽、宝钢的产业部分转移至面向“一带一路”和长江经济带重要市场的新疆地区，而上海纺织等众多具有优势技术和设备的企业，可主动向地处棉花主产区的中亚、西亚的国家转移。三是转移的产业也可以从单纯的制造业转变为制造业、服务业和研发产业多领域的综合性转移。四是主动、有选择地争取承接具有未来发展优势的创新型、高科技产业。五是与“一带一路”和长江经济带区域建立利益共享机制，建立起该地区产业分工和产业链差异化发展、而非同质化竞争的区域产业体系，创造互利共赢的产业格局。

大力引进和培育国内外电子商务企业

要推动“一带一路”和长江经济带的未来发展，上海必须下大力气发展电子商务。上海不但要有具有国际规模的本土电子商务企业，还要吸引世界上众多各具特色、规模和服务质量一流的电子商务企业落户，构建起“一带一路”和长江经济带最具规模、服务质量最好的电子商务平台。一是吸引欧美国家具有世界级规模和创新理念与能力的电子商务企业在上海建立中国分公司，建立行业的国际标杆。二是重点选择“一带一路”和长江经济带最有特色或规模最大的电子商务企业进行合作，鼓励他们在上海设立分支机构。三是重点培育部分具有潜力的上海电子商务企业或吸引其他省区具有快速发展能力的电子商务企业落户上海，给予各方面的优惠政策和条件，以推动其健康快速发展。四是同我国其他省区与“一带一路”沿线国家和地区有合作关系的电子商务企业合作，鼓励他们落户上海或建立上海分公司。五是与“一带一路”和长江经济带协调建立人民币跨境支付等业务，将产业、新媒体和金融服务等进行深度融合。上海电子商务平台的建设和模式创新，将在推动我国企业抱团经营、与国外强势企业进行市场竞争、合作制定产业标准、争夺世界产业话语权等方面作出突破性的贡献。

创造区域治理的典范和新模式

上海具有创造区域治理典范的能力和优势。除了已建立的比较先进的医疗、教育、养老等社会保障体制外，上海还在积极探索聚焦能源、产业、建设、交通、农业、社会生活六大方面，构建多部门、多领域大气污染协同治理机制，制定实施严于国家要求的产业准入目录和污染排放标准。同时，上海还将进一步完善市、区两级环境空气质量和环境气象监测网络，加大力度推动长三角区域大气污染联防联控等。上海的经验可以与“一带一路”沿线国家和地区和长江经济带沿线区域分享，上海可向其推广我国较为完善的环境治理体系，并吸取国际先进经验，在明确划分治理区域和各级责权的基础上，进行联防联治，并建立区域生态补偿机制，从源头治理，建立区域“利益同盟”、奖惩机制和法律框架，共同促进“一带一路”和长江经济带区域的可持续发展。

目前,世界公认的大型城市群有美国波士顿—纽约—华盛顿城市群、北美五大湖城市群、日本东海道城市群、法国巴黎城市群、英国伦敦城市群等。随着上海建成社会主义现代化国际大都市,上海作为龙头带动的长三角地区将可能成为世界第六大城市群、“一带一路”和长江经济带的最大城市集群。一旦上海成为“一带一路”和长江经济带最大的资源承载区、整合区,既能解决“一带一路”和长江经济带资源的供需问题,也势必发挥极大的示范和“桥头堡”作用。

5.8　长三角金融发展优势与挑战并存

长三角一体化作为国家战略,站在全面提速的新阶段,瞄准了更广阔深远的目标:构建现代化经济体系,不断增强长三角的经济创新力和竞争力。金融是现代经济的核心和血脉,是经济发展中不可或缺的一环。金融一体化是经济一体化的核心,加快推进长三角区域一体化发展,离不开金融的支撑,助推长三角区域内一体化高质量发展,金融发展也面临着新的机遇与挑战。

长三角金融发展优势与挑战并存,借鉴全球经验,发挥政府搭台合力、探索多元化融资方式、充分用好资本市场、实现金融功能错位发展是可行的方向。

金融优势强劲

长三角金融市场体系完善,机构种类健全,市场规模壮大。根据

《2018 长三角发展白皮书》资料显示，截至 2018 年年末，长三角金融市场规模约为 87 万亿元，约占全国金融市场的 18%，证券交易总额约为 176 万亿元，是京津冀的 1.16 倍、珠三角的 1.04 倍。另外，2018 年，长三角地区金融业增加值占全国金融业增加值的比重为 21.5%，金融市场规模占全国的比重为 24%，本外币存款额占全国存款比重为 22.2%，保费总收入占全国总保费收入的 20.9%。

由此可见，长三角地区金融业在我国占有重要地位。其中，上海金融龙头地位尤为显著，2018 年上海金融市场成交总额为 1 645.8 万亿元，同比增长 15.2%，全国直接融资总额中的 85%以上来自上海金融市场，在沪金融机构总数达到 1 605 家，外资金融机构占上海金融机构总数近 30%。从上市公司总市值方面来看，截至 2018 年底，长三角区域总市值为 11.0 万亿元，占全国上市公司总市值的比重为 19.4%。其中上海上市公司总市值最高，为 4.39 万亿元。

上海市在经济实力、科创实力、国际竞争能力等方面表现突出，带动城市及区域共同体发展作用强劲。整体来看，长三角已经形成了由货币、外汇、股票、债券、黄金、衍生品、保险等市场构成的全国性金融市场体系，而长三角一体化是国家的重大战略部署，金融领域的一体化建设更是重点领域之一。

打造适应各城市产业发展的金融生态圈，形成区域内金融分工和互补。比如，围绕上海国际金融中心建设和未来上海自贸区“自由港”建设，把上海打造成为我国金融资源集聚中心、金融深化改革高地和金融对外开放窗口；借助互联网基因和私募基金的发展基础，浙江可定位为私募基金中心和金融科技中心；江苏重点发展新金融和保险创新等；安徽可大力发展绿色金融和普惠金融。

错位发挥区域金融功能，强化长三角各地金融等级与城市等级的一致性，对三省一市分别进行金融功能定位，综合提升长三角金融竞争力。上海是长三角金融业发展的绝对龙头，在金融开放、金融科技、自贸区金融等方面持续发挥区域金融的引领带动作用。

探索多元化融资方式

长三角实体经济融资规模不断扩大，长三角金融市场支持产业直接融资的方式呈现多元化发展趋势，主要包括企业上市、产业基金、私募股权投资等方面。

长三角地区是我国民营企业最活跃的地区之一，从企业上市方面，截至2022年8月底，长三角区域内A股上市公司总计1 802家，占全国同期A股上市公司总量的比重为36.83%。这也意味着长三角区域有着很强的资本需求。

优化长三角地区产业链金融生态，围绕重点产业发展和核心竞争力提升开展产业整合，增加资本创造能力。比如，积极引导“PE+上市公司+政府产业引导基金”产融发展新模式，推动上市公司进行产业整合；鼓励有产业链影响力的龙头上市公司发展供应链金融，构建区域间良好的产业生态；大力发展私募股权投资基金、融资租赁、小贷公司等多元化金融业态。事实上，随着更高质量的长三角一体化的推进，金融行业也动作不断。

近几年来，长三角29个城市先后发布了一系列金融相关政策，涵盖金融创新、监管规范、推动金融便利化、金融开放、金融专项奖励等诸多方面，其中鼓励创新类金融政策数量最多，其次为金融监管类政策。长三角金融协同在助推金融政策、金融要素市场、金融数据信息与金融人才的一体化发展方面效果显著。

未来，可大力发展长三角多层次金融市场，利用多样化金融工具提升长三角资产证券化率。建立多个具有一定规模的金融要素市场，发展和优化适应长三角发展的金融产品，培育和吸引金融市场多类参与主体。重点支持长三角平台式产业母基金发展，打造若干以长三角龙头上市公司为核心、产业超千亿元规模的优势新兴产业链。

抓住金融核心

长三角是中国金融服务业的重要基地和核心。随着全球金融一体化和长三角经济一体化的日益加深，长三角城市之间、企业之间的往来越来越频繁，金融的互动效应也逐渐加深。

对于金融如何服务长三角一体化发展，提升金融服务长三角一体化高质量发展的新能级，要发挥政府搭台合力。通过“政府搭台、市场唱戏”，打造长三角直投基金、财富管理和金融国际化三大平台，即是要聚焦投资与长三角一体化发展协同相适应的资源发展新型项目，打造长三角财富管理大平台加强资产配置，进一步加大金融开放力度，促进跨境交易、跨境并购、跨境产品等发展。完善长三角信息合作发展政策，从地方政府、金融监管和金融机构三个层面共同建立长三角规范高效的金融协同信息共享机制，建立“信用长三角”合作机制，形成区域金融机构监督和测评体系，实现风险互防互控。

此外，还可依托顶层设计，以长三角各地金融集聚区的共建与发展为基础，推动长三角金融发展规划一体化。

第六章

上海样本密码

中国经济齿轮的运转深度与上海勾连，上海经济对于全国的意义不言而喻。上海金融、上海精神、发展环境……百年工商业积累下来的经验、基础与能力，是这座城市最大的底气之源。

6.1 上海凭啥能跻身全球金融中心三强？

2020年，在基本建成国际金融中心的目标达成之年，上海交出了高质量答卷：9月25日，英国独立智库Z/Yen集团发布第28期“全球金融中心指数”(GFCI 28)，上海以1分优势领先东京，首次晋升全球金融中心前三，“纽伦沪”三强格局初现端倪。值得关注的是，指数发布以来，上海并未掀起预期的宣传热潮，反而更显低调务实，生动诠释了上海“海纳百川、追求卓越、开明睿智、大气谦和”的城市精神。

“罗马并非一日建成”。上海国际金融中心建设的持续精进，背后凝聚着国家战略的关键驱动，也得益于各方资源的助推，尤其是上海金融各界的不懈努力。

国家战略是关键驱动

清醒地认识和把握上海国际金融中心建设在国家经济社会发展大局中所处的历史方位，直面挑战也紧抓机遇，这是保证上海国际金融中心建设“一张蓝图绘到底”的关键，也是全部工作取得实效“不落空”的根本保证。

多年来，正是在国家的高度重视下，上海国际金融中心建设渐入佳境，顺利确立了作为国内金融中心的地位，为建成国际金融中心打下了良好的基础。进入21世纪后，在经济社会发展取得举世瞩目成就的同时，上海国际金融中心建设稳步推进。

2009 年 4 月，国务院颁布实施《关于推进上海加快发展现代服务业和先进制造业建设国际金融中心和国际航运中心的意见》，首次从国家层面对上海国际金融中心建设的目标、任务、措施等内容进行了全面部署，明确提出：到 2020 年，基本建成与我国经济实力以及人民币国际地位相适应的国际金融中心。

国家战略的加持，让上海国际金融中心建设使命在肩。党的十八大以来，党中央、国务院对上海国际金融中心建设倾注了极大关切。2020 年 8 月，习近平总书记在主持召开扎实推进长三角一体化发展座谈会时指出，要抓好上海国际金融中心建设，支持长三角和全国经济高质量发展。

目标一点点靠近，上海国际金融中心建设的步伐丝毫未懈怠。2019 年 1 月，《上海国际金融中心建设行动计划（2018—2020 年）》发布；2020 年 2 月，《关于进一步加快推进上海国际金融中心建设和金融支持长三角一体化发展的意见》发布，积极推进上海自由贸易试验区临港新片区金融先行先试，推出了支持商业银行设立专业理财子公司和投资子公司开展非上市公司股权等投资、提升跨境贸易投资便利化水平、大力发展金融科技等 7 项具体措施；同时，在更高水平上加快上海金融业对外开放，推出了扩大外资金融机构市场准入、促进人民币金融资产配置和风险管理中心建设、建设与国际接轨的优质金融营商环境等 11 项措施。尽管当前受到新冠肺炎疫情的严重冲击，上海国际金融中心建设仍步履稳健、逆势突围，朝着既定目标坚实迈进。

市场选择最有说服力

在英国 Z/Yen 集团发布的第 28 期“全球金融中心指数”英文原版报告中，包含一份专由中欧陆家嘴国际金融研究院提供的专报材料。

专报以 8 页的篇幅，通过数据和事实说话，概要性地呈现了上海国际金融中心建设的实际情况。值得一提的是，指数报告在发布专报时冠之以“上海已建成具有全球影响力的国际金融中心”的标题，足见对上海国际金融中心地位的高度认同。

上海已经持续稳定在全球金融中心排名的第一梯队序列。自第 24 期“全球金融中心指数”(GFCI 24)报告发布起，上海便开始跻身全球金融中心影响力指数排名前五强，此后逐年稳定巩固地位：GFCI 25、GFCI 26 中持续位列第五，在 2020 年 3 月发布的 GFCI 27 中攀升至第四位，而在 GFCI 28 中又晋升至第三位。

上海国际金融中心建设取得 Z/Yen 指数建立以来的最好成绩，有其内在的必然性。其中，具有“牛鼻子”效用的一条在于：上海这一国际金融枢纽的持续对外开放举措，让全球投资者对中国金融市场更具信心。“沪港通”“沪伦通”“债券通”及黄金国际板等通过上海国际金融中心启动；A 股相继被纳入明晟(MSCI)、富时罗素(FTSE)、标普道琼斯三大国际指数；中国债券被纳入彭博巴克莱全球综合指数、摩根大通全球新兴市场政府债券指数；上海正成为开放的人民币资产配置中心，全球一流投资者只要投资人民币资产，首先会想到上海。

市场选择最具说服力，市场数据是最直观的佐证。2019 年，上海金融市场成交总额为 1 934 万亿元，是 2009 年的 7.7 倍。

上海已成为公认的全球金融市场门类最完备的城市之一，这是其作为有全球影响力的金融中心的“硬核”实力。近年来，中国信托登记公司、上海保险交易所、上海票据交易所、中央结算公司上海总部等金融市场平台相继落户，上海已形成了涵盖股票、债券、期货、货币、外汇、黄金、保险、信托等全类别金融市场体系。截至 2019 年年末，上海股票市场市值、成交额、筹资额分别排名全球第四位、第四位、第二位，上海黄金交易所场内现货黄金交易量位居全球第一,上海期货交易所多个品种交易量位居全球第一;银行间债券市场托管余额达到 86.4 万亿元,占我国债券市场存量的 87%,有力支撑了我国债券市场位居全球第二的地位;金融市场产品创新不断推出,原油期货、二年期国债期货、纸浆期货、利率期权、股票期权、铜期权、天然橡胶期权、沪深 300ETF 期权、股指期权等产品陆续上市,其中原油期货已发展成为亚洲最大、全球第三的原油期货市场。

各类国际性、总部型、功能性金融机构不断在上海集聚,外资金融机构加快在上海布局。新开发银行、跨境银行间支付清算公司(CIPS)、全球清算对手方协会(CCP12)、城市商业银行清算公司等一批重要金融机构或组织落户上海。安联(中国)保险集团、野村东方国际证券、摩根大通证券(中国)获批开业,东方汇理和中银理财公司成立的合资理财公司获批成立,先锋领航和蚂蚁金服合资成立的先锋领航投顾(上海)公司、法国巴黎银行、韦莱保险经纪公司等相继在沪落地。全球资管规模排名前十的资管机构已全部在沪开展业务,全国 25 家外商独资私募证券投资基金管理人(WFOE PFM)中有 24 家落户上海,超过 30 家海外投资基金管理公司在沪设立。上海证券资管业务总规模占全国 1/3,保险资管公司受托资产总规模占全国一半以上。截至 2019 年年末,上海持牌金融机构总数达 1 646 家,比 2009 年年末增加 660 家,外资金融机构占比近 1/3。

未来,更注重软实力提升

目前,无论是从国际评价,还是从市场实际来看,上海都已经基本建成了与我国经济实力以及人民币国际地位相适应的国际金融中心。

上海具有较为完备的国际金融中心核心功能，确立了人民币金融资产配置和风险管理中心地位，成为推动人民币国际化的重要枢纽，也形成了与服务实体经济和支持经济高质量发展较为适配的金融服务体系。

后2020时代的上海国际金融中心建设将更笃定，也更自信从容。未来的上海不会太过于关注指数排名，而是持续以“刀刃向内”的改革创新精神积跬步、致千里。依笔者见，未来的上海国际金融中心建设，将更多着眼于软实力提升，具体而言，需要增强三种力量：科创力、品牌力和法制力。

其一，科创力。未来，上海将进一步增强国际金融中心和科创中心之间的联动效应，金融科技中心的建设将提上重要议程。截至2020年6月末，科创板上市企业为130家，首次上市融资2 015亿元，上市企业主要集中在新一代信息技术产业、高端装备制造业、生物医药产业等高端产业。一方面，科创型企业将成为金融服务实体经济的重要发力方向；另一方面，科技在金融领域的广泛应用，势必推动金融效率与安全的提升，进而促进上海金融的高质量发展。

其二，品牌力。上海金融的“品牌力”有望进一步形成、输出。目前，“上海金”“上海油”“上海银”等国际化品种已相继挂牌，大大提升了人民币产品和大宗商品的定价能力。未来，随着金融标准体系建设的不断完善，“上海价格”的品牌将持续扩容。

其三，法制力。上海在全国率先设立金融法院，金融审判庭、金融检察处(科)、金融仲裁院、人民银行金融消费权益保护局、金融纠纷调解中心等陆续成立；颁布实施了《上海市推进国际金融中心建设条例》《上海市地方金融监督管理条例》；信用环境建设持续推进，落户上海的人民银行征信中心已建成全国集中统一的企业和个人信用信息基础数据库，全国首部地方综合性信用条例出台。应该说，上海金融发展环境持续优化，是国际认可度得到明显提升的重要原因。制度效用具有远期价值，上海金融法制环境建设对金融发展生态至关重要，未来“法制力”将对金融机构、金融人才持续形成吸附效应。

早在十年前，上海陆家嘴金融城的商务楼宇就已经与纽约华尔街和伦敦金融城旗鼓相当。近年来，上海国际金融中心取得的重大进展，并不是建在看得见的高楼大厦中，而是建在无形的制度突破、机制创新之上。换言之，更加重视提升金融发展软实力，在未来会有增无减。

伴随着中国经济深度融入全球市场，上海将稳步提升服务能级，朝着具有更强全球资源配置能力的国际金融中心迈进，进一步打造金融开放的枢纽门户，大力推进全球资产管理、跨境投融资服务、金融科技、国际保险、全球人民币资产定价和结算、金融风险管理与压力测试等中心建设。无论全球经济格局如何变化，上海始终面向全球，对标国际金融中心的最高标准、最好水平，汇聚全球高端要素和市场主体。未来，站在新的历史起点上，上海国际金融中心将肩负新的使命，踏上新的征程。

6.2 全球金融中心版图变迁与上海影响力能级提升

在全球金融界的持续广泛关注下，“全球金融中心指数”(Global Financial Centers Index，简称“GFCI”)日益成为极具影响力的国际金融中心竞争力评价指标。该指数是由英国智库 Z/Yen 集团于 2007 年 3 月编制首发，此后每半年定期更新全球金融中心排名情况。截至 2022 年 9 月，该指数迄今发布了 32 期，其评价的金融中心已由最初的 46 个扩容到 119 个。以之为考察样本，可以清晰洞见全球金融中心版图的变迁。基于对"全球金融中心指数"(2016—2020 年)的分析，我们勾勒出上海国际金融中心建设的发展曲线，与之呼应的，是在全球金融中心视阈下上海影响力能级的稳步提升。2021 年、2022 年全球金融中心受疫情及地缘冲突等影响，短期不确定性加大，故不纳入分析之列。

上海金融强势发力"十三五"

在 2016 年 9 月发布的第 20 期"全球金融中心指数"中，上海排名第 16 位，是中国内地唯一进入前 20 强的金融中心。2016 年，恰是上海"十三五"开篇之年。上海"十三五"规划明确提出，这一时期是上海实现"基本建成与我国经济实力以及人民币国际地位相适应的国际金融中心"战略目标的决定性阶段。根据《"十三五"时期上海国际金融中心建设规划》，到 2020 年，上海基本确立以人民币产品为主导、具有较强金融资源配置能力的全球性金融市场地位，基本形成公平法治、自由开放、创新高效、合作共享的金融服务体系，基本建成与我国经济实力以及人民币国际地位相适应的国际金融中心，迈入全球金融中心前列。

从 2016 年到 2020 年，上海牢牢抓住"十三五"期间国际金融中心建设这一国家战略，多维度稳步夯实基础，显著提升上海国际金融中心配置全球金融资源的功能和服务我国经济社会发展的能力，上海国际金融中心的辐射力和全球影响力持续增强。

表现在“全球金融中心指数”上，即是在这五年间，排名实现“进十、入五、稳三”：第 22 期(2017 年 9 月)进入前十、居第六位，第 23 期(2018 年 3 月)保持第六；第 24 期(2018 年 9 月)晋升五强，第 25、26 期(2019 年 3 月、9 月)稳居第五位；第 27 期(2020 年 3 月)位列第四；第 28、29(2020 年 9 月，2020 年 3 月)期蝉联第三名(参见“表 6 - 1”)。

表 6 - 1　2016—2020 年“全球金融中心指数”排名前十的金融中心分布情况

	GFCI 29	GFCI 28	GFCI 27	GFCI 26	GFCI 25	GFCI 24	GFCI 23	GFCI 22	GFCI 21	GFCI 20
NO.1	纽约	纽约	纽约	纽约	纽约	纽约	伦敦	伦敦	伦敦	伦敦
NO.2	伦敦	伦敦	伦敦	伦敦	伦敦	伦敦	纽约	纽约	纽约	纽约
NO.3	上海	上海	东京	香港	香港	香港	香港	香港	新加坡	新加坡
NO.4	香港	东京	上海	新加坡	新加坡	新加坡	新加坡	新加坡	香港	香港
NO.5	新加坡	香港	新加坡	上海	上海	上海	东京	东京	东京	东京
NO.6	北京	新加坡	香港	东京	东京	东京	上海	上海	旧金山	旧金山
NO.7	东京	北京	北京	北京	多伦多	悉尼	多伦多	多伦多	芝加哥	波士顿
NO.8	深圳	旧金山	旧金山	迪拜	苏黎世	北京	旧金山	悉尼	悉尼	芝加哥
NO.9	法兰克福	深圳	日内瓦	深圳	北京	苏黎世	悉尼	苏黎世	波士顿	苏黎世
NO.10	苏黎世	苏黎世	洛杉矶	悉尼	法兰克福	法兰克福	波士顿	北京	多伦多	华盛顿

排名提升的背后，是“十三五”时期上海国际金融中心建设的强势发力。这种“强势”，表征为全球性金融市场优势地位的形成：上海金融市场体系涵盖股票、债券、期货、货币、外汇、黄金、保险、信托等全类

别，各类国际性、总部型、功能性金融机构不断在沪集聚，外资金融机构加快布局；新开发银行、跨境银行间支付清算公司（CIPS）、全球清算对手方协会（CCP12）、城市商业银行清算公司等一批重要金融机构或组织落户上海；安联（中国）保险集团、野村东方国际证券、摩根大通证券（中国）相继开业，东方汇理和中银理财公司成立的合资理财公司获批成立，先锋领航投顾（上海）公司、法国巴黎银行、韦莱保险经纪公司等纷纷在沪落地……近年来，中国信托登记公司、上海保险交易所、上海票据交易所、中央结算公司上海总部等金融市场平台相继落“沪”。日趋完备的全球金融市场门类，成为上海金融中心的“硬核”实力之一。

从“赶超”到“稳固”第一阵营

经过“十三五”的持续精进，上海国际金融中心建设已经得到国际金融从业人士的广泛认可。在第 28 期指数英文原版报告中，包含一份由中欧陆家嘴国际金融研究院撰写的专报材料。专报以 8 页的篇幅，通过数据和事实说话，概要性地呈现了上海国际金融中心建设的实际情况，专报发布时冠之以“上海已建成具有全球影响力的国际金融中心”的标题，足见对上海国际金融中心地位的高度认同。

而在第 29 期报告中，上海再次位列第三，且与第二名的伦敦仅差一分。细看本期 GFCI 排名，上海无论在营商环境、人力资源、基础设施、金融发展水平、声誉及综合方面，还是在银行、投资管理、保险、专业服务、金融监管、融资、金融科技、贸易等细分领域，都排名靠前。可以说，上海已经稳居全球金融第一阵营，认定“上海已建成具有全球影响力的国际金融中心”则是水到渠成。

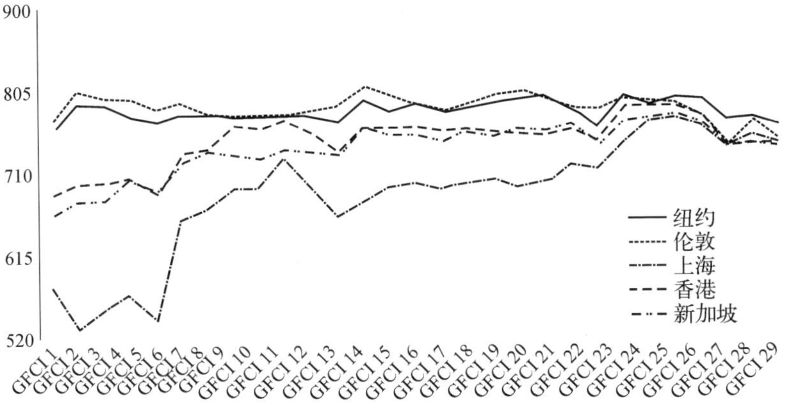

图 6－1　上海国际金融中心发展实现从“赶超”到“稳固”

除了全球性金融市场的传统优势，上海全球资源配置的能力与日俱增，卓越的全球资产管理中心正在形成。截至 2020 年末，全球资管规模排名前十的资管机构全部在沪设立机构、开展业务；全国 32 家外商独资私募证券投资基金管理人中有 29 家落户上海；超过 30 家海外投资基金管理公司在沪设立；75 家国际知名资管机构获得外商投资股权投资企业（QFLP）试点资质；48 家国际知名资管机构获得合格境内有限合伙人（QDLP）试点资质。在第 29 期指数报告的投资管理领域中，上海排名仅次于纽约、伦敦、香港、新加坡等老牌资管中心，其后发优势明显。

上海金融最具潜力的另一个亮点优势是金融科技。随着 2018 年国内首家金融科技公司——建信金科在上海成立，中银金科、交银金科、兴业数金等全国性商业银行的金融科技子公司相继在沪落地；2020 年，汇丰金科在临港新片区成立，成为全国首家外资金融科技公司。在第 28 期指数中，上海在金融科技领域位居第三，而第 29 期则更进一位，仅次于纽约。上海金融科技的发展，一方面得益于金融创新的包容环境，另一方面彰显出近年来金融基础设施建设的成绩，上海国际金融中心建设的下一站，必然是卓越的全球金融科技中心。（见表6-2）

表6-2 GFCI 29、GFCI 28全球十大融科技中心的排名与评分

中心	GFCI 29		GFCI 28		较上期变化	
	金融科技排名	金融科技得分	金融科技排名	金融科技得分	排名	得分
纽约	1	731	1	735	0	▼4
上海	2	722	3	719	▲1	▲3
北京	3	719	2	725	▼1	▼9
深圳	4	716	5	713	▲1	▲3
伦敦	5	712	4	716	▼1	▼4
香港	6	711	6	707	0	▲4
新加坡	7	710	6	698	▲2	▲12
洛杉矶	8	692	12	693	▲4	▼1
旧金山	9	691	7	706	▼2	▼15
特拉维夫	10	688	新	新	新	新

全力打造上海国际金融中心“升级版”

综观近年“全球金融中心指数”，不难发现两个信号：其一，纽约、

伦敦作为老牌全球金融中心，其综合优势凸显，尤其是纽约，“头把交椅”短期无可撼动；其二，上海、香港、新加坡、东京总体处于同一等级，虽然上海近年势头强劲，但香港、新加坡、东京实力不容小觑，从分数指标看，都仅是一两分微弱差距。

与此同时，有几个重要因素我们需要加以关注。

其一，评价期内香港区域内的不稳定因素对其金融中心评价有所影响，某种程度上导致了其排名的下滑。随着香港局势的稳定，它的全球金融中心功能地位依然不可取代。在第29期指数中，香港仅与第三名的上海相差1分，而且香港在评级的五类竞争力领域中（即营商环境、人力资本、基础设施、金融业发展水平、声誉及综合）排名均为前五位，作为老牌金融中心的基础优势明显。我们还应注意到，在国家“十四五”规划和2035年远景目标纲要中，明确了香港在国家整体发展中的重要功能定位，其中与金融业发展相关的包括支持香港提升国际金融中心地位，强化全球离岸人民币业务枢纽功能、国际资产管理中心及风险管理中心功能，以及深化并扩大内地与香港金融市场互联互通。可以肯定，香港金融中心的未来将在国家战略加持下稳步向好发展。其二，英国脱欧直接传导至金融市场，对伦敦的金融中心地位评价有所冲击，使其分数出现下滑。其三，新冠肺炎疫情冲击，加之中美关系紧张，使得全球大变局加速演进，全球不稳定、不确定因素增多。这些情况及其发展，都在对全球金融中心版图产生动态影响。

在不确定中寻找确定性，脚踏实地“办好自己的事”，永远是最明智的选择。下一步，上海朝着“十四五”规划及2035年远景目标再出发，即全力打造国际金融中心“升级版”。2021年8月，上海市政府发布了《上海国际金融中心建设“十四五”规划》，提出“一个总体目标”和“六个具体目标”，为上海国际金融中心建设进一步紧抓提升能级的重要战略机遇期，指明了发力方向。全球资产管理中心、金融科技中心、国际绿色金融枢纽、人民币跨境使用枢纽、国际金融人才高地、金融营商环境高地……这些“圈出”的重点，恰是在上海基本建成了与我国经济实力以及人民币国际地位相适应的国际金融中心基础上，迈向更高发展水平的“再进阶”。为了推动上海成为国内大循环中心节点和国内国际双循环战略链接，上海国际金融中心建设尤其要紧抓机遇、顺势而为，依笔者见，至少需要在以下四个维度做好升级转型：

一是金融服务实体经济从传统融资服务升级为全面支持创新发展。《上海国际金融中心建设“十四五”规划》中提出，“支持集成电路、生物医药、人工智能等产业借助资本市场加快发展”、“不断培育优质上市资源”、“培育具有较强行业影响力的科创投资机构品牌”、“支持供应链金融创新”、“支持金融市场产品工具创新”等，旨在让金融服务更具效能。国际金融中心建设的根本在于高质高效服务好实体经济发展，以金融“活”水带转经济整体“一盘棋”。作为“升级版”，金融支持实体经济需要更精准、适配，将更倾向于关注创新发展领域，强化科创企业全生命周期的融资支持，增强金融服务经济高质量发展的能力，推进普惠金融服务能级提升。“十四五”时期，科创型企业将成为金融服务实体经济的重要发力方向，而科技在金融领域的广泛应用，反过来也会推动金融效率与安全的提升，进而促进上海金融的高质量发展。

二是推动上海金融从要素准入型开放升级为高水平制度型开放。上海作为我国金融业对外开放的桥头堡，始终注重金融对外开放，近年陆续在银行、证券、保险及征信、评级、支付等领域推出了一系列开放措施，接下来上海国际金融中心建设的主要方向，是进一步提升金融开放枢纽门户地位，包括提升人民币金融资产配置中心能级，推进人民币可自由使用和资本项目可兑换先行先试，支持金融市场、金融机构等围绕离岸经贸业务提供金融服务等，特别是建设全球资产管理中心。

“十四五”时期，上海国际金融中心建设必然将落实制度型开放。制度型开放是更高水平的开放层级，重点是国内、国际规则制度的接轨，以及金融开放先行区的创新型制度供给，制度效用具有“稳预期”的重要价值。比如，上海提出将临港新片区建设成“具有国际影响力和竞争力的特殊经济功能区”，这就需要推动探索更加灵活的金融政策体系、监管模式和管理体制，进一步支持临港新片区加快发展具有国际竞争力的重点产业，进一步支持发展跨境金融，推动提升投资贸易自由化、便利化水平。

三是从硬实力提升升级为软实力打造，更好服务国家战略和上海发展全局。上海具有较为完备的国际金融中心核心功能，确立了人民币金融资产配置和风险管理中心地位，成为推动人民币国际化的重要枢纽，也形成了与服务实体经济和支持经济高质量发展较为适配的金融服务体系，这些是上海国际金融中心持续建设多年形成的“硬实力”。面向未来，继续夯实金融市场、技术等基础依然重要，但我们应更多关注软实力的综合优势提升，将更多着力优化环境，在法治、服务和组织保障上下更大功夫，持续营造更加开放、更有活力、更具吸引力的金融生态环境。上海金融法制环境持续优化，是营商环境认可度得到明显提升的重要原因。上海还需要健全社会信用体系，培育具有国际竞争力的征信和信用评级机构。另外，上海的经济金融绝非独立运转的体系，其根植于整个上海以及国家发展大局中，上海教育、医疗与文化等形成的软实力优势，将构筑起上海金融发展的基石底座。

四是从金融科技赋能升级为金融科技全球竞争力。金融科技正以不可逆的方式改变着金融行业的生态格局，金融科技已经跻身为金融行业的主流趋势。对上海而言，金融科技是联动上海国际金融中心和科创中心建设、促进双向赋能的重要着力点，加快打造具有国际竞争力的金融科技中心已经成为“十四五”时期上海国际金融中心建设的既定目标。上海将加快推动金融“数字化”转型，依托上海城市数字化转型总体布局，促进金融与科技深度融合、联动发展，稳步推进数字人民币试点，同时坚持守正创新，加强金融信息安全保护，建立完善金融科技风险防范机制，并推进监管科技发展。

6.3 金融科技监管水平关乎未来全球金融中心的竞争力

未来全球金融中心的竞争力，将越来越取决于金融科技的发展水平，这一点已经形成了广泛共识。但是，为何把金融科技的监管水平置于如此重要的地位，甚至认为其很大程度上将决定未来全球金融中心的竞争力？长期跟踪研究国际金融中心建设的笔者试图做出梳理，进而呼吁重视金融科技的监管问题。

金融科技监管直接影响营商环境

在英国 Z/Yen 集团于 2020 年 9 月 25 日发布的第 28 期“全球金融中心指数”(GFCI 28)排名中，上海取得了历史最好成绩。(见表 6 - 3)GFCI 模型中所使用的竞争力各次级指标，大致归纳为五类：营商环境、人力资本、基础设施、金融业发展水平、声誉及综合。

表 6-3 GFCI 28 竞争力各次级指标排名前 15 位的金融中心

排名	营商环境	人力资本	基础设施	金融业发展水平	声誉及综合
1	纽约	纽约	纽约	纽约	纽约
2	伦敦	伦敦	伦敦	伦敦	伦敦
3	香港	香港	东京	上海	新加坡
4	日内瓦	卢森堡	新加坡	新加坡	香港
5	芝加哥	新加坡	香港	香港	东京
6	新加坡	巴黎	旧金山	法兰克福	上海
7	阿姆斯特丹	上海	斯德哥尔摩	苏黎世	日内瓦
8	北京	芝加哥	北京	北京	北京
9	上海	东京	上海	旧金山	苏黎世
10	苏黎世	北京	阿姆斯特丹	巴黎	多伦多
11	法兰克福	洛杉矶	马德里	东京	芝加哥
12	哥本哈根	日内瓦	波士顿	深圳	旧金山
13	东京	旧金山	温哥华	洛杉矶	斯德哥尔摩
14	旧金山	深圳	布鲁塞尔	阿姆斯特丹	悉尼
15	蒙特利尔	迪拜	巴黎	哥本哈根	奥斯陆

在五个领域的各次级指标评估中，上海的表现具体为营商环境排第九、人力资本第七、基础设施第九、金融业发展水平第三、声誉及综合第六。值得注意的是，上海各单项虽然都位居前十，但总体影响力

相较于纽约、伦敦,差距仍不小,两者在五个领域均处于领先地位。此外,香港有两个领域位列第三,一个领域第四,两个领域第五;新加坡则有一个领域第三,两个领域第四,一个领域第五;上海在金融业发展水平领域位列第三,其余四个领域均未进前五。不难看出,上海不但在整体实力上与纽约、伦敦存在明显差距,而且在许多方面与香港、新加坡也有一定的距离。客观上讲,上海依然要在许多方面对标老牌的全球金融中心,取长补短。

上海的"亮眼"优势表现在"金融业发展水平"上。金融业发展水平的一个重要衡量指标是"金融业务集聚度",上海在这方面可圈可点,包括金融市场门类和规模。此外,上海排名跃升的一个重要因素还在于信心和预期。在调查中,上海的受访者普遍表现比较乐观。另外,中国疫情的有效防控使得上海的短期确定性比其他金融中心好得多。

"营商环境"在竞争力各次级指标中居首位,具体可分为四大方面,即"政治稳定性及法律法规、制度与监管环境、宏观经济环境、税收与成本竞争力"。再往深一层剖析,可以看到 GFCI 指数模型对于"营商环境"的三个关注点:一是监管环境仍然被视为一个成功的金融中心所必须拥有的核心支柱;二是必须在法规之间取得适当的平衡,减少腐败的同时又不扼杀创新和发展,并提高透明度;三是金融科技监管是一个热门话题,如何把握监管强度引发争议。

因此,营商环境在很大程度上取决于监管水平,而衡量监管水平的重要指标,就是"平衡"水平,即在有效监管(减少腐败、减少风险)的同时"又不扼杀创新和发展"。很显然,就目前及今后很长一段时间来看,在金融领域,金融科技监管的水平,在很大程度上决定了金融监管的水平。

金融科技将改变金融行业生态

还是以“全球金融中心指数”(GFCI)模型作为观察样本。我们注意到,为了体现对相关行业的不同评价,GFCI 利用相关行业从业者提供的问卷反馈另行建立了行业分类指数,具体分为银行、投资管理、保险、专业服务、政府监管、金融、金融科技和贸易行业八个分类指数。在行业分类指数排名中,纽约的领先地位非常稳固,在多个分行业领域居首位;上海在保险业中位列第一,而香港则在贸易行业中占据第一。(见表 6-4)

表 6-4　GFCI 28 行业分类指数排名前 15 位的金融中心

排名	银行	投资管理	保险	专业服务	政府监管	金融	金融科技	贸易
1	纽约	纽约	上海	纽约	纽约	纽约	纽约	香港
2	伦敦	伦敦	北京	伦敦	伦敦	上海	新加坡	纽约
3	上海	新加坡	纽约	卢森堡	苏黎世	北京	上海	新加坡
4	东京	香港	卢森堡	香港	香港	伦敦	伦敦	伦敦
5	香港	上海	伦敦	新加坡	新加坡	香港	香港	上海
6	北京	卢森堡	香港	上海	上海	东京	旧金山	法兰克福
7	深圳	北京	新加坡	日内瓦	卢森堡	深圳	北京	卢森堡
8	广州	斯图加特	深圳	旧金山	深圳	法兰克福	深圳	日内瓦
9	旧金山	深圳	苏黎世	北京	日内瓦	巴黎	东京	北京
10	新加坡	旧金山	东京	苏黎世	洛杉矶	洛杉矶	苏黎世	洛杉矶

续 表

排名	银行	投资管理	保险	专业服务	政府监管	金融	金融科技	贸易
11	卢森堡	迪拜	巴黎	蒙特利尔	德黑兰	布鲁塞尔	卢森堡	东京
12	爱丁堡	爱丁堡	首尔	东京	东京	新加坡	芝加哥	深圳
13	苏黎世	华盛顿	法兰克福	深圳	旧金山	爱丁堡	阿姆斯特丹	苏黎世
14	巴黎	悉尼	哥本哈根	法兰克福	法兰克福	日内瓦	洛杉矶	芝加哥
15	日内瓦	列支敦士登	蒙特利尔	多伦多	马耳他	旧金山	法兰克福	迪拜

聚焦到金融科技行业指数，纽约、新加坡、上海、伦敦、香港在排名中居前五。此外，调查问卷显示，受访者指出四个最为影响金融科技提供商竞争环境形成的因素，以及当前金融科技活动的最重要领域。其中，融资渠道和高技术人员被视为主要因素，大数据分析和交易支付系统则被认为是最重要的应用场景。从这四个重要领域看，几乎都是影响整个金融行业的重要方面，也正是在这个意义上说，金融科技并不是单一环节的片面应用，它是有效实现数据流在用户、运营、销售、物流以及成本等各种方面结构化的应用。换言之，所有金融机构进行创新与改革都要充分应用金融科技手段。

金融稳定理事会曾发布专题报告对金融科技进行定义指出，金融科技是技术带来的金融创新，能够充分创造新的业务模式、应用、流程以及产品等，从而进一步对金融市场、金融机构以及金融服务造成一定的影响。

2020 年暴发的疫情一定程度上加速了金融科技的发展，各大金融机构纷纷提高“线上化金融”服务效率，利用科技手段优化丰富“非接触式服务”渠道。现在普遍的业内共识是，未来全球金融的增长点在于金融科技。不过需要注意的是，金融科技若要更好地发挥赋能金融的作用，有一个关键前提，即需要高水平的监管体系、措施和手段。

金额科技监管水平决定金融创新活力

金融科技本身有技术性风险，再加上其具有一定的跨市场以及跨行业的特征，在发展的过程中表现出多元化和多变性，所以对金融科技的监管是一大挑战。传统的法律监管已经无法有效满足对金融科技的约束，所以需要司法环境配套跟上。

目前，虽然我国公布了一系列监管政策，并且各地也制定了相应的政策法规，但是具体的实施还千差万别，很难在全国范围内“统用通管”。这就导致有些违法企业专门钻政策的空子，经常是这边取缔，那边换个马甲又重新开张，或者换个监管条件松一点的地方继续营业。还有一个不容忽视的问题，监管法律都有一定的滞后性，法律无法“朝令夕改”，客观上难以有效实现对不断变化发展的金融科技进行无缝监管，也就缺乏预见性和系统性。

金融监管环境是金融生态环境的重要组成部分，金融监管在促进金融改革发展尤其是金融创新方面具有“稳压器”的作用。2019 年，国际清算银行（BIS）下设的金融稳定协会（FSI）对 31 个国家和地区的金融科技政策进行了比较，进而提出了“金融科技树”的概念框架：树梢是金融科技行为，树干是相关的核心技术，树根则是作为支撑的政策环境。树梢可能表现为数字银行或智能投顾，而树干是云计算、人工智能等技术，支撑着树梢业务，最下面一层则是政策体系形成的监管环境，它像土壤一样滋养、影响着整个金融科技树的健康生长方向。

根据 2020 年 11 月金融监管部门的明确要求，要按照金融科技的

“金融属性”，把“所有金融活动纳入统一的监管范围”。也就是说，所有金融科技公司的业务活动都将进入监管视野，因此，监管的风向标意义就更明显了。

监管无可厚非，关键在于度的把握。监管的目的是防控风险，但如果为了规避风险而全部“管死”，则万万不可。就像是行车路上的标牌和警示，要既保证车道畅通，又有安全保障，这才是监管的应有之道。监管水平的高低，恰恰就反映在“平衡”的艺术上。

正是因为金融监管对于金融发展具有“制动”作用，地方金融当局的监管水平变得越来越重要，尤其对于金融科技行业而言。又由于金融科技具有跨行业的联通、联动功能，金融科技的监管水平就显得更要紧了。比如，对于上海而言，金融科技是联动上海国际金融中心和科创中心建设、促进双向赋能的重要着力点，加快打造具有国际竞争力的金融科技中心已经成为“后 2020 时代”上海国际金融中心升级版建设的新目标。

可以肯定的是，为了朝这个目标迈进，必须“两条腿同时走路”，一方面需要全面提高金融科技应用水平；另一个至关重要的方面，就是要不断提升金融科技监管水平，以高质量的监管促进金融科技实现创新突破，带动整个金融行业发展。

6.4 金融中心优势因素与上海发展路径选择

金融活动由来已久，金融中心却是近现代才形成的。作为商品经济高度发达的产物，金融中心显然是经济发展的高级形态，一个城市只有成为特定区域的经济中心之后，大量货币资金得以融通运转，金融中心才成为可能。当前发达的国际金融中心大多兼具了国际航运中心、贸易中心、经济中心等核心城市功能。换言之，金融中心大多是多个“中心”的综合集成体，而一般的中心城市难以承载金融中心的特殊功能。

城市如此，国家的进阶发展亦遵循同样的逻辑：从工业大国发展到贸易大国，到跻身经济大国序列，再到谋求金融领域的话语权和影响力。反推之，一个大国在世界舞台的淡出，也是先从底层开始，经济实力转弱，“无可奈何花落去”，最后才在全球金融版图中退居其次。当今世界，大国之间的较量、角逐，甚至冲突与对抗，越来越表征为经济金融领域的博弈。梳理金融中心的发展逻辑，不仅能洞见当时的格局变幻，也能给当前的国际金融中心建设实践以启示与借鉴。

金融中心发展“此消彼长”

伦敦成为国际金融中心是英国经济和综合实力发展壮大的必然结果。英国凭借发轫于19世纪的工业革命造就了强大的工业经济，吸引大量银行纷至沓来，逐步形成了“世界银行”的地位，英镑成为当时的世界货币。尽管在金本位制下黄金是最主要的国际结算货币和储备货币，但仍然有40%以上的贸易结算通过英镑来完成。当各国出现贸易逆差时，英格兰银行作为国际借贷中心向逆差国提供英镑贷款。资料显示，第一次世界大战前夕，英国的海外投资高达40亿英镑，占西方总投资额的一半。英国成为国际资本的供应国，以绝对优势取得了国际金融领域的统治地位，伦敦也就自然成为最大的国际金融中心。而后，第一次世界大战极大地削弱了英国的政治、军事和经济实力，民族解放运动又使得英国殖民体系土崩瓦解；更要命的是，整个 20 世纪 20 年代，英国经济陷入长期萧条状况，到 1929 年英国在世界工业生产中的比重下降到 9%，曾经的“日不落帝国”的经济实力和政治地位都显露颓势，从而导致英镑在国际金融市场中的主导地位发生动摇，许多驻守伦敦的国际金融机构开始寻找“新大陆”。

此消彼长之下，美国和西欧的其他新兴国家开始同英国在多领域进行竞争。在西欧诸国相继被第一、第二次世界大战拖累的窘境下，美国则紧抓机遇大力发展经济，使世界经济的中心由英国转到了大西洋彼岸。数据显示，在全球外贸总值仅为第一次世界大战前 60%时，美国的出口总值反而比战前增加了两倍；到 1929 年，美国在资本主义世界工业生产中所占的比重上升到 48.5%，美国对外投资的范围也从拉美扩展到世界各地。随着经济实力的不断提升，美国在国际金融领域向英国提出了挑战。为了压制英镑，美国恢复了战前实行的金本位制，建立起美元与黄金的稳定兑换关系，美元作为国际货币被人们所广泛接受，纽约则担负起了向国际市场融通美元资金的任务，顺势成为重要的国际金融中心。另一影响深远的事件是，1944 年布雷顿森林会议确定了第二次世界大战后的货币体系，美国用国际协议的方式构筑了美元的中心地位。世界贸易的 90%用美元结算，各国央行用美元干预外汇市场，美国政府承担各国中央银行按黄金官价用美元兑换黄金的义务，美元等同于黄金，可以自由兑换成任何一国的货币。从此，美元完全取代英镑成为第一大国际货币，大量的国际借贷和资本筹措都集中于纽约，纽约也就慢慢取代伦敦坐上了国际金融中心的头把交椅。

20 世纪 80 年代，世界经济格局的新变化催生了世界金融新格局：伦敦凭借庞大的离岸美元市场，再度成为足以与纽约争雄的金融中心；日本经济从废墟中崛起，成为能大量输出资本的亚洲强国，带动东京发展为具有全球影响力的亚太金融中心；德国经济繁荣，加上欧洲中央银行的落户，推动法兰克福成为欧洲金融中心；香港作为中国与世界联系的重要窗口，加上自由港的独特地位，也在国际上最具重要影响力的金融中心中占据一席之地。

从20世纪90年代开始，中国在市场化改革的大潮中开启了金融中心建设的进程。1991年，邓小平视察上海时指出，“上海过去是金融中心，是货币自由兑换的地方，今后也要这样搞”，“中国在金融方面取得国际地位，首先要靠上海”。在2001年加入WTO之后，中国金融业相继推出实施QFII（合格的境外机构投资者）和QDII（合格的境内机构投资者）制度，允许境外央行、国际金融组织、主权财富基金使用人民币投资，放宽外资金融机构服务对象、设立条件与地域范围限制等，上海国际金融中心建设逐渐成为“显题”。2009年4月，国务院颁布实施《关于推进上海加快发展现代服务业和先进制造业建设国际金融中心和国际航运中心的意见》，首次从国家层面对上海国际金融中心建设的目标、任务、措施等内容进行了全面部署。随后十余年，上海“咬定青山不放松”，到2020年基本建成了与我国经济实力以及人民币国际地位相适应的国际金融中心。根据英国独立智库Z/Yen集团发布的“全球金融中心指数”，上海的排名由2014年3月的第20名逐步跃升，并在2020年9月和2021年3月的指数排名中蝉联全球第三；第31期“全球金融中心指数”（GFCI 31，2022年3月24日发布）显示，上海位列第四，前三强为纽约、伦敦和香港。在2021年10月，新华社发布的国际金融中心发展指数报告中，上海在纽约、伦敦之后列居全球最具影响力金融中心的第三位。

诚如此前所述的底层逻辑，金融地位的变化根本上取决于经济实力的较量。毋庸置疑，上海国际金融中心影响力的提升，背后所反映的恰是中国经济持续向好发展的底盘。改革开放以来，特别是通过近30年的经济稳定发展，中国不断向上移动着在全球谱系中的坐标，中国的发展也深刻改变着世界发展格局。欧盟统计局数据显示，2021年欧盟27国GDP折合成美元成功突破17万亿，约为17.088万亿美元，尽管已经创下历史新高，却不可避免地被中国超越；根据国家统计局数据，2021年中国GDP折合约17.73万亿美元，历史上首次超过欧盟，成为名副其实的“世界第二大经济体”。目前，美国(2021年GDP达23万亿美元)、中国和欧盟是全球仅有的三个GDP超过10万亿美元的经济体，在全球经济格局中基本上处于“三足鼎立”的局面。

“优势因素”构筑金融中心独特地位

在金融中心发展图景中，何“主”沉浮？除了经济的底层逻辑，关键还在于各国家城市自身所具有的比较优势。综观全球几大重要的金融中心，其特有的优势因素构筑了各自在国际金融版图中的独特地位。

伦敦最显著的特点是开放外汇市场，吸引了全球的央行、金融机构到伦敦开展外汇交易，进而带动金融业的全面繁荣。伦敦得益于独特的时区优势，为亚洲和美国之间在同一时期内提供最大的资金池业务，伦敦时间还被当作国际商业标准时间，全球金融交易可在一天内仅通过伦敦市场即可完成各项工作的接替。由此，伦敦成为全球重要的外汇交易中心、黄金交易中心，全世界37%的国际货币交易和18%的跨国借贷都来自伦敦市场。根据国际清算银行(BIS)在2019年9月的数据，在全球外汇交易方面，保持在第一位的是英国，伦敦更是在全球外汇交易总量中占比高达 43.1%。虽然英国经济近年遭受“脱欧”等冲击，其金融中心地位已回落到第二，但必须承认，依托工业革命的原始资本积累，英国仍然拥有世界顶尖的工业体系，在汽车、制药、航空、化工、机械等方面都处于世界领先水平。另外，国际金融人才聚集也是伦敦金融中心的突出优势。2020 年的数据显示，英国金融服务业约占英国 GDP 的 7%，伦敦地区的金融从业人员约为 25 万人，占伦敦总人口的比例约 3%。

再看纽约，其优势目前来看无可比拟。除了纽约港本身的客观地理区位、创新型人才集聚优势，最核心的是，布雷顿森林体系确立的美元世界货币地位。美国成为全球经济霸主，纽约也因此发展为首屈一指的国际金融中心。再者，与伦敦主打外汇以及衍生品市场不同，纽约是全球重要的股票交易中心，坐拥证券交易品类最全面、最专业的纽约证券交易所(NYSE)以及专门服务科技创新企业的新型交易所纳斯达克(Nasdaq)。在每年上市的 IPO 数量上以及上市公司总市值方面，两个交易所长期居于证券交易市场前茅。根据英国智库 Z/Yen 集团发布的“全球金融中心指数”数据，从 2018 年 9 月发布的第 24 期指数至今，纽约已超越伦敦位居全球金融中心排名首位。

日本东京国际金融中心的发展，主要归功于银行、外汇、债券等市场的全面开放。放宽外资金融机构准入条件、经营活动范围的限制和国内金融机构进入国际市场的限制等政策利好，提高了东京金融市场在国际金融市场中的地位。即便经历了“失去的 20 年”，东京仍是亚洲地区重量级城市。根据统计，2021 年，东京都市圈总人口达 4 000 多万人，占全国人口的 1/3 以上，GDP 更是占到日本全国的一半。如今，为了持续巩固国际金融中心地位，东京将金融科技列为主要发展方向，尤其重视金融科技在资产管理领域的融合应用。

作为曾经的亚洲"四小龙"代表城市，中国香港和新加坡国际金融中心有许多异曲同工之处。一是竞争力强。由瑞士洛桑管理学院出版的《2020 年全球竞争力报告》显示，新加坡在 63 个经济体的全球竞争力指数排名中位列第一，中国香港排第五。二是语言条件优。欧美地区更倾向于在英语水平更好的两地设置亚洲地区总部。数据显示，中国香港与新加坡均有超过 100 家国外银行设立机构，相比而言东京仅有 60 余家。三是金融基础好。香港证券交易所与新加坡交易所都是亚洲重要的证券交易所，也是中国公司除了美国之外的主要上市的证券市场。四是人才质量高。中国香港和新加坡都拥有成熟的法律、会计等行业，名校教育质量位于世界前列。在英国高等教育调查公司公布的 2020 年世界大学排行榜中，中国香港和新加坡当地大学排名均在世界前列，前 100 名中就有 7 所。

值得关注的是，近年以来，欧洲其他区域的金融中心利用英国"脱欧"导致的跨国金融企业外流窗口期，借势发展国际金融中心地位。英国研究机构新金融（New Financial）报告显示，截至 2019 年 10 月，有 332 家公司将部分业务、员工、资产或法人实体从英国转移到了欧盟其他地区。其中爱尔兰的都柏林成为最大受益者，共有英国 115 家企业选择落户其中，遥遥领先于欧洲大陆地区的卢森堡（71 家）、巴黎（69 家）、法兰克福（45 家）和阿姆斯特丹（40 家）；2019 年英国有近一半资产管理公司选择了都柏林，而迁往法兰克福的公司中有 3/4 以上是银行或投资银行。分析发现，除了都柏林是依靠地域因素以及卢森堡在金融方面的优惠政策（离岸公司的税收优惠政策）外，德国法兰克福、法国巴黎之所以能承接伦敦移出的金融业务，直接原因是它们拥有良好的金融基础设施以及人才支撑。以巴黎为例，其金融服务业从业人员约 18 万人，仅次于伦敦的 25 万人。更主要的原因在于，在全球经济波动的当下，德国和法国能在未来保持相对好的经济发展势头，这给了金融机构稳定的预期。

上海国际金融中心建设经验及其升级路径

说上海金融是后起之秀，可能不一定贴切。历史上，上海曾一度是远东国际金融中心：20 世纪 30 年代，上海作为亚洲地区国际金融中心的地位盛极一时，其影响力远远超过当时的东京等其他亚洲城市。据统计，截至 1936 年年底，在沪外资银行达 27 家，外资保险公司总数达数百家；全国主要中资金融机构总部集聚，上海外汇市场的国际化程度、市场成交量都居于亚洲各国前列。抗日战争爆发以后，上海作为亚洲国际金融中心的地位逐渐衰落。

新中国成立后，特别是 1978 年的改革开放翻开了中国历史发展的新篇章，在中国经济社会发展取得举世瞩目成就的同时，金融在经济社会发展中的重要性日益显著，上海即历史性地承接了国际金融中心建设的使命。从 20 世纪 90 年代的顶层设计，到 2009 年正式作为国家战略提出，再经过多年持续精进，上海已经具有较为完备的国际金融中心核心功能，确立了人民币金融资产配置和风险管理中心地位，成为推动人民币国际化的重要枢纽，也形成了与服务实体经济和支持经济高质量发展较为适配的金融服务体系。目前，无论是基于国际评价，还是市场反馈，上海都已经基本建成了具有重要影响力的国际金融中心。

那么，上海金融取得阶段性成就的“优势因素”有哪些？可以总结的经验有很多，但若择其精要，至少有三个需要重点关注的维度。

首先是国家战略驱动，正是在国家层面的总体布局下，上海才能在作为国内金融中心的基础上，进阶建设国际金融中心。上海相继提出“五个中心”建设目标并上升为国家战略，“五个中心”之间彼此赋能，共同推动上海经济整体实力稳居全球前列。如今，上海国际航运、贸易、经济、金融中心已基本建成，具有全球影响力的科技创新中心也形成了基本框架。值得一提的是，国家近年启动了“一盘大棋”，将上海置于“长三角区域一体化发展”和“长江经济带”的龙头地位，明确提出把上海打造成为国内大循环的中心节点、国内国际双循环的战略链接，这无疑为上海国际金融中心升级版建设提供了强大的腹地支撑。

其二，上海已成为公认的全球金融市场门类最完备的城市之一，这是其作为有全球影响力的金融中心的“硬核”实力。市场数据是最直观的佐证：截至 2020 年年末，上海证券交易所股票市值位居全球第三位；2020 年首次公开发行（IPO）股票筹资额、股票成交额分别位居全球第一、第五位；银行间债券市场规模位居全球第二位；上海黄金交易所场内现货黄金交易量位居全球第一位；上海期货交易所多个品种交易量位居同类品种全球第一位；原油期货市场已成为全球第三大原油期货市场。2021 年，上海金融市场交易总额达到 2 511.07 万亿元，比上年增长 10.4%；截至 2021 年 9 月底，上海持牌金融机构已经达到 1 696 家，外资金融机构占 1/3 左右。

其三，上海持续深化的开放举措，让全球投资者对中国金融市场更具信心。“沪港通”“沪伦通”“债券通”及黄金国际板等通过上海国际金融中心启动；A 股相继被纳入明晟（MSCI）、富时罗素（FTSE）、标普道琼斯三大国际指数；中国债券被纳入彭博巴克莱全球综合指数、摩根大通全球新兴市场政府债券指数；上海已成为开放的人民币资产配置中心，上海全球资产管理中心建设渐入佳境。

上述“三个维度”，反映了上海国际金融中心建设的基本路径：“国家战略”是根本的预期保证，掌舵管方向；“强大市场”是可靠的底盘支撑，内功打扎实；“对外开放”是国际化必由之路，做全球市场。当前以及未来，上海国际金融中心建设依然要在这三方面做足文章。

第一，以金融中心为支点，高质量服务国家区域经济发展战略和“双循环”新发展格局，最大程度做中国经济发展的助推剂、稳定器。与纽约、伦敦等发达的国际金融中心一样，上海也不仅是一城一域之地，背后是整个国家力量的加持。从最根本的意义上说，上海国际金融中心迈上怎样的高度、能否在全球引领风骚，最终取决于国家的经济发展实力，任何技术层面的探讨和操作，只能“加速”或“延缓”进程，却无法阻挡根本的走向。根据 2021 年 12 月伦敦经济咨询机构经济与商业研究中心的预测，世界经济会在 2022 年达到一个重要的里程碑，即全球全年 GDP 总量将突破 100 万亿美元，而到 2030 年，中国将超越美国成为全球最大经济体。发展是一切的硬道理，尤其是在当前面临诸多不确定性冲击的关键时期，“经济稳增长”成为发展的重中之重。

第二，把金融市场的优势发挥到极致，大力完善金融市场体系和产品体系，让金融市场“活水”充分涌流。金融市场体量大，源于经济体量大，这是无可厚非的优势。有观点认为，国际金融中心建设应该要着眼于“国际性”重点，要注重拓展国际金融业务。这样的观点本没有错，但如果被误读成“本土金融市场让位于国际金融市场”，就大错特错了。需要意识到，国际金融中心建设没有既成的固定模式，国际化、多元化的模式可以借鉴但不能生搬硬套。很简单的比照：欧洲国家地域相对较小，其跨国市场有时与我国跨省市场相当，他们彼此间的人才流动便捷、频繁，具有人才国际化的天然优势，如果我们要硬套国际性的比例，则可能有点“盲目”。应该说，无论是国内市场还是国外市场，不应该有主观偏好，只要是好的市场都应该得到金融的“灌溉”。另外，相对于欧美以资本市场“直接融资”为主的特点，我国金融市场银行业发达，“直接融资”相对不足，是否一定要对标欧美而急于转风向、调结构？这也值得商榷，我们需要在承认市场差异的基础上，因地制宜优化发展策略：继续发挥银行业“长板”优势，同时发展高质量的资本市场，把“短板”补上、补好。

第三，深化金融对外开放，“买全球、卖全球”，融入国际市场、配置全球金融资源是上海国际金融中心建设不可或缺的方面。在国际金融中心基本建成的基础上，上海金融正致力于从要素准入型升级为高水平制度型开放，促进国内、国际规则和制度的接轨，以及金融开放先行区的创新型制度供给。一个阶段性目标即是要扩大人民币的使用范围和规模，推动资本账户和金融制度进一步开放，将上海建设成为以中国为腹地、覆盖整个亚太经济板块的开放的国际金融中心。再往前展望，到21世纪中叶的“第二个百年”（新中国成立一百周年），我国将建成富强民主文明和谐美丽的社会主义现代化强国，那时的上海国际金融中心建设将完成更高级的目标，即成为与国家综合国力和国际影响力领先地位相匹配的，处于全球金融体系中心地位、辐射全球经济金融活动的全球金融中心。

6.5 上海建设卓越全球城市之逻辑、策略与动力

实现“两个一百年”奋斗目标、实现中华民族伟大复兴的中国梦，

不断提高人民生活水平，必须坚定不移把发展作为党执政兴国的第一要务。毫无疑问，上海城市的定位选择，要在这种新时代背景下来考察分析，着眼于未来更长时段进行前瞻和布局。根据“两个一百年”奋斗目标，中国已在 2021 年建党 100 周年之际，全面建成了小康社会；到 21 世纪中叶新中国成立 100 周年即 2049 年时，将全面建成社会主义现代化强国，实现中华民族的伟大复兴。这意味着未来 20—30 年，中国的大国地位将进一步提升。正如世界银行报告所指出的，即使经济增速比之前慢 1/3（即年均 6.6%，过去 30 年为 9.9%），中国仍将在 2030 年之前的某个时刻步入高收入国家行列。进一步，中国将成为全球最大经济体，有望在全球治理结构中占有主导地位。

对照关键时间节点，上海未来城市发展的“升级版”就是走向“卓越的全球城市”。到 2030 年，中国对全球经济的影响有可能接近英美各自在 1870 年和 1945 年时的程度。给出一个直观的类比，上海的影响力应该至少与彼时的伦敦和纽约所具有的全球影响力类似。据联合国估测，我国的城市化率在 2050 年将达到 72.9%。随着全球化程度的加深，尤其是中国“一带一路”倡议的实施推进，作为“桥头堡”的上海，应当有志于建成“世界最大城市群的首位城市”。

逻辑：融入全球城市网络，在世界体系中发挥节点作用

随着世界经济重心东移，亚洲地区的区域性格局变化趋势日益明显，竞争主体逐渐由国家尺度转向城市、城市群尺度，全球城市网络体系中的节点城市作用凸显。随着“一带一路”建设逐步推进和亚洲地区城市化步伐加快，中国及沿线国家和地区网络联通性不断增强，亚洲地区特别是中国的更多城市（典型城市如上海）将融入全球城市网

络，在“一带一路”倡议构建的网络乃至世界体系中，发挥重要节点作用。

上海具有全球城市的内在基因和现实基础，为全球城市网络时代服务“一带一路”建设提供了良好条件和领先优势。比如，上海对外开放的历史积淀、通江达海的门户优势、东西文明交汇相融的积淀，为上海崛起并成为全球城市提供了较高的起点。特别是近年来，上海在全球化参与、优化空间布局、重塑产业基础、提升国际影响等方面取得了很大进步。上海对人流、物流、资金流、信息流、技术流等的影响力，在范围和程度上都有扩大和提升。

长三角城市群逐渐形成全球城市区域并提供了强有力的腹地支撑。历史经验表明，一个全球城市的崛起，必须有一个高度国际化和网络化的全球城市区域支撑。作为顶级全球城市的纽约、伦敦和东京，其腹地都在目前世界上著名的五大全球城市区域之列。国内目前对于城市群的分类、识别及数量尚有不同看法，而长三角全球城市区域已初显雏形，为上海成长为全球城市提供了极为有利的空间条件。此外，一批国际性和区域性组织、机构，大量的跨国公司总部集聚上海，为提升上海全球资源配置力奠定了基础。

策略：有效联结“一带一路”，深化“五个中心”建设

上海“五个中心”建设历时数年，已经取得了显著成效，目前面临如何进一步突破的问题。而参与并有效联结“一带一路”，则能使上海加速突破各种约束，为实现“五个中心”的建设目标提供契机和条件。

一是以产业转移和产业创新全面对接国际经济中心建设。以经济总量和经济质量双重标准进行考量，上海要通过与“一带一路”沿线

国家和地区建立利益共享机制，形成分工有序、产业链条清晰的差异化发展的区域产业体系，创造经济发展和互利共赢的产业格局。一方面，逐步有序消化产能过剩的制造产业，同时利用先进设备、技术和研发优势承接高端产业，使经济总量稳步提升。另一方面，加快新兴产业发展和创新创业步伐，在“互联网＋”、现代服务业等领域快速发展。

二是以市场容量和贸易合作制度安排全面对接国际贸易中心建设。上海通过“一带一路”倡议实施，可从沿线国家和地区获得巨大的腹地市场。扩大市场容量，亟须进一步优化贸易制度安排，有效打开贸易空间，促进国际贸易中心建设；要沿“一带一路”采取“东稳西拓”的区域布局，扩大贸易量，在“一带一路”沿线优化贸易制度安排。依托上海外国领馆和国际化机构集聚的优势，加快与“一带一路”主要贸易网络节点城市建立密切联系的经贸合作伙伴关系，编制双方企业“贸易投资需求清单”，发布“一带一路”贸易投资指南等。

三是以加快人民币国际化和金融服务创新全面对接国际金融中心建设。上海要利用好沿线国家及地区的金融机构入驻、本币互换和本币结算协议，加快人民币国际化，拓展金融服务创新，更好服务“一带一路”建设。推动“一带一路”国家及地区本币互换协议和结算协议落地，建设好人民币国际支付清算系统。利用好金砖国家新开发银行和亚投行、丝路基金等，进一步吸引国际金融贸易组织来上海设立分支机构和办事处等，通过增加本币互换国家的数量，逐步开放资本账户，推进人民币资本项目的可兑换，进一步简化审批程序，加快人民币国际化进程。通过“一带一路”跨区域金融服务创新，加强上海在“一带一路”建设中的金融服务能力。利用好上海在外汇管控、贸易结算、离岸金融、金融风险管理等方面的金融服务创新，建成“一带一路”区域大型企业的资金管理和财务管理中心、风险管理中心，推动国际金融中心建设。

四是以立体联运和高端航运金融服务全面对接国际航运中心建设。上海作为“一带一路”海陆交汇点，要利用好海陆空资源丰富的立体化网络联运，加大航运服务交易量和货物集散吞吐量。同时要加快高端航运金融服务业发展，从总量和质量上全面对接国际航运中心建设。通过“一带一路”基础设施联通硬件建设和立体联运制度创新契机，做大航运交易量和向腹地延伸的货物集散吞吐量。抓住“一带一路”的跨区域航运合作，推进高端航运金融业务及其信息化、多元化和个性化发展。

五是在协同推进中对接全球科创中心建设。协同推进高端研发与人才高地建设，协同推进科技成果转化和应用。在培养人才解决重大项目设计和技术难题时，将对上海科创中心建设形成倒逼机制，从而催生重大技术突破和创新。

动力：激活作为国际金融中心“第一资源”的金融人才资源

金融人才是超越金融市场、金融机构、创新机制和风险管理的国际金融中心形成的最核心要素。由于人才具有流动性的特点，历史上，很多地方国际金融中心未能建成，在很大程度上归咎于人才不足。与全球性国际金融中心建设目标相比，上海金融人才现状尚有较大差距。国际金融中心城市从事金融业的人口一般占比10%以上。如伦敦和纽约的占比均为11.5%，中国香港为14%，而上海金融业员工约20万人（包括劳务派遣人员），仅占全市就业人口的2%左右。从长期来看，上海金融从业人员及其配套复合型人才的缺口至少在100万人以上。

混业经营将是全球金融业今后的发展趋势，然而目前在上海，全面熟悉银行、证券、保险、基金业务的全能型高端人才极少。比如，上海金融企业中持有国际执业资格的保险精算师、金融分析师等专业人员稀少。再有，未来一段时间上海自贸区业务对外向型金融人才的增量需求至少以数万计，特别是对金融与外交、经贸、法律、新闻等其他学科相结合的双语复合型人才的需求，将在未来相当长一段时间存在巨大的人才缺口。

6.6 上海何以引领在线新经济的潮头？

如果说，有一种业态在疫情影响下被众相追捧，并引领未来风向，它就是在线新经济。发展在线新经济的风向，在上海尤为凸显。2020年上半年，上海于战“疫”期间推出《上海市促进在线新经济发展行动方案(2020—2022)》(下称“行动方案”)，聚焦以在线、无人、到家、非接触为特征的 12 个重点新经济发展领域，可谓顺势而为、御风前行，成为推动上海经济率先复苏突围，于变局中开新局的重要实践。

“两会”期间，大家盘点成绩、布局未来，都谈及“在线新经济”。2021 年 1 月，上海在线新经济实践推进更是表现强劲：“张江在线”和“长阳秀带”生态园正式揭牌，标志着上海正式启动建设以“在线新经济”为特色的世界级创新地标。单就上海杨浦区而言，其提出的目标是到 2025 年引进、培育、发展 30 家以上在线新经济头部企业，3 000 家以上在线新经济创新型企业，产业规模超过 3 000 亿元。

上海何以能引领“在线新经济”的潮头？依笔者见，这绝非偶然。

从长远看，在线新经济的发展，是一项系统工程。在线新经济作为当下和未来发展的战略必争领域，不仅是生产和消费模式创新，更是生产关系、生活方式的深刻变化；不仅是行业和领域的拓展创新，更是生产能力、生产效率的革命性提升。

上海具备在线新经济的成长基因

回过头来审视会发现，即使没有疫情的“搅局”，上海的在线新经济也渐入佳境，发展势头良好。在互联网领域，上海是全国最早实施网上政务公开的城市，徐汇的“一网通办”“一窗受理”在全国有口皆碑。上海“开放、创新和包容”的城市品格，同样体现于在线新经济的深耕和布局上。

早在2000年初，上海就曾提出消除信息鸿沟的经济类、社会类工作规划；到了2010年上海世博会前后，在线经济已经出现独立形态的公司、模式和线上手段，比如一度在各自垂直领域独领风骚的盛大、携程、大众点评和饿了么等。

2015年，中央提出推进供给侧结构性改革，上海也顺应产业互联网发展趋势，正式提出了“平台经济”的概念，将互联网在线新经济从信息产业中单列出统计指标。2018年，随着世界人工智能大会和首届中国国际进口博览会的举办，业界、风投者和传播方、新客户等更加活跃的因素互相催化，上海在线新经济产业的轮廓得以清晰地展现出来……

曾经，上海因为缺少类似于BATJ这样的互联网巨头公司，一度成为被反思的对象。但事实上，近年上海在线新经济的火爆，远超很多人的想象。迷你型公司像是满天星，有成千上万家。它们隐身于上海的角角落落，对应于上海多层级、多元化的“小而美”的需求，并且形成气候，将上海托举到新经济时代的潮头。

促进在线新经济发展，是上海育先机、开新局的切实行动

疫情给经济社会发展带来巨大挑战，不少传统制造业、服务业受到较大冲击，而在线新经济则展现出发展“先机”。生鲜电商、在线教育、数字娱乐迎来风口，远程办公业务也在战“疫”中崛起。

上海全力支持新生代互联网企业发展壮大，推动在线新经济成为经济发展的强劲“新动能”，为夺取上海疫情防控和实现经济社会发展“双胜利”发挥了重要作用。数据显示，2020 年上半年，上海在线零售额为 1 227 亿元，同比增长 5%；在线信息消费增长 50%，在线数字内容产业增长 20%，新一代信息技术逆势增长 10.5%，为上海经济稳增长作出了重要贡献。

发展在线新经济，正是上海顺时应势育先机、开新局的切实行动。在线新经济因疫情而勃兴，但其发展并不仅仅是应对疫情的短期策略。疫情中实现爆发式增长的新业态、新模式，已经在战略层面深远影响着发展格局。软件化、平台化、智能化等技术锁定场景应用，通过应用场景带动产业发展，产业发展反过来进一步固化应用场景，并在更多行业复制推广。比如，上海的制造业在悄然转变，无人工厂、工业互联网、无人车等经济新模式开始走向全产业链。

如今，上海将“创造新制度供给”摆在非常重要的地位，正积极推动城市数字化转型，推动人工智能“赋能”在线新经济。上海在移动支付、在线办公、商务领域保持着强大的创新动能，同时移动支付手段的快捷和信用安全性，也得到了民众的支持和认同，这无疑有利于推动

在线新经济下一步的稳健发展。

在线新经济的发展前景，很大程度上取决于基础设施建设

从长远看，在线新经济的发展前景，很大程度上取决于基础设施建设。这种“基础设施”不单单是指技术支撑，更重要的是良好的产业生态和营商环境。

技术的驱动力自不待言。随着人工智能、5G、互联网、大数据、区块链等智能交互技术蓬勃发展，与现代生产生活深度融合，具有在线、智能、交互特征的新业态、新模式，催生在线新经济，并以生产性服务业为催化剂，推动上海产业整体的信息化和智能化改造。新技术的发展，不但能够推动“智慧城市”的建设，更能推动市场主体快速进军产业链、价值链的上游。根据2020年的数据，上海将在之后的三年为“新技术、新基建”投入2 700亿元，为“在线新经济”的发展提供强大动力。

另一种更广义的基础设施建设，即是营商环境和产业生态。上海推出的行动方案特别强调营造新经济营商环境，明确了加大统筹协调、包容审慎监管、强化公共服务、完善新型人才从业评价、建设在线新经济生态园等保障措施。

“硬技术”与“软环境”共同形成一种产业发展的新型基础设施，表征为一种综合发展优势，这也正是上海的根本优势所在。上海有着全国领先的信息基础设施、最丰富的应用场景、扎实的产业基础、极具活力的人才资源、优质的服务以及包容审慎的监管，天然符合在线新经发展的环境需求。面向“十四五”，上海将进一步发挥先发优势，强化核心技术攻关，加大应用场景开放，推进创新生态构建，稳步建设具有

国际影响力的在线新经济发展高地。

6.7　为何上海能成为国际产业链首选地?

新冠疫情持续多发对国际经济和社会造成了巨大冲击,全球资本市场剧烈波动折射出国际社会对产业链体系安全的担忧。“鱼逐水草而居,鸟择良木而栖”,在“寰球同此凉热”的疫情影响下,谁能在最大程度上确保国际产业链的开放、稳定、安全,谁能在常态化防控疫情中提供最稳定的生产能力和最优化的营商环境,谁就具有了吸引国际产业链的核心竞争力。

谁?答案在中国,在上海。单从 2020 年一季度数据看,上海市生产总值下降 6.7%,财政收入、工业、投资、消费等主要指标都出现明显下降。但是部分经济指标逆势而上,制造业投资增长 12.1%,连续九个季度保持两位数增长;实到外资为 46.69 亿美元,同比增长 4.5%,其中 3 月增长 20.8%。上海市金融业增加值增长 7.3%,跨国公司地区总部增加到 730 家,外资研发中心增加到 466 家。众多外资企业“用脚投票”扎根上海,不少国外企业提出要把生产经营业务搬到上海来,全球资金、信息、技术、人才、商品、数据等要素资源向上海集聚的趋势明显,上海已经成为跨国公司产业链布局的“首选地”、国际资本的“避风港”。

上海成为国际产业链“首选地”,首先得益于中国在全球视野下的“比较优势”。某些发达国家提出让实体产业离开中国,国内因而有人担心是否会引发全球产业链去中国化风潮?从理性分析的角度看,这种声音“炒作多于现实”。

一方面，中国是国际公认的“世界工厂”，实体经济产业链门类齐全、自成体系且高度发达，中国世界市场的地位也难以撼动。

另一方面，在疫情严重冲击下，中国积极应对，取得了抗击疫情的阶段性胜利，为疫后经济发展营造出难得的安全环境。如此，非但不会去中国化，反而会让国际产业链的中心向中国市场转移。

中国在全球的“比较优势”还在于产业链的质量和技术优势。国际产业链的布局受关联性产业的刚性制约，产业链的质量决定着相关产业的发展环境和生产效率。中国实体经济尤以制造业实力最强劲，让产业链有了稳固的“主心骨”。以上海为例，2020 年一季度上海制造业投资比 2019 年同期增长 12.1%，高出全国 37.3 个百分点。其中，电子信息产品制造业、精品钢材制造业、汽车制造业、石油化工及精细化工制造业、成套设备制造业和生物医药制造业等六大工业投资增长 29%，占制造业投资的比重超过 80%。上海制造业的持续高质量发展，成为国际产业链布局中国乃至全球市场的重要考量。

随着第四次产业革命的到来，国际产业链不断涌现出新的热点，特别是这次疫情大大推动了线上办公、线上教育的发展，对 5G、大数据、人工智能、物联网等技术的应用提出了内在需求。中国在过去很长一段时间的发展，已经积累了这些技术应用的市场规模和经验，可以为国际产业链的布局开拓新一轮产业数字化市场，从而为全球产业链赋能。

上海历来是投资的热土，外资加码、国际产业链布局首选上海，除了中国宏观环境利好，最根本取决于上海自身综合优势释放的吸附效应。

其一，开放优势。上海应开放而生，因开放而兴。改革开放以来，从浦东开发开放到长三角一体化发展国家战略，从世博会到进博会，从全国第一家保税区到第一家自贸试验区，再到自贸试验区临港新片区，上海对外开放的广度和深度不断拓展，已经成为当今世界最具影响力的现代化国际大都市之一。上海口岸贸易总额占全球的3.4%，位居世界城市之首。在沪就业外籍人士超过20万人，数量全国第一。上海将对标国际最高标准、最好水平，加快构建更高层次的开放型经济新体制，以更开放、更包容的政策供给支持优质的国际产业链落“沪”。

其二，高地优势。作为全国外商投资的高地，尤其在较好防控疫情的基础上，上海吸引外资的热度不减，项目能级也逐步跃升。2020年以来，一批扩大开放的首创项目、大项目以及先进产业花落上海。比如，德国安联在沪设立外商独资保险控股公司；美国摩根大通、日本野村证券在上海设立外资控股证券公司；香港怡和集团新设的徐汇滨江综合体项目总投资45亿美元；日产与东风合资的汽车金融项目总投资8亿美元。2020年年初至5月，获颁证书的31家跨国公司地区总部和研发中心中，生物医药企业占比27%，数字信息科技及人工智能、智能制造领域的企业占比均为13%。越来越多的跨国公司将全球资源和关键供应链环节配置在上海，将承担更多功能的总部型机构设置在上海。

其三，环境优势。上海致力于打造更优更好的营商环境，打造世界上社会治安最安全、公共卫生最完善的城市之一。2020年，上海出台了优化营商环境条例、营商环境改革方案3.0版，还将推出“一网通办”“一网统管”两张网建设的深化措施与举措，营造办事更快、成本更低、服务更周到的营商环境。稳外资措施还将着眼于解决企业落“沪”后的发展问题，比如人才如何留下来、如何保护知识产权等，这些地方措施和2020年开始施行的《外商投资法》一起，将为外资在中国的长远发展“保驾护航”。

从全球来看,中国市场是疫情控制得最好,也是投资风险最小的地方,所以全球流动性涌向中国市场将是未来一段时间的大概率事件。在这样的大背景下,上海依托产业领先地位,充分发挥综合优势,稳步推进产业体系与产业结构的转型升级,建设起引领全国并在全球有竞争力的国际产业链体系,既是顺势而为,更是国家赋予上海的时代课题,具有重大的现实意义。

6.8 “科创中心”孕育着上海的后劲与前景

对上海来说,最重要的是从国家战略层面来全盘布局。在经济中心、贸易中心、金融中心和航运中心建设的基础上,“科创中心”建设上升为国家战略,从某种意义看,科技创新中心建设更具战略眼光。在经济新常态下,我国的劳动力优势已经不明显,要实现高质量增长,必须转移到依靠科技创新的轨道上来。在“4+1”五个中心建设中,科创中心建设是基础,也是“牛鼻子”,上海能否再领“科创中心”之先,决定着经济中心、贸易中心、金融中心和航运中心建设的后劲和前景。

自2014年提出科技创新中心建设起,上海就一直举全市之力以实际行动打造新时代创新策源地,并努力辐射出全球影响力。按照上海科创中心建设“两步走”规划,“2020年前形成科创中心基本框架体系,到2030年形成科创中心城市的核心功能,最终目标是全面建成具有全球影响力的科技创新中心”,历经多年征程,从思维突破到制度供给,从科研助力到成果转化,兼具包容、合作、共赢性质的科创中心建设“上海模式”不断孕育、成长。

将优势发挥到“极致”，形成强大虹吸效应

毋庸讳言，与全球一流的科技创新中心相比，国内许多所谓的科技创新中心并非实至名归。大量城市科技园区存在重复建设、低水平铺张、缺乏整合，其中既有规划不力的问题，更多的是因“单打独斗”受到创新资源流通的掣肘。建设科技创新中心，必然要构建开放式科技创新网络，实现本地与周边地区协同发展，直至与国际创新资源的互动互通。在这一点上，上海具有最接近全球一流的科技创新中心的潜质。在许多方面，上海的优势非常明显：城市经济积聚的资本存量、人才资源，无可比拟的金融资本市场，以及规范的法制与开放环境。

从宏观层面看，上海科技创新中心建设具有三大明显优势：

第一，创新资源的全面性。与国际、国内创新中心或创新城市相比，上海创新中心建设的突出特点在于，城市拥有较为全面的创新要素，其综合性及综合配套能力提供了创新水平进一步发展的基础。尽管发展水平上参差不齐，但上海拥有研发、制造、销售、应用、全球要素配置能力等创新链上的几乎所有功能。

第二，具有长三角城市群的产业依托。上海与周边长三角城市群长期积淀形成的服务于全球的制造能力，使得上海在具有全球影响力的创新集群的建构方面具有独特的优势。上海所依托的长三角制造业基地，科技研发能力和产业技术能力基础十分雄厚，区域内具备发达的高端服务业、商贸流通业，以及较为完善的科技市场和服务环境，在自由贸易区设立以后确立的制度优势、明显的示范效应以及外溢效应，都为上海建设全球科创中心提供了良好的基础和机遇。

第三，具有与国际创新资源融合的基础。作为世界性城市，上海

具备全球要素资源配置的门户与中心地位。上海本地的研发机构、跨国企业的研发部门与国际资本、人才、市场的互动能力较强。虽然上海本土科技原创企业数量较少,但拥有一大批以跨国公司为代表的科技创新企业,尤其是跨国公司研发总部集聚。单从 2014 年上海提出建设科创中心的起点看,当时在上海的外资研发中心有 378 家,其中 1/3 是世界 500 强所设立,70 多家是跨国公司在上海设立的全球性和区域性研发中心。这是在全国范围内独一无二的优势资源,上海实际上发挥着基于跨国公司研发中心基地的全球研发网络节点功能。

在微观层面,上海优势还在于具有上海科创中心建设可以依托的内在条件。比如,科研和教育机构相对密集,大型公共科研基础设施建设启动较早,科技人力资源基础较为扎实,对于国内外优秀人才具有较强的吸引力。再者,上海已形成了现代工业体系,同时节能环保、新一代信息技术、生物医药、高端装备、新能源汽车等战略性新兴产业制造业的发展势头良好,贡献值和增速指标都不错。此外,政府宏观布局和组织实施能力突出,主动意识、危机意识强,在科创中心建设中可以得到很好的制度供给。

上海历史形成的经济文化优势与国际化优势具有独特性,将其发挥到“极致”,势必形成强大的虹吸效应。尤其在长三角一体化发展过程中,长三角城市群体的科技创新力量有望汇聚到上海,助力上海科创中心形成强大的科技创新“内核”,进一步带动长三角一体化、长江经济带以及上海自由贸易试验区、自由贸易港建设。

科创中心没有既定的范本,根本是要抓住“人才”这个核心

业以才兴,全球科创中心模式各异,没有既定的范本,但根本是要

抓住“人才”这个核心。营造科创中心建设的最优环境，归根结底是要围绕人才做文章，让真正的科技创新人才进得来、留得住、能发展，要有具备吸引力的配套待遇，让科研工作者能够专注于创新，而不需要靠情怀去“耐住清贫”。比如，因为商务成本高导致人才流失、难觅，可以通过政策突破，政府提供补贴、减税等，为初期阶段的创业提供支持，并吸揽各方人才；对于短缺的人才，建议采取“技术移民”政策，可以优先解决对企业自身科技创新能力的提升有重要作用的科学技术转化和科技服务业的人才。

科技创新的前提是知识创新，而人才资源是知识创新的源泉。在人才资源的挖掘、配置和管理中，政府、高校及科研院所、企业作用各不相同。相对于人才的引进，人才的自主培养更为重要，起到了主体作用。因此，上海要更加注重培养具有现代科技创新素养的年轻学子一代，政府要积极为人才培养提供资金和政策保障，通过制定法律确保人才政策稳定，形成稳定的人才供给。高校则更需要着重培养学生创造性思维和实践动手能力，建设跨学科协同创新实验室，通过以成果、市场需求为导向的项目实践和常态化的区域、国际交流培养学生创新思维。企业作为用人单位，需要通过提供优厚待遇吸引优质人力资源，如推行持股制度、绩效工资制度以及阶梯式企业福利制度等。

才因业聚，科技创新人才的高度集聚，离不开成就事业的大科学基础设施。比如，以张江地区为主要载体，上海集中规划和建设了国家重大科技基础设施群，着力打造世界一流科研机构。再比如，通过政府支持、市场化运作，组建了上海产业技术研究院、微技术工业研究院、国家技术转移东部中心等一批创新功能型平台，积极推进材料基因组、太赫兹、量子通信等领域功能型平台规划布局，引导上海研发公共服务平台转型升级。

当然，我们也清醒地看到，若对标纽约、伦敦等全球一流科创中心，上海一流科创人才的数量、质量仍显不足。其背后的原因不难发现，上海世界知名大学和高水平研究机构相对匮乏，上海科学家和研究人员的国际影响力也较弱，上海只有极少数的科学家和研究人员在国际重要科研社团具有实际影响力。我国本土科学家在国际权威科学院中出任外籍院士的数量不仅大大低于发达国家，还低于印度，获得国际性权威科技奖的人也寥寥无几。

上海科创中心建设能否成功的关键在于“环境”，这里的“环境”建设既包括生态环境和社会人文环境，也包括有利于创新创业的制度环境，所有这些“环境”建设都旨在消除影响“政产学研用”等创新主体行动有效性和效率的各种障碍，让科技创新人才“心安、气顺、劲头足”。如果能够做到这些，上海建设全球科创中心的人才高地自然会水到渠成。

借鉴“硅谷模式”，激活全社会自主创新动能

全球科技创新中心主要有两种发展模式：核心城市带动模式和多中心齐头并进的城市群发展模式。很显然，上海立足“上海大都市圈”的集聚效应，应该采用核心城市带动模式。

从政府发挥的功能来看，建设科技创新中心没有通用的策略。在美国两个著名的科技创新中心纽约与硅谷的发展过程中，政府在法律、政策、税收、金融、公共服务等方面占据主导地位，而市场在技术创新路径选择、创新要素配置、技术转化与落实等方面具有更大优势，发挥了主要作用。在上海科创中心建设的过程中，政府需要做好宏观规

划与引导,加大基础研究的财政投入,加强立法执法,建设公共服务平台,营造良好的市场竞争环境,突出企业的创新主体地位。

"硅谷模式"是全球科创中心公认的经典成功模式之一,以之为观察样本,可以为上海的科创中心建设带来启示。硅谷是以企业主导科技创新发展的典范,硅谷内上千家企业都有自己的研发实验室,有些企业甚至是作为创新技术的中间试验室而发展起步。企业为了迎合市场需要而开展的科技创新活动,在通信器材、软件和科学研发服务业显示出了巨大的"企业科技强度"。

硅谷模式的特点突出表征为:其一,高效的产学结合方式。自从"硅谷之父"特曼教授于1951年创建了世界上第一个科技工业园——斯坦福研究园,斯坦福大学为硅谷输送了大量的创新人才。惠普公司、苹果公司、硅谷图形公司、雅虎公司等大量的硅谷公司均由其毕业生创建。斯坦福为硅谷培养了大批创业和创新人才,硅谷也积极借助斯坦福对新理论、新技术、新工艺的研究,快速将科研成果转化为生产力。

其二,良好的分工协作关系。硅谷形成了一个中小产业的企业集群,企业之间既有市场竞争关系,还有良好的分工协作关系,即模块化的分工。比如,Intel公司主要生产芯片,Sharp主要集中于显示器领域,各大计算机制造商从市场购买零部件然后进行组装。模块化正是实现这种零部件生产和组装过程的有效策略。

其三,完善的风险投资体系。硅谷的文化鼓励创业,而它的风险投资体系保障了个人创业的实施。在硅谷发展早期,美国政府经常充当投资者和消费者的角色,积极鼓励硅谷的创新和发展。其后,随着硅谷的发展,风险投资逐步兴起,在斯坦福大学附近集中了200多家风险投资公司。

其四，庞大的面向创新的非正规社会网络。硅谷在企业中往往实行扁平化管理，管理者和员工之间没有严格的等级制度。在企业之间存在经常性的人员流动。大量的技术移民扎根硅谷，与其母国形成各种各样的联系。部分移民回国创业后，又与硅谷形成新的联系。由此形成庞大的非正规社会网络。这些网络成员共享创新理念、信息、技术、人力资源和其他资源。

"硅谷模式"对当前上海科创中心建设至少有三大启示：一是科技创新与人才培养需要很好地结合市场需求。我国于 20 世纪 90 年代开始推行"产学研"结合，但是一直存在责权界定模糊、缺少产业技术层面战略合作、政府引导不足、缺乏金融支持等问题。从上海政府层面来讲，积极引导与促进上海科技创新"产学研"的推进，要完善政策，加大支持力度为企业和高校"牵线搭桥"，实现科学技术面向经济发展主战场的战略拓展。比如，浦东张江可成为更多的科研院所集聚地。二是企业集群间构建良好的合作生态。产业需要形成拳头效应，离不开分工协作。上海科创中心建设在基本形成科创中心框架的基础上，需要进一步实现高质量建设发展。这就意味着，科技创新产业园区要从粗放型发展的路径上转到内部产业集群的生态建设上。

三是金融支持科创中心建设。上海科技金融活力不断迸发，金融业要支持自主科技创新，就是要探索和建立健全有效支持自主创新的多元化金融服务体系，这既包括适应各类市场主体，开展自主科技创新，进入快车道，融资所需要的间接融资体系，又包括适应高科技、高成长性企业，加快自主科技创新，融资所需要的直接融资体系。

如果说创新是进步的基因，那么环境就是培植的土壤。无论是科学基础设施的建设、创新链条平台的打造，还是金融重点支持、政府放松管制政策的退出，最终都在为激活创新主体这个"源头"服务。作为国家全面创新改革的“试验田”，上海政策供给、法制建设的一个重要目标方向，就是要真正松绑科技创新主体的“手脚”，以营造最优的上海科创环境，激活全社会自主创新动能，最终建设成最具上海特色的全球科技创新中心。

6.9　成就浦东奇迹的“密码”何在？

三十年峥嵘岁月稠。三十年前，党中央全面研判国际国内大势，统筹把握改革发展大局，作出了开发开放上海浦东的重大决策，掀开了我国改革开放向纵深推进的崭新篇章。三十年来，从全国第一个保税区、第一个综合配套改革试点到第一个自由贸易试验区，浦东在全国创造了五十多个“第一”。这些“第一”就像种子，播撒在改革的试验田里，收获了丰硕的果实，也烙刻下先行者敢闯敢试的足迹。浦东的崛起，标志着上海站立在了中国改革开放的时代潮头，驱动着上海乃至长三角地区进入中国经济发展的黄金时期。

进入新时代，党中央再寄厚望。在浦东开发开放三十周年庆祝大会上，习近平总书记再发号令：浦东要抓住机遇、乘势而上，勇于挑最重的担子、啃最硬的骨头，努力成为更高水平改革开放的开路先锋、全面建设社会主义现代化国家的排头兵、彰显“四个自信”的实践范例，更好向世界展示中国理念、中国精神、中国道路。

浦东的历史方位和使命，再次与国家休戚与共。下一个三十年，浦东新征程将放在中华民族伟大复兴战略全局、世界百年未有之大变局这两个大局中加以谋划，放在构建以国内大循环为主体、国内国际双循环相互促进的新发展格局中予以考量和谋划。习近平总书记指出，要全力做强创新引擎，打造自主创新新高地。

创新，成为全面建成社会主义现代化强国的关键引擎。敢闯敢试、先行先试的创新精神，恰是浦东精神的内核所在。围绕着创新与转型，浦东迈出的每一步都引人关注。成就浦东奇迹，至少有四大创新性“密码”。

第一，理念前瞻。实践证明，浦东开发过程中很多发展理念极具前瞻意识。比如，当时浦东提出“不搞经济技术开发区，搞功能开发区”；率先发展第三产业，在服务长三角上有所突破；不满足于单项改革，试点综合配套改革，在更高的起点上实现快速发展；确立从要素驱动转向创新驱动的发展路径；发挥传统优势，金融先行，打造国际金融中心；建设自由贸易试验区，以更高层次的开放倒逼改革；以世界上最发达地区为参照系和标杆，不仅吸纳世界的资金技术，更注意吸纳世界的智慧……

第二，开放品格。上海海纳百川的气质，在浦东体现得尤为明显。极大的开放度令浦东与世界经济的关联越来越紧密，浦东跨国公司数量占上海总量的“半壁江山”，日益完善的金融、航运和服务贸易环境决定了浦东在跨国公司全球体系中的重要地位。以方寸之地的陆家嘴为例，如今已成为外资金融机构布局中国业务的首选地，集聚了占全国41%的外资法人银行、占上海89%的外资财险人身险法人机构，以及占全国90%左右的外资私募机构。

第三，金融先行。浦东是包括上海国际金融中心建设在内“四个中心”建设的核心功能区。陆家嘴集聚了上海证券交易所、上海期货交易所和中国金融期货交易所等十余家金融要素市场和金融基础设施机构，是中国金融市场最活跃的地方。中国人民银行等部门和上海市政府发布《关于进一步加快推进上海国际金融中心建设和金融支持长三角一体化发展的意见》（“金融30条”），涵盖金融改革创新和金融对外开放等内容，上海国际金融中心建设的目标在各方的共同努力下一步步变成现实。

第四，引领效应。随着自贸试验区、科创中心主体承载区域落在浦东，各类重大改革事项大多于这片热土上先行先试。可以说，浦东不仅是中国改革开放的前沿，更是长三角城市群的标杆。中共中央、国务院印发的《长江三角洲区域一体化发展规划纲要》，明确了长三角区域一体化发展的规划范围、战略定位和发展目标，为这一国家战略的实施提供了纲要指南，也给浦东新一轮创新发展指明了方向。长三角是上海自贸区制度创新成果复制、推广的“首站”，以自由贸易账户为例，已复制推广到海南、广东、天津等地自贸区，下一步还将在长三角复制推广，并最终在全国复制推广。

上海自贸试验区300多项“可复制、可推广”的新制度推向全国，负面清单、单一窗口、事中事后监管、先照后证、证照分离……当年这些从浦东出现的“新词”，如今在全国已耳熟能详。浦东依托自贸试验区建设，对标最高标准、最好水平，推动政府职能转变，释放企业和市场活力，打造国际一流营商环境，为长三角提供制度创新范本，将进一步激发市场主体和要素在长三角区域内自由竞争、自由流动。

今天的浦东，面积占上海全市1/5，常住人口占1/4，GDP占1/3，进出口总额占2/3。作为研究中国经济和中国改革开放最典型的案例和观察窗口之一，浦东的实践探索，为中国改革开放贡献出了属于浦东的智慧。在某种意义上，只有读懂浦东开发开放，才能读懂中国改革开放。今天的浦东，一次次勇担新时代的新使命：在2018年11月举办的首届中国国际进口博览会上，习近平总书记发出了三份“考卷”——增设中国上海自由贸易试验区新片区，在上海证券交易所设立科创板并试点注册制，支持长江三角洲区域一体化发展并上升为国家战略；2020 年 5 月发布的《中国（上海）自由贸易试验区临港新片区进一步促进服务业高质量发展的实施意见》提出，加快建设“环滴水湖金融街”，进一步加大金融业的对外开放，持续加大金融机构的引进力度，将是浦东、上海、长三角以及全国重要的新增长极。

攻坚克难，引领时代潮流，参与国际竞合，是浦东与生俱来的使命。中央要求上海当好“全国改革开放排头兵，创新发展先行者”，而浦东，就要做排头兵中的排头兵、先行者中的先行者。当浦东的持续创新与中央的顶层设计充分结合在一起，当上海国际金融中心建设一步步走到国际前列，浦东站在新的时代起点，在危机中育先机、于变局中开新局，浦东三十而立再出发，下一个三十年，将再次书写浦江奇迹！

6.10 浦东引领区：以深度开放融入世界

从 1990 年小平同志打出“上海浦东”这张“王牌”，浦东开发开放已经走过了三十多年。浦东开发开放取得的成就，以及积累的经验和教训，成为浦东再创业、再改革“勇于挑最重的担子、啃最硬的骨头”的独特资本。这种独特资本，和成就一样，可以归纳出很多条，但若透过现象层面，则能洞见其深层主线：开放引领，深度融入世界市场。

毋庸讳言，面向“十四五”，浦东作为上海的窗口前沿，要率先成为国内大循环的中心节点和国内国际双循环的战略链接，还明显存在配置全球资源能力不够强的短板。因此，在经济全球化遭遇逆流的大变局下，浦东继续代表国家参与国际合作与竞争的使命感将更强烈，扩大开放的重点将更为深刻——更加注重规则、规制、管理、标准等制度型开放，更加注重增强对全球产业链、供应链、价值链的吸附力、掌控力、引领力，以助力整体突围。

浦东的一大“法宝”即是金融先行。浦东是包括上海国际金融中心建设在内“五个中心”建设的核心功能区，是中国金融市场最活跃的地方。国家赋予浦东“打造社会主义现代化建设引领区”的时代新任务，一个至关重要的“引领”，无疑是要进一步完善金融市场体系、产品体系、机构体系、基础设施体系，发展人民币离岸交易、跨境贸易结算和海外融资服务，建设国际金融资产交易平台，将浦东打造成全球产业链、供应链、价值链的重要枢纽。

浦东被选取作为改革开放现代化建设引领区后，将极大推进上海迈向全球一线城市。随着自贸试验区、科创中心主体承载区域落在浦东，各类重大改革事项大多于这片热土上先行先试。上海自贸试验区300多项“可复制、可推广”的新制度推向全国，浦东依托自贸试验区建设，对标最高标准、最好水平，推动政府职能转变，释放企业和市场活力，打造国际一流营商环境。

一方面，在基本建成上海国际金融中心的基础上，进一步构建与上海国际金融中心相匹配的离岸金融体系。2021年7月发布的《中共中央国务院关于支持浦东新区高水平改革开放打造社会主义现代化建设引领区的意见》指出，“支持浦东在风险可控的前提下，发展人民币离岸交易”。在浦东打造人民币离岸交易中心，对于上海金融“补短板”、汇聚全球资本意义重大。

另一方面，在临港自贸新片区政策支持的基础上，加码赋予浦东更广泛、更高程度的开放空间，将极大增强上海的全球资源吸附力、竞争力。《意见》指出，“在浦东全域打造特殊经济功能区”。这意味着，浦东在税收优惠、投资自由，取消不必要的贸易监管、许可和程序要求等方面，实现了制度性突破，加之已获得“制定法规的权利”，政策供给力度空前。

近年来，中国稳步推进金融改革和开放，但从开放度来看，与中国经济的世界影响力相比较，中国金融的国际影响力是相对不足的。在加大金融开放力度过程中，上海的金融市场将与世界的资本市场互融互通，金融风险的传染性和复杂性也会增大。因此，在金融开放“加码”的同时，要特别警惕境外资金的大进大出和“热钱”炒作，避免出现房地产和金融资产的过度泡沫化。

总体来看，我国加大金融开放力度所带来的金融风险是在可控范围之内的。中国经济的竞争力、规模以及韧性，可以较好地吸收开放所可能引发的一些风险。再者，风险中也蕴含着机会。一个没有风险的金融市场是不存在，也是没有免疫力的。加大金融开放，对上海国际金融中心建设来说，机遇大于风险。我们要做的是，防止大的金融风险对金融体系的系统性影响，守住不发生系统性金融风险的底线。要降低金融开放导致的金融风险，说到底是要推进金融体系的现代化进程。

除了致力于金融基础设施现代化等“硬建设”，还要特别注重优化底层的“软环境”。

一是金融法制现代化。没有金融法制的现代化，人民币也不可能实现国际化。开放会倒逼法制的完善。不仅要完善相关法律条文，更要养成法治理念、树立法律的权威和威慑力，要严格执法。二是强化规则意识。规则意识的基本原则是公平性、稳定性。只有公平的、稳定的制度环境才能产生合理的契约，然后遵照执行。没有规则，谈不上“接轨”，也无法实现国际化。三是提升监管能力。大量的外资进入势必对我们的监管能力和制度创新能力提出新的挑战，要求监管者要有更敏捷的学习能力，以有效监管层出不穷的金融创新。随着金融开放的进一步推进，用新的宏观审慎框架来取代原先的管制模式，成为大势所趋。

6.11　疫情冲击难撼经济底盘，上海终将重拾荣光

近日之上海，那么熟悉，又那么陌生。倏忽伫立于 2022 年 6 月，回望悄然遗落的整个春天，让人不胜唏嘘感慨。重启、回归成为关键热词，人们期待夏日的火热尽快消融疫情的阴霾，复还上海一片缤纷原色。

2022 年 3 月以来旷日持久的疫情肆虐，让作为“经济之都”的上海一度暗淡无光。上海市统计局公布的 4 月份全市部分经济数据，投资、消费同比均有不同程度下降。4 月份，全市规模以上工业企业完成工业总产值 1 286.17 亿元，比 2021 年同期下降 61.5%；1—4 月，全市固定资产投资比 2021 年同期下降 11.3%；全市实现社会消费品零售总额 5 099.25 亿元，比 2021 年同期下降 14.2%。

上海经济能否恢复如常，能否再度焕发生机活力，能否开创全新的局面？毫无疑问，不确定性挑战仍然存在，迫切需要我们正确把握、积极应对以探寻具有确定性的答案。

仍需直面不确定性挑战

毋庸讳言，重启后的上海，依然面临诸多不确定性挑战。最大的不确定性在于，当前上海全面恢复的正常生产生活秩序，存在被疫情重新拖拽回大面积封控、经济停摆“老路”的风险。如果全面复工复产能够顺利推进，上海很快就可以回到常态化防控时的经济运行区间。所以，有效防住疫情，依然是需要筑牢的底线。

另一方面，此前抑制经济活动的后遗症，会在全面复工复产复市初期集中爆发出来，各项基础设施、组织体系和市场主体势必会经受强大的压力测试，在核酸检测时效等相对严格的复工复产条件下，企业尤其是中小微企业的运营成本会普遍增加，可能带来无法承受之重。这些不确定性因素又进一步加剧了市场主体和居民消费预期的不稳定性。

上海经济，如何重拾往日荣光，成为一个绕不过的现实议题。上海停摆不但对本土经济带来了严重伤害，也对长三角乃至整个中国经济，尤其是进出口贸易和国际产业链、供应链产生巨大影响。因此，当务之急是要从“暂停键”切换至“运行键”，要在防住疫情的同时，全力全面推进复工复产复市，积极恢复市场运转机制，确保整体经济运行稳定。有关部门在继续采取严格措施的同时，应避免进一步损害经济，要想方设法尽最大努力把疫情耽误的时间抢回来，把疫情造成的损失补回来，勠力同心打好打赢上海经济保卫战。

上海经济底盘基础牢靠

上海经济对于全国的意义不言而喻。上海是中国最开放的城市之一，对外贸易占全国的1/5，在外商直接投资中占比为14%。2020年，上海出口额为5 420亿美元，略高于韩国和法国。上海是中国人口第一大城市，也是全国最大的经济、工业、金融、外贸、航运中心城市。2021年，上海地区生产总值达到4.32万亿元，是中国最高的城市；2021年，上海上缴中央财政税收9 294亿元，占当年中央转移支付总资金的1/10。

在总量优势之外，经济的结构性数据更能彰显上海的竞争力的内涵。作为中国人口第一大城市，上海每万人口高价值发明专利拥有量是全国平均水平的五倍；上海港集装箱吞吐量连续12年蝉联世界第一，2021年占全国总吞吐量近17%；2020年，上海生物医药产业中创新药获批上市量约占全国总量的1/3；上海人工智能产业集聚了全国约1/3的人才；2020年上海证券交易所股票总市值居全球第三，是深交所的1.3倍；全国约1/3的进口汽车、钻石、葡萄酒、乳品，约1/2的进口化妆品、医药品、医疗器械，超过60%的进口服饰，70%以上的进口手表等，都是经由上海口岸转发到全国消费者手中的。

从全球影响力角度看，上海稳居第一方阵。2021年，由全球城市实验室(Global City Lab)发布的《全球城市500强》排行榜上，上海排第九，香港排第十；2022年3月，全球国际金融中心地位指数(GFCI)显示，上海排名第四(2021年3月指数中上海位列全球第三，仅次于纽约、伦敦)；《2021新华·波罗的海国际航运中心发展指数报告》显示，上海在国际航运中心的排名中继续保持全球第三，仅次于新加坡和伦敦。上海黄金交易所场内现货黄金交易量，连续14年居全球第一位；上海期货交易所多个品种交易量居全球第一位，已跻身全球第三大原油期货市场……

这样的上海，不是一朝一夕建成的；这样的城市，是历经磨砺、爬坡过坎的坚韧之城。诚如 6 月 1 日上海市委市政府致全市人民的感谢信中提到的，渡过劫难的上海，“将更加坚定地弘扬‘海纳百川、追求卓越、开明睿智、大气谦和’的城市精神和‘开放、创新、包容’的城市品格，坚定打造更具韧性、更加安全、更富吸引力的发展环境，坚定打造鼓励创新、宜居宜业、开放包容的创业生活环境”。

上海精神、城市品格、发展环境，2 500 万城市建设者，完备的工业体系，先进的产业链、供应链布局，强大的经济辐射网络……百年工商业积累下来的经验、基础与能力，全国人民对于上海的热爱、融入与支持，都是上海这座城市最大的底气之源。作为我国制造业实力最强的城市，上海不仅有汽车、钢铁、专用设备制造、高端设备制造、电气机械、制药、纺织等传统的优势产业，而且在集成电路、生物医药、5G、人工智能、物联网、云计算、新能源汽车、新能源等新兴领域也有很强的竞争力。

疫情冲击，会短期影响经济数据表现，但不可能轻易撼动上海的经济底盘和竞争优势。我们对上海的坚定底气，还源于上海是全国的上海，中国经济齿轮的运转已深度与上海勾连。换句话说，上海经济的底盘是建构在整个中国经济面的基础上的。作为国家战略，上海“五个中心”建设中已基本建成国际经济、金融、贸易、航运中心，也形成了具有全球影响力的科技创新中心基本框架，接下来上海“五个中心”将朝更高水平进阶发展。虽然目前短期内受到不确定性冲击，会在一定程度上导致某种量化指标的下滑，但上海经济增长的韧性和长期向好的趋势不会改变，“五个中心”升级版建设也将纳入国家整体发展布局继续推向前进。

政策发力稳预期稳信心

在需求收缩、供给冲击、预期转弱“三重压力”凸显的情势下，叠加疫情多点散发频发及俄乌冲突等不利影响，我国经济发展环境的复杂性、严峻性、不确定性前所未有，稳增长、稳就业、稳物价面临的挑战也前所未有。正因如此，2022 年 4 月 29 日召开的中共中央政治局会议强调，“疫情要防住、经济要稳住、发展要安全”，并同时明确要求，“要加大宏观政策调节力度，扎实稳住经济，努力实现全年经济社会发展预期目标，保持经济运行在合理区间”；5 月 23 日，国务院常务会议部署 6 方面 33 项《扎实稳住经济的一揽子政策措施》；5 月 25 日，国务院召开全国稳住经济大盘电视电话会议，毫不避讳地直言经济压力，“一些经济指标明显走低，困难在某些方面和一定程度上比 2020 年疫情严重冲击时还大”，突出表现为消费和地产大幅负增长、信贷和社融增量“腰斩”等。

5 月 29 日，围绕国家“33 条”稳经济举措，按照“疫情要防住、经济要稳住、发展要安全”的要求，上海制定发布了《上海市加快经济恢复和重振行动方案》（简称《行动方案》“50 条”），旨在“更加有力、更加高效地统筹疫情防控和经济社会发展，坚决打赢大上海保卫战、经济恢复和重振攻坚战”。从时机上看，《行动方案》正是上海复工复产复市关键时期的行动纲领。

如果说，此前大家还可能有迟疑、观望，那么这个《行动方案》，就是要打消一切顾虑、冲破一切阻碍，凝聚共识，采取共同行动重振经济。这对于推动上海经济复苏，起到了明确的稳预期稳信心作用，并释放出一个重要信号：把稳经济大盘摆在了第一要务，果断把工作重心转到经济发展上来!

我们注意到,《行动方案》“50 条”推出后,上海各区县、各条线、各领域、全行业都开展了“对标”行动,纷纷推出了各自的行动方案和计划。当所有组织、机构和单位都以推动经济复苏为共同目标并采取共同行动时,势必形成指数级效能,6 月份和下半年上海经济强势反弹回暖将是大概率事件。

让企业活下来,让市场活起来

2022 年 6 月 1 日,国务院常务会议部署加快稳经济一揽子政策措施落地生效,要求对政策再作全面筛查、细化实化,让市场主体和人民群众应知尽知、应享尽享。会议明确指出:新增 1 400 多亿元留抵退税,要在 7 月份基本退到位;对金融支持基础设施建设,要调增政策性银行 8 000 亿元信贷额度,并建立重点项目清单对接机制。同时,会议强调,要坚持用改革举措、市场化办法解难题,深化“放管服”改革。

基于政策分析,可以看到两条清晰主线:一是短期“输血”救急,及时助力企业脱困,让企业更好地活下来;二是从中长期考虑,激发企业“造血”功能,不透支未来,让市场功能充分发挥出来。

上海的“50 条”举措同样遵循了远近结合的原则,注重发挥政策综合效应。突出体现为“四个统筹”:一是统筹好常态化疫情防控与经济恢复重振的关系。二是统筹好国家授权与自主创新的关系。用好用足国家政策的同时,结合上海实际进行政策创新和突破,聚焦财税、社保、融资、房租等企业普遍关心的问题,尽最大努力推出一批针对性强、含金量高、高效直达的纾困政策。三是统筹好有为政府与有效市场的关系。特别是要充分发挥各类市场主体在经济恢复和重振中的主力军作用，增强市场活力和经济韧性。四是统筹好普惠性鼓励支持与结构性精准施策的关系。既要帮扶各类市场主体兼顾大中小企业，又要把握政策导向推动经济结构优化升级，支持重点企业、重点项目和重点区域多增少降，充分激发投资、消费、外贸等动力潜力。

企业是市场主体，保市场主体是“六保”之基，保住市场主体才能稳住经济基本盘。目前，企业不同程度受到疫情冲击，帮中小企业纾难解困，让企业活下来至关重要。一方面，要缓解现金流危机，助力中小微企业脱困。中小微企业面临的营业收入锐减、成本刚性支出增加等实际困境，说到底是现金流问题。通过退税、直接补贴、税费及房租减免、缓交社保费用等多种手段帮扶企业，等于变相给企业直接发现金、增加现金流，是企业救急的“及时雨”。从企业运营的一般规律看，长达两个月的现金流问题，将直接使得六七成的企业陷入经营困境。因此，帮扶企业复工复产的救急之举，就是要尽快给企业输血，缓解企业紧迫的现金流危机。

另一方面，要保障产业链、供应链安全稳定，降低企业运营成本，提高达产率。安全稳定的产业链、供应链是企业运行的重要保障。要鼓励上下游产业形成利益共同体，鼓励上下游企业通过相互参股、持股以及签订购销中长期合作协议等方式，协同应对市场风险，达到成本最小化、资源合理化、技术管理协同化的目标。比如，鼓励中小微企业，尤其是“专精特新”企业加入汽车、集成电路、生物医药等先进制造行业中有大企业为龙头、链长的产业链中，提升与产业链上下游企业的协作水平。另外，还可通过畅通供应链物流运输，降低企业物流成本，利用低息融资优惠、对现有贷款展期等方式降低企业融资成本，以提升企业运转能效、提高达产率。

让企业活下来是第一步，“活下来”之后，更要让“市场活起来”。市场活起来的根本，是要充分尊重市场规则。

上海具有最优良的市场基因，有着最成熟的市场体系，当前要大力回补经济、追赶时间，最有效的方法，无疑是充分发挥市场调节机制，让市场主体有更多活力和空间去攻坚克难、发展经济、创造财富。

风雨过后见彩虹，浪奔浪涌上海滩。上海历经几多风雨洗礼，但总能忍辱负重、勇往直前。2022 年，在承受两个多月的疫情重创之后，英雄的上海终将满血复活，“大上海”终将重拾往日荣光。

第七章

数字经济前景

疫情以一种『危机』的极端方式迫使人们严肃审视产业数字化问题。发展数字技术是手段，根本的是要通过链接效应和数字化赋能，激活整个产业，最终推动实体经济高质量发展。

7.1 数字经济何以能韧性“补位”？

新冠肺炎疫情持续对社会经济产生全面影响，直接导致中国经济增速放缓。疫情对经济运行产生的影响，首当其冲的是短期宏观需求，特别是消费需求，线上线下联动受到重大冲击，对传统产业的影响面更是日趋扩大。虽然各地复工复产对冲了一部分不利影响，但总体形势依然严峻。

如果说“非典”疫情时期中国经济的强劲动能得益于旺盛的投资需求、人口红利高峰以及全球化“世界工厂”的驱动，那么当前能带动中国经济真正走出疫情阴霾的，其“优选项”应该是数字经济。数字经济在战“疫”中韧性“补位”，彰显了数字经济作为中国经济高质量发展新动能的重要产业定位，在某种意义上，数字经济能否扛住疫情冲击，能否支撑宏观经济稳定发展，甚至引领后疫情时代的经济发展，是对中国经济结构转型成功与否的生动检验。

首先，数字经济构筑了战“疫”的“大后方”。要夺取战“疫”的胜利，除了有八方驰援的医务工作者在“一线”奋战，还离不开千千万万群众共同抗疫的坚实“大后方”。如果中国数字经济没有发展起来，当线下渠道失灵且没有线上替代方案，当人们还处在相对封闭的信息孤岛，当线下产业关停时没有数字经济的支撑，疫情中的中国社会经济会是一幅怎样的图景？显然难以想象。

在这场阻击新冠疫情的战役中，数字经济的良好发展基础在很大程度上对冲了疫情的负面影响。其重要原因在于，我国数字经济在整个国民经济转型中发挥了积极作用。据中国信通院测算数据显示，2019 年中国数字经济增加值达 35.8 万亿元，占 GDP 比重达 36.2%。数字经济实际上已成为中国经济增长的新引擎，中国经济正在由“工业化和信息化融合”升级为“数字经济和实体经济融合”。换言之，中国经济已经基本实现了新旧动能的有序转换，中国经济发展的新动能更多取决于数字经济的稳定增长，而从根本上说，中国数字经济的增长动能并没有因为疫情冲击而发生质的改变。数字经济的稳定发展形成了战“疫”成功的强大后盾，这也正是我们判断“中国经济未来长期向好、高质量增长的基本面不会改变”的重要依据所在。

得益于数字经济，商场、电影院、餐馆、旅游景点等热门消费场所虽基本关停，但人们转而选择数字化消费，手游、直播、网购等数字化行业出现新增长，新零售行业出现新的变化；AI、VR、大数据、云计算、物联网等新一代信息技术有效运用于电子商务，促进实现网络 3D 购物、实体店自助结算、无人超市 24 小时营业等，也使电商更能匹配人们的个性化消费需求。

顺势转战线上的，除了实体产业，还有金融业务。疫情之下，传统金融机构纷纷推出“无接触理财”，把爆款定存产品搬到线上，产品一上线即被“秒杀”。炙手可热到什么程度？有网友称“像追剧一样追理财直播！”疫情让传统金融机构与数字经济企业进入合作 2.0 版本，有超过 300 家基金、银行、证券等金融机构在线上接入了存款、养老险、银行理财等全资管品类。数字经济的发展还催生了金融支持实体企业“快车道”。为了精准滴灌帮扶实体中小微企业抗疫，2020 年 2 月，25 家银行用两天时间就在线敲定“共同为 850 万实体小店提供贷款并下调 20%的贷款利息”，可谓下了一场金融支持的“及时雨”。

其次，疫情倒逼传统产业加速推进数字化。疫情促进传统企业更加重视通过数字化平台来开展采购和销售，对5G以及人工智能的应用也将持更开放的态度。产业互联网、人工智能、VR等新技术将得到更广泛的应用，产业结构将得到优化。疫情期间，与数字经济有关的商业模式的独特优势，不仅体现在微观主体的消费和生产领域，也体现在城市管理、交通物流、医疗服务等宏观社会治理体系方面。疫情的持续影响，使得智慧城市、工业互联网、大消费方式等诸多方面的应用，更多关注数字化转换。

产业的数字化进程，必然带来产业思维模式的改变。比如办公模式，疫情中被迫采用的居家远程办公模式将促使很多企业进一步思考线上办公的价值和意义。在线下办公成本高企的条件下，某些产业可能不会再选择扎堆往CBD(中央商务区)"挤"，或许会梯度向二三线区域转移，在人们逐渐适应并开始享受这种"online"(在线)快捷办公方式后，"online"线上协同办公也可能会在人们惯性需求下继续发展，并进一步带来用工方式的全新变革。研究显示，受疫情影响，2020年我国灵活用工市场规模增长23%以上。又如在线教育，全国各地学校均在疫情中加强技术投入，开发"云"端应用，搭建"空中课堂"，等于完成了一次在线教育平台的全国性推广。经过直播课堂、远程教学等在线教学场景的广泛应用，未来线上线下相结合的混合式教学将更加普遍。各种在线教育企业也都加入这一轮低成本获客潮流中来，这些举措都将共同形成在线学习的良好生态环境，助推用户线上学习习惯的养成。

应该说，传统产业的数字化进程一直在路上，但疫情以一种"危机"的极端方式迫使人们不得不严肃审视产业数字化升级的可行性。在疫情防控的应用场景下，许多传统产业尝试通过数字化克服空间障碍为用户提供服务，也看到了数字技术广阔的应用前景。以此为契机,产业界会加速推进数字化进程,将大数据、人工智能、区块链、云计算、物联网等数字技术在产业发展主战场应用实施,未来产业运转效率会大大提升。

再者,数字经济是驱动后疫情经济健康发展的"优选项"。一季度消费对全年经济贡献往往最大,但受疫情影响消费远不及正常年份,服务性消费更是难以弥补;疫情还在客观上导致居民收入下降,对全年后续消费亦产生不利影响。所以,靠消费拉动的可能性不大。比照2003年"非典"时期,当时资本形成总额贡献了GDP增长的70%,拉动GDP增速7个百分点;在同样遭受疫情的情形下,可以肯定,近年资本形成总额会对经济增长贡献更多个百分点,投资在近年经济增长中扮演重要的角色,但靠投资"硬"拉动是不得已而为之,等于透支了未来的发展势能,故而只能是权宜之计。

房地产刺激经济的老路行得通吗?中国人民银行发布的《中国区域金融运行报告(2020)》显示,2019年我国商品房销售面积和销售额累计同比增速分别为−0.1%和6.5%。受疫情影响以来,为了释放短期刚性需求,政府有关部门施行了政策性宽松。不少专家撰文建议"支持刚需和改善需求",并且表示可适当调整"认房又认贷"的政策,但亦强调,"不能把合理支持房地产业平稳发展的政策视为对房地产调控的放松",而是要在遵循"房住不炒","稳地价、稳房价、稳预期"原则下相机抉择。因此,从经济发展长远计,通过刺激房地产对冲经济下行压力不应成为政策优选。

当然,疫情的负面影响是多方面的,它增加了经济的不确定性,冲击了市场投资的信心,造成投资需求紧缩,对产业带来了较大冲击。只是相较而言,数字经济在短期内发挥了"补位"支撑作用,其在拉动未来经济增长的效果上也更为明显。分析显示,即使受疫情冲击数字经济增速下降，但其增速仍显著高于宏观经济预测的增速。从长期来看，一旦疫情得到有效控制，市场信心重新回归，数字经济投资规模将持续扩大。当前，5G、大数据、区块链等技术发展趋势未变，汽车、装备等支柱产业的数字化转型需求依然强劲，对数字经济投资的拉动力度不减。同时，疫情之后的政策重点将是培育新的经济增长点。数字经济作为推动新旧动能接续转换的关键动力，依然是政策焦点之一，数字经济投资也将持续释放其对经济发展的拉动作用。

值得关注的是，放眼未来，数字经济的创新创业将持续促进经济结构优化升级。根据麦肯锡测算，疫情时期线上消费每增加 1 个单位，有 61%为替代原有需求，39%为新增需求。新增需求不断影响现有业态，同时也激发大量创新业态，促进生产生活朝着数字化、智能化方向发展。

数字经济绝非“无本之木”，数字经济越来越表征为一种融合性数字经济，其不仅作为新业态出现，更是从动能、机制上解决了传统产业的问题。因此，数字经济得以在战“疫”中韧性“补位”的内在逻辑在于，中国经济在疫情冲击下，既有的经济运行模式依托数字经济找到了解决方案。这种解决方案，是“补位”，更是一种价值“赋能”。

7.2 服务业数字化转型释放巨大产业红利

疫情终会过去，但“数字生活”定会是现在时、将来时。坊间流传一句话，疫情过后，留下来的企业都已经数字化了。换句话说，不是你愿不愿意数字化的问题，而是你不得不选择走数字化的道路。

当然，疫情只是一个诱因，倒逼企业主动推动产业数字化。而更重要的在于，从产业的内部需求和发展阶段来看，已经到了数字化的“分水岭”。原因很简单：当时代已经不可逆地进入数字化时代，当产业的上下游已经数字化了，当用户群体已经数字化了，你的企业还不数字化吗？不数字化，势必贻误发展机遇。通过产业数字化转型，可以推动企业找到新的增长方式。

企业作为市场主体，是最务实的。产业数字化带来的利益，永远是企业最现实的内部驱动力量。产业数字化带来全新的商业模式，一个“双 11”，让万千企业为之疯狂。有的企业“双 11”一天的营收可以抵上半年营业额，这样的数字化所产生的力量超乎我们的想象。

对于量大面广的服务业而言，其数字化转型的意义不容小觑。根据国家统计局 2022 年 4 月的数据，服务业已是我国经济的第一大产业，服务业增加值占国内生产总值的比重达到 56.6%，但其中只有相当小的部分完成了数字化转型，还有相当比例的服务业没有数字化！如果说，数字化是下一个十年的红利，那么这个巨大红利将主要蕴于服务业的数字化转型之中，其带来的势能不可估量。未来，服务业数字化转型主要从两大方面带来广阔市场价值。

一方面，利用数字技术进行全方位、多角度、全链条的改造过程，实现传统服务业的数字化、网络化、智能化发展，不断发挥数字技术对业态的放大、叠加、倍增作用，最终将促进服务业提质增效、健康发展。这也是满足人民日益增长的美好生活需要的内在诉求。

另一方面，从生活服务、商家经营的覆盖面来看，我国广大的中西部地区，老龄化群体以及数量庞大的三四五线城市居民，同样有现实的数字化服务需求，但针对他们的服务业数字化程度还远远不够。因此，从服务业数字化普惠的角度看，中国仍然有广阔的市场空间。

毫无疑问,电商网购、在线服务等新业态在抗疫中发挥了重要作用,要顺势出台支持政策,全面推进“互联网+”,打造数字经济新优势。当然,服务业线上、线下割裂,线下服务数字化难度大,依然是服务业数字化转型的主要“痛点”。服务业数字化转型的切实推进,有赖于依托互联网技术去消弭时间、地域鸿沟,这一进程,在疫情的催化下得到了加速,但离预期目标还有很大距离,我们还有很多“作业”需要好好去做。未来,推动服务业的数字化转型,需要在多个方面积极作为。

首先,要因势利导,最大限度发挥数字生活服务平台的优势。在抗疫期间,有着强大数字技术支撑的数字生活服务平台让服务业数字化的应用直接触达到个体,为常态化防控疫情提供了有效的解决方案。比如,创新性地推出并普及“健康码”和“消费券”两大产品模式,进一步拓展了小程序生态,为长远的数字化服务、数字化经营奠定了基础。如今,“无绿码不出行”,健康码已经成为全民标配,不仅是疫情时期的数字化健康证明,更在复工复产大潮中扮演了重要角色。

疫情防控以来,无论是健康码还是消费券都是政府参与、为刚需场景而开发,通过打造“一站式数字生活服务平台”,让许多过去不懂互联网、不善用互联网的商家和用户,都纷纷“触网”“上线”,大量中小微商家涌入,成了覆盖下沉市场的大风口。

其次,要着力解决数字化服务的创新型人才紧缺问题。新的业态,需要新的人才供给。为适应新的业态发展和市场人才需求,人社部、市场监管总局、统计局会分批次公布新的职业。从长远来讲,需要深化校企合作、政企合作,通过建设企业大学、企业培训基地等方式,鼓励高校尤其是商学院根据市场人才需求,开设相应的培训课程,通过推动企业深度参与高校课程设置、实训课程开发等方式,培育既精通技术又熟悉经营管理的数字化服务领军人才。激发行业协会、培训机构、咨询公司等第三方组织在数字化服务人才培育中的作用，适度将资格评定、继续教育、国际交流合作等工作交给第三方专业组织承担，促进政府规制和行业规制有效结合的数字化服务人才培育体系的形成。

再者，要加强对服务业数字化转型的政策支持。比如，可以成立服务业数字化发展基金，推动各级政府产业基金按照市场化运作方式，与社会资本合作设立相关的投资子基金。此外，还可以探索加强服务业数字化转型领域用地、用能、排放、创新等要素资源优化配置和保障。

7.3　“宅经济”下服务业升级对我国经济意义深远

在新冠肺炎疫情影响下，我国经济遭受冲击，尤以第三产业为甚，餐饮、旅游、影院、酒店、会展、培训等行业面临诸多困难。然而，暗淡的疫情背景下也折射出新的“亮光”：服务业供给方式的数字化替代带来了另一种增长，依托数字化的在线零售、医疗、游戏以及物流快递等行业逆势上扬。

如果说，十九年前的“非典”疫情加速了中国零售业的数字化进程，这次的新冠疫情则为中国服务业的数字化升级按下了快进键。最直观的是，生活服务业新模式得以加快发展：线下向线上“迁徙”，企业自主开发数字化平台或者与大电商合作，通过互联网进行业务拓展、客户沟通、订单达成、物流和配送管理；服务的标准化、集约化程度大大提升，“一对多”的中央厨房快速发展，标准化的生鲜配送、半成品配送迅速增长；行业融合互助，行业、企业和商户之间抱团取暖；全面推广无接触消费。国家商务部对疫情期间生活服务业数字化新趋势给予了充分肯定，明确指出，要积极推动生活服务业的数字化建设。

服务业数字化的价值充分彰显

疫情期间，如果没有数字化服务平台，“宅生活”将无法想象，正是有了在线买菜、送药、购物、代缴水电煤费用以及在线问诊等数字化服务供给，全民自主居家隔离的抗疫“统一战线”才得以形成。

与此同时，在抗击疫情的过程中，服务业数字化也发挥了不可或缺的作用，比如疫情信息传递、口罩的发放以及与确诊者的同乘查询等，数字化平台服务很好地提供了解决方案。可以说，疫情让服务业数字化的应用直接触达到了广大个体。

商家对服务业数字化的价值认同更为深刻。对于本身有数字化服务渠道的商家而言，此次疫情冲击可以更坚定其发展数字化服务的方向，比如某些生鲜品牌，平时是线上线下多渠道运营，疫情使得线下运营难度加大，但通过线上渠道仍可服务消费者。而对于那些只关注线下，没有布局数字化服务的商家，疫情期间就特别难熬，虽然消费者的需求还存在，但与消费者的渠道阻断了，只能“望洋兴叹”。在这种情况下，随机应变越快、拥抱数字化越快的企业，熬过“冬天”的可能性就越大。更多消费者和商家意识到：没有服务业的数字化，生活服务的质量将没法得到保证，商业活动也会受到限制，盈利能力也将大打折扣。

疫情改变不了我国经济发展向好的基本面，越过“冬天”，疫后经济将重新回归良性发展轨道，在此过程中，服务业数字化将扮演重要的引擎角色。服务业已成为我国经济第一大产业，可以预见，如果未来服务业完成数字化升级，其带来的巨大势能将无可限量。这是我国经济发展的一个长期机会，也是企业发展“谋长远”的价值追求。过去几十年，我国先后经历了零售业数字化、制造业数字化、城市治理数字化，下一个阶段必然迎来服务业数字化。

服务业数字化升级乃大势所趋

“服务升级”，要更多依靠市场机制和现代科技创新推动服务业发展，推动生产性服务业向专业化和价值链高端延伸，推动生活性服务业向高品质和多样化升级。

不管有没有疫情，服务业数字化升级都是我国服务业高质量发展的既定战略。疫情的发生，只不过让人们意识到了推进服务业数字化升级的紧要性。从市场的角度看，消费者和商家对服务业数字化的需求是内生性的，不是仅因疫情而产生的临时选择，疫情过去之后，这种内生性需求将强劲驱动服务业向着数字化方向发展。而在疫情期间做的服务业数字化业务，无论是存量还是增量，都有助于扩容服务业数字化用户并形成用户习惯，比如在线医疗、在线会议等。

服务业尤其是政府服务供给方式的数字化，已经推进了一段时期，也取得了不错的效果。但和产业结构调整的预期相比，服务业数字化还远远不够。一方面是“普惠度”不够，对于特定人群、特定区域，比如老年人、三四五线城市的居民，这个群体同样有使用数字化服务的需求，但针对他们的服务业数字化程度还不高；另一方面，即使在服务业数字化相对普及的一二线城市，也存在着资源分散、数据割裂且封闭的情况，各类服务分散在各种 APP 中，居民需要下载或关联多个服务提供者，这无疑是服务业数字化的另一种重复建设。

因此，打通数据壁垒，共享网络资源，提升服务效率，打造“一站式数字生活服务平台”成为服务业数字化升级的内在要求。

打造服务业数字化“新基建”

从政府管理、城市治理到企业运营，整个中国社会经济体系在疫情中学会了在线上协同办公，诞生了诸多 SaaS（软件即服务）化软件。这既大大提升中国各层级、多领域的服务效率，更让服务业数字化升级发展的理念深入人心。

应该说，数字化服务成了抵御疫情冲击的坚实力量。其中，数字化服务领军企业的表现更是可圈可点。比如，疫情暴发后，支付宝第一时间推出“疫情服务直通车”专题页面，连夜为全国医护人员设立“健康保障金”，紧急成立全国赴湖北医疗队生活物资保障组，推出“健康码”助力各地分类复工复产。

打造一站式数字生活服务平台，是服务业数字化升级的时代使命，而机遇总是垂青有准备者。早在 2008 年，支付宝就以在线缴水电气费率先开启了服务业的数字化，现在有超过一半的用户用支付宝，是为了使用各种服务。原来支付宝给大家的感受更多是金融支付工具，随着更多的“吃喝玩乐”数字生活融入，支付宝已悄然“变脸”。其“变脸”的核心是把积累了多年的能力，进一步赋能给广大的服务业商家，助力他们实现数字化转型。

实现我国服务业数字化升级，需要千千万万合作伙伴来一起推动、共同建设。未来，更多的服务业数字化“新基建”将为推动服务业高质量发展提供新动能。我国服务业也有望通过数字化升级实现弯道超车，跨越式发展为互联网时代服务业的新范式，为疫后我国经济的腾飞注入新力量。

7.4　数字经济的未来在于与实体产业价值共生

随着互联网和数字技术的快速发展，一大批有影响力的数字经济企业应运而生。这种基于互联网数字技术，由数据驱动、平台支撑、网络协同的经济活动单元构成新的经济关系，它联通参与交易的多个特定群体，为之创造互动机制，满足所有参与者的需求，为主要价值创造者贡献盈利的商业模式。比如，在产业互联网、社交网络、电子商务、第三方支付、搜索引擎、在线游戏等领域，既有专注深耕某一单一领域、构建独特生态圈的企业，也有跨多个领域的大平台、复合型平台企业。数字经济发展极大方便了居民经济社会生活，提升了运行效率，在更好满足消费需求、促进新旧动能转换、推动经济高质量发展等方面发挥了积极作用。

特别是疫情暴发以来，数字经济顺势成为引领经济增长的新引擎。“宅经济”、“云办公”、线上课、在线问诊、VR 看房……一时间，数字化成为一切产业的“必选项”，人们的衣食住行都与平台发生着经济关系。

然而，任何事物的发展都必然遵循某种定律和边界，诚如列宁告诚的,"真理只要向前一步,哪怕是一小步,就会成为谬误"。好的事物,如果出轨或偏离航向就会导致熵值增加,甚至适得其反。对数字经济而言,从其异军突起到被诟病为"内卷化"竞争,一个绕不过的问题逐渐浮出水面:如何守正创新、行稳致远?

实体经济是互联网平台的源头活水

平台经济是数字经济时代的典型代表。近年来,我国平台经济快速发展,在经济社会发展全局中的地位和作用日益凸显,同时也存在一些突出问题。在推动技术和产业变革朝着信息化、数字化、智能化方向加速演进的同时,其"另一面"诸如"霸王条款""二选一""大数据杀熟""价格歧视"等竞争乱象也愈演愈烈。资本纷纷涌入各大平台机构,如果任其野蛮生长,不仅危害消费者权益,还会抑制企业创新,推高市场成本,甚至有可能导致系统性风险。平台经济的规范和发展问题受到学界和公众的空前关注。

2021 年《政府工作报告》提出,国家支持平台企业创新发展、增强国际竞争力,同时要依法规范发展,健全数字规则。《报告》还要求平台经济坚持发展和规范并重,建立健全治理体系,促进公平竞争,防止资本无序扩张。一段时间以来,有关部门陆续出台监管举措,从构建新发展格局、推动高质量发展的战略高度出发,完善公平竞争制度,改革市场监管体制,推进高标准市场体系建设,特别是针对一些平台企业存在野蛮生长、不正当竞争行为等突出问题,依法进行了查处,有效防止了资本无序扩张,市场公平竞争秩序稳步向好。

2021 年 10 月 26 日,商务部、中央网信办、发展改革委联合发布《"十四五"电子商务发展规划》,赋予电子商务推动"数字经济高质量发展”和助力“实现共同富裕”的新使命，明确提出了“十四五”时期电子商务发展目标和2035年远景目标。《规划》提出聚焦电子商务连接线上线下、衔接供需两端、对接国内国外市场的功能定位，更有效地服务构建新发展格局，在强调创新驱动、鼓励新模式新业态蓬勃发展的同时，坚持底线思维，促进公平竞争，强化反垄断，防止资本无序扩张。这无疑为平台经济的未来发展指明了方向。

有一种“稻草理论”，简单来说，稻草丢在大街上，就是垃圾；绑在大白菜上，可以卖白菜的价格；绑在大闸蟹上，就是大闸蟹的价格……这形象地说明了价值共生的关系。平台经济与实体经济的关系是同样的道理。实体经济不行，平台则失去源头活水；实体经济欣欣向荣，平台才能借数字技术赋能进一步做大蛋糕。

数字经济的未来在于“脱虚向实”

一个共识已经深入人心：数字经济本质上是一种市场工具，发展数字技术是手段，而不是目的，根本目的是要通过数字经济的链接效应和数字化赋能，激活整个产业，最终推动实体经济高质量发展。要而言之，数字经济的未来是“脱虚向实”，与实体经济深度融合，发展新型实体企业。

数字经济的初衷是给市场供需各方“搭桥”“输血”助力，其根植于上下游产业链的实体经济中，“分一杯羹”而食之。从底层逻辑看，数字经济的收益来源于产业链中实体经济所创造的利润。归根结底，只有真正让实体经济发展起来，产业生态各方才可能共享发展成果。因此，数字经济的重要功能是要血脉畅通，否则就会产生“梗阻”，或变“输血”为“抽血”，从而损害整个肌体的健康。

数字经济通过“实打实”助力实体企业增长，“脱虚向实”成为未来发展方向。当前，许多传统行业的“痛点”在于价值链条过长，一环扣一环，有着较复杂的上下游供应链结构，从采购、研发、生产、销售、市场、物流到售后等，环节众多。由于周期跨度较长、流程烦琐，企业为了提高效率往往选择其中某个环节进行精益化生产，生产完之后再交给接续的下游环节，一层层流转，形成闭环。这种链条式的产供销流程会导致信息传递效率低，客户反馈速度慢，协同性不高，整个行业过于强调标准化而难以满足用户的个性化需求，导致行业内形成了一种“各自为政”的散乱局面。这种传统模式显然无法适应当前的发展需求，完全可以在信息更精准匹配之下趋于优化，这正是数字技术企业大有可为的空间。

平台型企业可以对产业链、供应链进行整体性把握，实现价值链的全流程管理。比如，针对性削减或压缩链条上的低效环节，实现“去中介化”，让供需双方直接对接，大大提升了供给侧的反应速度，有效降低交易成本。另外，还可以开展供应链金融业务，为优质实体企业创新融资渠道和方式，降低融资成本，如应收账款融资、仓单质押融资等。

当数字企业越来越多地实质性参与实体经济价值创造，在某种意义上，它已经发展成为一种“新型实体企业”。

“新型实体企业”助力实体经济发展

并不是所有的数字技术企业都能深度参与实体经济的价值创造。那些深耕产业链、供应链的新型实体企业，往往是新产业、新业态、新模式的成熟代表，它们持续推动技术创新，拥有卓越的数字能力，可以有效带动供应链上下游的企业实现数字化转型和网络化、智慧化发展。

这些新型实体企业不管是依托数字经济起家，还是由传统实体企业数字化转型而来，它们之所以能“盘活”供应链，盖因有三大共性特征：一是具备实体企业基因属性，直接承担商品和服务的生产、流通任务；二是具有数字技术创新能力及丰富的场景化应用，依托数据资源和技术禀赋优势，改善自身经营效率，并引领相关领域的数字化升级；三是具有“基础设施运营商”的实力，能够在工业生产、商品流通、信息通信、民生保障等领域，建立技术赋能、普惠共享的生态底座。

近年来，一大批拥有传统实体基因、同时具备强大数字技术和能力的“新型实体企业”脱颖而出。2021 年 10 月，中国企业评价协会发布的《新型实体企业 100 强》测评结果显示，华为、京东领跑百强榜，一同上榜的还有京东方、大疆、宁德时代、药明康德、北汽、比亚迪等企业，行业类型涵盖智能制造、信息技术、智慧能源、智慧医疗、智能交通等众多新兴产业领域，同时也包含了伊利、洋河、陕鼓集团等一批传统行业中推进数字化转型升级的领先企业。

不难发现，这些新型实体企业除了具备数字化、网络化、智能化的核心竞争力，还有两方面突出特质。一方面是“厚重”感，重固定资产投入、重人力资源配置，建设了大量的社会化基础设施。正是这种“厚重”，为新冠疫情冲击之下我国经济稳增长和防风险提供了坚实支撑。另一方面，强调“科创”。无一例外将科技创新应用视为企业发展基石，重视通过数字科技、基础材料创新，推进“强链补链”与节能降耗，赋能全产业链供应链资源优化配置。

其中，又以京东最有代表性。与许多互联网企业相比，京东曾因“太过笨重”而格格不入，曾因打破产业边界、推动全方位无界合作而存在隐忧，曾因在智慧供应链上不断投入而面临财报压力，也曾因包揽起了传统行业采供和代理商职能而遭遇挑战，但正是这种扎扎实实的“打法”，使京东逐步具备了领跑新型实体企业的实力。

国家“十四五”规划指出，“坚持把发展经济着力点放在实体经济上”，强化基础设施支撑引领作用，构建实体经济、科技创新、现代金融、人力资源协同发展的现代产业体系。如此，大力发展像京东一样兼具实体企业基因属性、数字创新能力的新型实体企业，将成为推动数字经济和实体经济深度融合的重要力量，势必在双循环新格局中发挥巨大价值。

7.5 流量经济的“隐忧”

现在，但凡走在大街上，看到有人在手机前“妖娆”比划，或者是咯咯而笑，大概率是在玩抖音。

诺贝尔经济学奖获得者丹尼尔·卡尼曼说过，人们更倾向于直觉式的“快思考”。这意味着简单易懂的内容受欢迎。简单易懂的取向，使得人们沉浸式参与内容生产与传播成为可能。这应该是抖音们成功的重要因素之一。不过，当我们撇开五花八门的内容本身，深究一步，则可以看到背后更为关键的肌理：算法，以及由此带来的流量。

算法，通俗一点讲，就是“投其所好”的推荐机制。平台可以掌握浏览者的偏好，比如根据你在某类视频停留的时长来判断你的兴趣点，从而不断推送给你感兴趣的内容。这种追踪“诱导”的目的，就是持续吸引注意力，使你停不下来。千千万万个“你”汇聚起来，就形成流量,流量的背后是经济。

当今时代,不可否认“流量”的经济价值。数据已经明确作为一种新型生产要素,参与市场化配置。数据作为新经济时代的“石油”,其价值属性越来越得到市场的认同。

2021 年 2 月 5 日,快手正式登陆港交所,当天市值即突破万亿港元。显然,快手的上市不是孤例,前有抖音,后有视频号。这还只是反映短视频的流量价值,BAT 级别的互联网平台经济巨头的价值更是难以估量。

这恰恰是引发我忧思的第一个问题。我得出的判断是:流量经济,最终可能导致“不经济”。当然,需要说明的是,这里谈及的“流量经济”并非指经济学严格意义上的流量经济,而只是代称互联网时代平台流量所产生的经济、财富效应。

任何事物都逃不过“物极必反”的定律。当互联网兴起,以电商为代表的流量经济突飞猛进。特别是在疫情期间,在线经济更是获得了前所未有的增长。但是,当我们环顾四周,当所有商业模式最后全部趋同;当终端消费行为扎堆跑到线上,并且“接口”到有限的几个平台;当所有人群都挖空心思地考虑短平快的线上渠道与流量变现;当产业价值链已经严重非理性分布,线下生产、制造环节的价值被低估,线上流量被肆意炒作;更为严重的还在于,当社会的收入分配模式被彻底打乱,那些在屏幕前卖萌耍宝、直播带货的网红主播,靠收割流量就能年入千万,年轻一代谁还会把科学家、医生、教师等作为职业追求?

当资本市场都开始追逐短期的收益回报,那些需要数十年持续投入的基础科研项目,那些需要集体攻坚克难的“卡脖子”技术如何才能实现突破?答案不言而喻。

“不经济”,分为外部不经济和内部不经济。当个体经济活动水平高于社会需要的最优水平时，称为外部不经济；而当自身生产规模不合理造成边际效益下降时，称为内部不经济。无论从外部还是内部看，流量经济都具有一定边界，从目前的发展趋势看，其固有的“不经济”性已经开始显现，需要引起重视。

从外部看，正如前面所述及，过分发展平台型经济，有挤压线下实体类企业生存空间的风险。在产业价值链的分配中，如果产品销售端（尤其线上销售形式）权重过大，极易引发过分包装和虚假广告，由此可能导致形式大于内容，而核心的产品精益生产的高质量把控就会得不到保障，最终使商业生态受损，并出现集体“不经济”。

若把外部性的外延再放大，其负面性更不容忽视：网络消费保护及数据安全，就业岗位被批量取代，价值观的舆论导向，等等。至关重要的是关乎创新发展的问题。创新需要“耐得住寂寞”，守得云开方见月明。如果全社会都偏好眼前的短期利益，长期的“艰、难、险、重”得不到集体关注，那社会的创新发展就会变成一句空话。

另一方面，从内部看。流量比拼，已如火如荼。单以网络视频为例，疫情推动需求爆发，娱乐方式从线下向线上转移，网络视频流量持续高涨。根据中国互联网络信息中心数据，截至 2020 年 6 月，我国网络视频（含短视频）用户规模达 8.88 亿，占网民整体的 94.5%；其中，短视频用户规模为 8.18 亿，占网民整体的 87%；电商直播用户规模达 3.09 亿，占网民整体的 32.9%。“短视频＋直播”成为主流电商平台的标准配置，全民直播时代正加速到来。

人人皆触网直播，人人皆成为流量，行业繁荣的背后，风险如影随形。行业有周期，流量经济或许还处在红利期，但当人人奔着红利而来，一阵风呼啸而过之后，会留下什么呢？但愿，这一天不要来得太早。

7.6 “三问”区块链

区块链曾刮起寰球旋风：在 2018 年年初的世界经济论坛上，一众区块链领域的行业领袖、技术达人、创业先锋者们齐聚达沃斯，与全球政商界领导人共同探讨这一技术对全球经济和社会发展的影响，区块链技术更是被世界经济论坛创始人兼执行主席施瓦布认为是“第四次工业革命的关键技术”；央行行长易纲郑重发声，“正在研究如何发挥数字货币的正能量，让它更好地服务于实体经济”……在坊间，一个叫“3 点钟无眠区块链”的微信群在网上迅速“攻城掠地”，林林总总关于区块链的言论持续刷爆朋友圈、微信群。随之，各种“3 点钟区块链”群在全世界“分叉”兴起，有北上广深、香港澳门的，也有硅谷、巴黎的，日本、澳洲的，还有哈佛大学、麻省理工的，一时间形成无数个节点，涵盖各种社交网络形式。线下，“区块链”亦成为各大论坛、集会，甚至街谈巷议的话题。

狂热之下，尤需冷静思考。鉴于此，有必要对区块链的基本问题进行审慎探究。

一问：区块链价值几何？

《易经·系辞》有言：“形而上者谓之道，形而下者谓之器。”对于区块链的价值认知，总体上可分为“道”和“器”两个层面：道，是信仰层面，可以归为意识之流；器，是中微观层面，可谓技术应用。

第一，从“道”的层面认知区块链价值，需要宽广的历史视野。中世纪的欧洲，封建制是主流，城市是作为“法外之地”游离于封建领主之外的边缘地带，一开始不起眼的“城市”逐渐成为商人、手工业者、流浪者的乐园，资本主义得以萌芽。最终，城市在不可逆的历史潮流中发展壮大，商业文明开始成为历史的主流。在我国，自古以来，所谓“士农工商”，商排末尾，地位低下。在太史公的《史记·货殖列传》里记载：“夫用贫求富，农不如工，工不如商，刺绣文不如倚市门，此言末业，贫者之资也。”其中之意是，虽然商业能致富，却是末业，是贫穷者赖以生存的手段。当时对于商人的鄙夷之情溢于言表，与现今时下大力推崇的企业家及企业家精神有天壤之别。

这其实也是一种唯物史观。任何时代、任何概念，都处在动态的变化、革新中。目前来看，区块链起于草根、荒野，还未登大雅之堂，但是创新口子正在渐渐撕开，时代潮流，或快或慢，总是在向前推进。

区块链价值具有革命性的历史意义。从本质上看，当前某些权力机构，制度框架，几乎所有的交易场所、中介机构，都是某种中心化的产物，都是基于“委托信任”的方式存在。那么，当区块链“去中心化”、自建“共识生态”而重构互联网时，当今的既成格局和利益归属将大为改变。随着区块链技术在多个领域的应用落地，势必会在多个领域重新进行资源配置，这种调整和冲击将不可逆转。

第二，从与实体产业结合的角度，理性认识其真实价值。前段时间“区块链概念股”很火，中外科技公司纷纷“拥抱”区块链，许多传统互联网公司也入局区块链。资本市场一般出于主观偏好都会对新科技给予比较高的溢价，比如互联网技术刚出现的时候，只要抛个概念就会带来市场机会。但所有新技术在资本市场的表现有一个“经典资产泡沫价格曲线”，即一开始涨到最高点，然后遇到泡沫掉下来，之后再慢慢复苏。而在这样的曲线过程中,新技术慢慢接近其真实的价值。

区块链备受资本市场关注,有理性因素,也有非理性因素。理性因素在于:区块链技术的成熟程度进一步增加了,和产业的结合更紧密了。与前几年区块链技术主要应用于加密数字代币不同,这轮区块链概念股显示,区块链技术的应用集中在数字版权交易、供应链管理、供应链溯源等与实体经济结合紧密的领域。非理性因素在于,很大一部分人还是关注数字加密代币的应用及其投机行为。应该看到,区块链的应用场景要远远多于发行代币,未来随着和产业的结合,以及在推动实体经济中发挥作用,区块链的技术价值会越来越多地释放出来。

区块链技术作为一种技术创新,衡量其现实价值的一条重要标准在于:是否有实际应用场景?是否能促进实体经济的发展?任何脱离了实体经济的技术创新都没有任何意义。比如,如果区块链技术在金融领域的应用不为实体经济服务,只是进一步深化金融空转,那么这样一个技术就无任何意义。只有能够切实服务于现代化经济体系产业新生态的区块链技术,才能体现出更高的市场价值。

第三,技术落地的关键,是找对应用场景。综观而言,区块链技术的应用目前还处于一个探索期,概念性的东西更多一些,而实际落地的真实交易、真实项目还比较少。不过现在一些产业已经开始尝试使用区块链技术,区块链技术就可以和产业开始深度结合,目前基本能达成共识的是:在分享经济、供应链管理、数字资产管理这三个领域区块链应用能实现落地。而应用能否落地,其关键点是找对应用场景。其一,分享经济。分享经济的资源、资产呈现分散化特点,供求双方处于低信任的状态。其二,区块链技术适用于链条具有连续性的交易。

比如一些电商使用区块链技术进行供应链管理，实现所有商品可溯源、记录不可更改，以保证食品安全。其三，适用于高频交易的数字资产管理。以P2P网络借贷为例，区块链技术可以把借款人和出借人的行为记录都保存下来且不可篡改，低信任状态的双方可以通过区块链这一技术建立一个智能合约，使得双方对交易全程清晰明了，相关记录全程保存，大大提升违约难度。

区块链技术有很多应用领域，可以构建整个可信任的网络，应用于交易、存储、智能合约等。但是，区块链技术也不是万能的。我们拥抱新技术，对区块链技术持有良好预期，但也不能神话区块链技术。因为区块链是分布式数据库，应用场景有限，不是所有场景、每个行业都需要区块链技术。任何技术都有局限，技术最大的价值在于能够解决实际的痛点。所以，区块链未来的应用场景和需求应该能够真正解决一些实体经济产业发展的痛点，为实体经济装上“飞翔的翅膀”。

二问：区块链发展态势如何？

比特币只是区块链的一种应用，但比特币向世界演示和传播了其核心技术，即区块链技术。比特币之后一方面形成了各种复制比特币技术的“山寨币”和在比特币基础上形成的衍生产业，紧接着是以区块链技术为核心创建各种市场应用，最后是政府意识到区块链可以用于公证、投票和数据公开等，形成了各部门研究使用区块链的态势。

第一，应用众多，但不成熟。虽未有公认的说法，但一般认为区块链应用分为三个层次：区块链1.0主要指使用区块链产生货币并用于交易，是一套分布式网络应答协议和无法篡改的账簿系统；区块链2.0主要指去中心化的应用和去中心化的自治组织，是使用区块链建立各种市场机制，主要是应用于金融交易和智能合约；区块链 3.0 是指运用于其他方面，使用区块链管理和组织社会事务，比如房产登记证明等。当然，也有人提出分成两类，即区块链 1.0 这样的以代币为中心的称为币圈，其他区块链应用称为链圈。

币圈的应用除了比特币，有名的还有以比特币为基础提供智能合约应用服务的以太坊，以及各种其他类比特币等。市场机制中的应用包括类似于纳斯达克的 Linq 这样的证券交易、区块链保险、股票众筹等。另外，很多国家的央行（包括中国央行）都在考虑使用区块链技术发行国家法币。链圈的应用包括民间公证、奢侈品防伪、学位证明、投票系统、房产登记、音乐版权、艺术品防伪、遗产登记、工商登记等。

从应用的内容看也可以分成资金端应用、资产权益应用和价值之外的信用应用。资金端的应用除了各种类比特币及其上述的应用外，还包括票据等货币。票据市场有各类票据，原来很少的防伪来匹配很大的面额，这方面可能会出现相关应用。资产权益的应用包括以下几类：传统的资本市场，如股票、期货、基金、债券、理财等；大宗商品、贵重商品等；房契、地契等；各类积分；各种准金融，如供应链金融。价值之外的信用应用是非金融的，如美国犹他州开发的选民投票系统，可以做到区块链网络公布候选人信息，信息透明、投票结果不可篡改、投票结果可追溯以及选民匿名保护等。

正如互联网的发展，区块链发展也有一个逐步走向成熟的过程。区块链虽然看起来应用众多，但还没有出现大规模的商业生态，也没有出现杀手级的应用。

第二，并非欧美银行的投资重点。在投资领域方面，热门的区块链技术并非欧美大型银行的投资重点，美国银行机构逐步减少对区块链领域的投资，资本市场基础设施则成为欧美银行的投资首选，对资本市场涉及销售和交易以及通信的软件类企业加大投资力度。包括高盛、花旗、摩根大通在内的美国前十大银行在金融科技领域的投资均有所减少，投资领域主要集中在数据分析、基础设施、另类贷款和支付等方面。高盛、摩根大通和摩根斯坦利在宣布退出 R3 区块链联盟后，都在开发自己的区块链项目。

欧美大型银行积极拥抱金融科技，有三个特点值得关注：银行会优先投资那些能够满足其战略目标的技术，而不是“颠覆性技术”；银行开始从投资于外部金融科技企业，向同外部金融科技企业合作在内部开发金融科技平台转变；投资与合作主要受监管环境的影响。同美国银行机构类似，欧洲大型银行包括桑坦德、巴克莱、瑞银等都放缓了对金融科技企业的投资。同样，欧洲银行业大力投资基础设施领域，并非投资于热门的区块链技术。

第三，走向标准化。由于涉及大量可能的应用和需要大家认可的形态，除了通过开源以增进对某一程序的认可外，区块链生态系统首先要做的是底层协议的标准化。为了节约整个区块链生态系统的成本，标准是需要的。同时，由于记录的历史是写在区块链上的，一种标准一旦形成，要改成别的标准成本是很高的，也比较麻烦。

标准的形成需要先形成联盟。现在区块链联盟是比较松散的，成立联盟的成本也不高。这些成员有共同的诉求，比如增加互操作，成员之间可能业务上比较紧密，需要交换数据和相互转账。要共享区块链资源，就需要用同一套方法来记账。由于大型金融机构和一般企业的诉求不同，可能在标准的形成上有一个相互竞争或标准共存的时期。

标准能否活下来，一方面看这种标准是不是受到某种生态系统中的成员的认可，另一方面看联盟的核心方是不是足够强大。如果核心方能活下来，联盟就能活下来。在某一方面的应用中应该只会存活一种标准，如转移支付最后可能只需要一个标准就好了。就像互联网的HTTP 协议、TCP/IP 协议等，都是一系列的协议构成，而且不断演变。

三问：区块链监管何以必要？

如今，区块链概念被“热炒”，许多不明真相的大众混杂其间，甚至“街头大妈”也开始谈论区块链、炒虚拟货币。疯狂的背后，风险如影随形。

第一，存在主观投机风险。就区块链技术和应用创新的现状来说，本身还处于初级阶段，以比特币为代表的各种虚拟货币，目前仅仅是一种不具有大规模实际应用价值的区块链技术应用产品。以比特币为例，目前投入比特币的资金已经很多了，更可怕的在于，类似于比特币的加密货币种类越来越多，使得比特币的稀缺性不再，而稀缺性正是比特币价格的重要支撑。许多人为了短时间内获取更多的财富，都去开发属于自己的加密货币，然后转手卖给别人，用赚到的钱再去开发新的加密货币，导致新的加密货币品种不断涌现。据不完全数据统计，全球加密虚拟货币已有 1 600 多种！某位业内资深人士一针见血地指出其要害：“本质上是一场利用政策真空期，宣传造势，吸引韭菜的收割游戏。”按照“经典资产泡沫价格曲线”，假如把比特币价格走势套用到这个模型上，比特币的泡沫一旦破灭，谁又会是那批最倒霉的接盘侠呢？

美国投资界曾一度流行所谓的“零股理论”（Odd Lot Theory），又称“擦鞋童理论”（Shoeshine Boy Theory），是一种股市理论，意指当擦鞋童都在讨论股票投资的时候，就是股市交易达到最高峰之时，之后就会下跌。这种理论应该可以给当下的区块链热以警醒，区块链技术本身有很多应用场景，但它能够创造多大价值还有待观察，竞争的残酷性会使得行业面临大规模洗牌，最终其价值将回归理性。

第二，存在客观技术性风险。区块链作为当前金融科技的热点，虽然还处于行业发展的早期，但被认为是潜力巨大的变革性技术。区块链作为一项技术是有益的，有利于保护网络不受攻击，促进普惠金融、金融安全、信息透明和可追踪性，创造经济增长，降低税收欺诈等，可能会成为金融的基础设施，一定程度上说甚至具有颠覆现有金融运行模式的力量，不过在此过程中也会面临各种风险和各种金融监管的问题。

不得不承认，区块链技术存在诸多风险。首先是技术风险。就技术本身而言，区块链技术已暴露出不少问题，如51%被攻击的分叉问题、成本偏高、交易区块具有选择性等，这些问题迫切需要通过技术的发展不断修复和得以完善。其次是体系外的诚信风险。区块链技术本身和真实世界联通，但在实际交易过程中，如果有伪区块链技术公司打着区块链的名义，实际扮演超级管理员的角色进行敲诈，参与方将损失巨大。再次是网络性风险。如果黑客攻击交易所、破解用户密码，就可能进入到交易所个人钱包把虚拟货币转走。此外，还有可能出现网络堵塞，不同的区块被迫硬分叉，硬分叉的结果会导致整个网络体系受到质疑，其价值就会崩盘。

曾经，互联网技术勾连了各种物体间的关系，社交网络让我们的沟通触手可及，电子商务重构了人的商业行为，网络支付加速了金融服务效率，共享经济提升了资源利用价值……如今的区块链技术，正以其强大的创新优势，不断突破，成为新时代的“宠儿”。作为一个非常有前景的技术创新，随着区块链行业发展的深入，监管层必定会对区块链技术和有价值的应用创新给予激励和支持，将随着行业的发展逐渐释放出一些促进政策。但是，又正因为客观风险的存在，区块链监管即成为必要。

区块链技术极具变革性，这一技术将对现有的金融生态产生重要的影响，并由此产生相应的风险和监管的问题，监管当局应该在立法、规章和监管方式上不断做出调整。由于区块链技术较为复杂，涉及密码学、点对点通信、分布式存储、经济激励机制、开源生态等，如何进行监管值得深入研究，但就总体原则而言，金融监管部门应该抱支持态度，对引入的新的问题要关注、跟踪并随时在监管规章和管理方法上做出调整以适应区块链技术可能带来的变革。

第三，监管有宽容空间，更有防控底线。目前，主要是对数字货币的监管，没有针对区块链的监管。比特币起源于美国，一开始只是小范围使用并没有引起政府重视，但美国联邦调查局发现“丝绸之路”网站使用比特币进行毒品交易，监管由此得到重视。2013 年美国金融犯罪执法局签署文件要求虚拟货币运营商需要和正常的货币运营商一样进行注册和汇报交易记录等；纽约提出了使用数字货币的牌照进行监管，税务部门把比特币定性为一种资产，对其利得加以课税。

同样早在 2013 年 12 月，中国人民银行等五部委即联合印发了《关于防范比特币风险的通知》，认为比特币不是由货币当局发行，不具有法偿性和强制性等货币属性，并不是真正意义上的货币，并且提示公众应该注意虚假商品和虚假货币的投资风险、金融机构应防范洗钱风险。

未来，区块链监管有宽容的空间，但也绝对会有严格防控风险的底线。区块链是全球化的网络，直接触及用户端，而且很容易与金融相结合，参与者通过持有虚拟币或积分等参与到区块链体系中，如果使用范围不断扩大，就会增加系统性金融风险。因此，基于消费者尤其是金融消费者权益保护的底线，未来区块链技术在务实推进技术真正落地应用的同时，尤应重点防范区块链被炒作为 ICO 工具，避免区块链沦为直接诈骗、非法集资、地下黑市的“加工厂”。

当然，对于区块链的监管也不能“因噎废食”。纵观中国近年来的创新经济发展，不难发现，创新经济发展得好不好，在一定程度上取决于能否平衡好创新和风险之间的关系。在这个意义上，区块链监管就是要把作为底层技术的区块链应用好、发展好，把打着区块链幌子搞非法勾当的应用抑制住、清除出去。诚然，区块链在资本市场上表现的价值存在不同程度的泡沫，不过我们也应该意识到，互联网技术兴起时，同样存在很多泡沫，但最终也孕育出了 BATJ（百度、阿里巴巴、腾讯、京东）这些好的企业。因此，不能因为区块链项目有泡沫，就一棍子打死，而是要加强监管能力，有效甄别，以“扬弃”的态度对待区块链技术。

7.7　把握移动支付的“快”与“慢”

时下，人们常说金融科技极大地影响了生活方式和消费方式，其实对于普通大众而言，这种影响在相当程度上是由“移动支付”带来的。不可否认，近年移动支付以强劲发展之势，深刻地重塑、冲击着产业格局，人们的消费支付习惯偏好也发生了改变。在一定意义上，在移动互联的时代，“互联网＋”越来越演变为“移动支付＋”。由于移动支付产业的发展似乎过于迅猛，甚至大有“单兵突进”的味道，许多新的问题也相伴而来。比如，风险监管、金融消费者权益保护、数据安全甚至包括金融科技伦理等问题日益引发人们的关注。

当国内互联网金融纷纷转向金融科技之后，特别是信息技术与金融创新实现交融式发展之后，如何客观审慎地认识和把握这种跨行业、跨地域、跨学科的新兴产业的发展趋势，变得越来越重要。未来移动支付如何在动态平衡中寻求稳健发展之道，是一个绕不开的问题。概而言之，未来移动支付产业的发展，需要在“快”与“慢”中寻求平衡，处理好“效率”与“安全”的关系。

移动支付的最大显性价值是提升支付效率和便捷度，但前提是要安全可靠。效率提升是一种“快”，安全性要求是风控，是要基于审慎原则的“刹车”“降速”。效率问题较直观，容易理解，相对而言，安全性问题则需要倾注更多关注。否则，一味踩油门，会有翻车之虞。安全性大致有两个重要方面，即技术和业务。技术安全和业务安全能否得到足够的重视，能否得到很好的解决，将影响整个支付产业的发展。

从技术角度看，移动支付需要依托手机等智能终端载体，因此移动支付的安全性在很大程度上取决于手机作为载体的移动网络的安全性，特别是对远程支付、跨境支付而言。现实生活中，移动支付在技术上已经暴露出不少安全问题。比如，大量手机支付类病毒频繁爆发，给用户支付安全造成严重威胁。再比如，诈骗短信、骚扰电话也造成了一定的手机支付风险。客观地讲，技术性风险总是存在的，未来移动支付产业的健康发展，实际上有赖于其坚实的安全性技术支撑。安全产生信任，而信任是移动支付的基石。

从业务层面看，目前仍然缺乏统一的、被广泛认可的支付安全标准，而且与传统支付形式相比，用以规范移动支付的政策法规有些滞后，法规的约束跟不上业务创新的步伐，导致监管“真空”。虽说我国已经出台了有关互联网金融的政策性文件与规范，如 2015 年 7 月人民银行等十部门发布了《关于促进互联网金融健康发展的指导意见》，其中专门提及“互联网支付业务由人民银行负责监管”，这对移动支付起到一定的规范作用，但显然远远不够。长期以来，移动支付的监管实际上处于缺位或“各自为政”的状态，“安全”的监管漏洞需要一个个补上。大致看来，我国移动支付领域的立法还存在三个缺失：一是没有统一专门立法，各种法规规章分散在不同部门、不同层级；二是法律层级和效力不高，其效力低于法律和行政法规；三是法律法规大多以行政法律规范为主，“行政性”色彩浓厚。

加强对移动支付的监管，是寻求“快”与“慢”平衡术的重要方面。监管趋严之下，技术含量低且同质化问题严重的小企业将逐渐被淘汰，行业集中度将提高，竞争力将得到提升。从这个意义上讲，监管导致的“慢”，从长远看是追求高质量发展的另一种“快”。当前，我们也注意到，在强监管的作用下，支付机构虽然业务面临挑战，但新的生机也得到发展。特别明显的是，新技术的应用、新场景的融合，让一些传统的金融业务有了焕发新生机的可能，移动支付的发展将越来越稳健，而这一趋势将在未来越发明显。当然，我们要警惕出现寡头垄断的苗头。在我国的移动支付业务中，支付宝和财付通已占据市场的绝大部分份额，形成某种事实上的市场垄断，因此要在行业生态建设上多做文章，一方面需要领军企业的竞争力，另一方面也需要给创新型企业发展的土壤、空间。

放眼未来发展趋势，移动支付产业将在“快”与“慢”平衡中呈现出三大特点：

其一，“野蛮生长”的时代已经过去，移动支付市场进入规范化发展阶段。从短期看，受监管趋严的影响，主要支付企业的盈利能力将受到冲击；长期看，只有大企业才能有效应对和化解监管风险，行业资源会进一步集中到头部。未来，移动支付产业的竞争力，越来越依托于支付科技的能力，技术领先的企业将在新一轮竞争格局中胜出，而这种技术领先优势主要取决于兼顾支付效率与支付安全的可靠性。

其二，传统金融机构纷纷进军移动支付市场，新的市场格局有望形成。传统金融机构有强势的制度背景支撑，比如银联和传统商业银行，可以通过与实体商业结合探索出新的移动支付发展模式，有机会打破现有支付宝、财付通双寡头称雄的市场格局。目前，最"亮眼"的莫过于央行数字货币，有国家主权信用背书的数字货币如果得以大规模应用，必然会吸引大规模的金融消费者使用，经过一定的市场教育和培育周期，假以时日，央行数字货币的使用流量将完全有可能超越第三方支付机构。从金融消费数据安全的角度来讲，这种发展趋势也是可取的。对于普通金融消费者群体而言，金融消费数据掌握在央行系统显然比民营市场机构更为安全可靠。当然，这里也有一个平衡的问题，如果"国家队"取代"民间队"，需要重点考虑的是如何更有效地激发支付市场的创新活力。

其三，跨境支付成为第三方支付机构角逐的重要领域，技术安全仍是竞争关键因素。如今，支付宝、财付通两大巨头都开始掘金海外支付市场，如国内游客出境游热门目的地日韩、东南亚等地。不过，在第三方支付机构吃透中国出境游客红利后，要实现真正业务版图的国际化增长，关键在于支付业务海外的本土化战略能否取得成功，而海外的监管规则和制约环境更为复杂，不确定因素更多，挑战更大。特别是境外金融业务发展到一定体量又会在某种程度上威胁国家金融安全，这又需要在新的平衡中谋求产业的稳健发展。

7.8　我国新经济发展的重点领域及趋势

新经济已是拉动我国经济增长的重要力量。近年来，移动互联网日渐普及,在线支付、社交、出行,以及移动电商、共享经济、短视频、网络直播、远程教育等成为生活常态。大数据、人工智能、5G、云计算、区块链等新技术迭代升级,加速应用于各行各业,从消费互联网到产业互联网,新经济在我国迅速崛起,各行业百花齐放。

为应对新冠肺炎疫情对经济社会造成的重大冲击,我国新经济顺时应势异军突起,大量线下活动转至线上,激活了教育、医疗、零售等行业庞大的在线市场需求,为疫情防控和复工复产提供了有效支撑与保障,成为对冲经济下行压力、推动高质量发展的新引擎。当前,新技术应用持续升级,新业态发展日益规范,新商业模式赋能企业生态,我国新经济驶入发展快车道。

新技术应用持续升级

人工智能发展势能强劲。人工智能在我国医疗、金融、交易、零售等领域的应用越来越广泛。根据国家工业信息安全发展研究中心数据,截至 2019 年,我国人工智能专利申请量累计超过 44 万件,人工智能专利申请数量居世界第一,其中计算机视觉技术专利数量占比最多,比重达 34.04%。随着我国人工智能技术的发展,我国人工智能企业在国际上也占据重要地位:在 2019 年胡润全球独角兽企业排行榜中,共有 40 家人工智能独角兽企业上榜,其中美国企业 20 家,中国企业 15 家。作为我国深化供给侧结构性改革、推进数字经济发展的重要技术,人工智能已被纳入国家发展规划,应用势能强劲。2017 年 12 月,国务院出台《新一代人工智能发展规划》,确定了"到 2020 年人工智能总体技术和应用与世界先进水平同步;到 2025 年人工智能基础理论实现重大突破;到 2030 年人工智能理论、技术与应用总体达到世界领先水平”的战略目标。北京冬奥会、大兴国际机场、杭州城市大脑等具有代表性的综合应用场景成功落地，人工智能应用形式日趋多样化。2020 年 7 月，世界人工智能大会（WAIC）云端峰会在线上举行，探讨了 5G 时代人工智能的全新应用，展望 5G＋AI 赋能下的智能互联未来。人工智能与大数据、云计算等将成为未来推动我国经济发展的重要技术，人工智能发展势能强劲。

5G 商业化进程加速。5G 凭借“大宽带、大连接、高可靠、低时延”的特点，为移动互联网、工业互联网、车联网、金融科技、智慧医疗等垂直行业应用场景提供可靠的信息交互支持。2016 年，5G 建设上升到国家战略层面，国家工信部联合部分头部通信企业和研究机构全面启动中国 5G 技术试验；2018 年 6 月 13 日，国际标准化机构“第三代合作伙伴计划”（3GPP）正式批准冻结第五代移动通信技术标准（5G NR）独立组网（SA）功能，标志着首个完整意义的 5G 全球标准正式出炉；2019 年，工信部正式颁发四张 5G 商用牌照，三大运营商积极布局，在全国 50 多个城市进行网络部署和测试，对于 5G 商用化进程具有里程碑意义；2020 年 3 月，中国首个 5G 微基站射频芯片 YD9601 研发成功，为进入 5G 时代奠定了良好的技术基础。随着 5G 商用进程加速和技术提升，我国企业纷纷加大研发力度，主导或参与 5G 芯片的研发。随着新竞争者的加入，5G 芯片市场将形成多方主导的新型市场格局。

区块链成为重要基础设施。区块链作为多方共同维护的全程留痕、可以追溯的技术，被称为分布式记账技术，具有不可伪造、公开透明、集体维护等特征。近年来，政策聚力推动，巨头加速布局区块链，新型数字经济基础设施不断完善。2018 年 8 月，阿里云发布阿里云区块链服务平台（BaaS），为商品溯源、房产交易租赁、数字身份、数字内容版权、公益慈善、互助保险等应用场景提供技术支撑；百度开发的度小满金融区块链开放平台，拥有安全易用、性能优异、生态完备等优势，在资产证券化等场景有良好应用。作为未来产业和经济发展的重要基础技术，区块链受到了国家及各省市、各领域的高度重视。2019年10月，在中央政治局第十八次集体学习时，习近平总书记强调，“把区块链作为核心技术自主创新的重要突破口”，“加快推动区块链技术和产业创新发展”，“区块链”由此进入大众视野，成为社会的关注焦点。2020年6月，北京市印发《北京市区块链创新发展行动计划(2020—2022年)》；2020年9月，广东省印发《广东省培育区块链与量子信息战略性新兴产业集群行动计划(2021—2025年)》；2020年10月，深圳市联合中国人民银行开展了数字人民币红包试点，发放1 000万元数字人民币红包，数字货币开始走进生活。区块链正成为金融、司法、供应链等众多领域的重要基础设施，场景应用逐步成熟：中国人民银行应用区块链技术理念发行的数字货币已经投入试点，各大银行应用区块链技术开展跨境结算等金融业务；杭州互联网法院、南京仲裁委员会、北京互联网法院等都已将区块链应用于司法实务当中；顺丰已与联想在农副产品溯源、可信供应商管理、采销协同、链上物流等方面展开技术合作，推动区块链在物流场景的应用……

新业态发展日益规范

金融科技创新与应用持续深化。金融科技经历了“金融电子化—互联网金融—金融科技”的发展阶段，底层关键技术不断突破，行业监管政策不断完善，金融科技逐渐成为推动中国金融发展的重要力量。2019年8月，中国人民银行印发《金融科技(FinTech)发展规划(2019—

2021 年)》,首次从国家层面对金融科技发展做出全局性规划。与此同时,5G、人工智能、云原生等关键技术不断演进,加速金融业数字化转型。监管机制不断健全,监管科技(RegTech)应用持续深化。2020 年 6 月,证监会新设科技监管局,承担监管科技研究实施等八大职能。金融科技主体类型不断丰富,呈现多元融合发展格局。截至 2020 年 11 月,中国人民银行陆续在深圳、苏州、北京、上海等地成立金融科技公司,涉及数字货币、区块链金融等方向;国有五大银行及大部分股份制银行均已拥有独立的金融科技子公司。我国金融科技生态体系逐渐成熟,头部企业以综合金融科技类为主。其中,上游底层技术:利用云计算、大数据、人工智能和区块链等新兴技术,变革金融业务模式;中游产品和技术支持:为金融行业提供支撑服务,包括客服、风控、营销、投顾和支付等;下游金融机构:包括银行、证券、保险、第三方支付、消费金融、征信以及综合金融科技等业务。

网络视频进入规范发展轨道。近年来,政府主管部门不断加强视频内容规范引导,行业逐步进入规范发展阶段,优质内容成为竞争关键。2020 年疫情推动需求爆发,娱乐方式从线下向线上转移,网络视频流量持续高涨。网络视频渗透率不断增强,多元化融合发展成为行业新趋势。长视频差异化付费渐成常态,短视频与电商、新闻等行业加速融合。近年来,爱奇艺、腾讯视频等平台开发了会员付费、超前点播等新收费模式,促进更多高质量内容产出。短视频能够生动展现产品,提升用户购买转化率,“短视频+直播”已经成为主流电商平台的标准配置。同时,长短视频融合发展成为行业新风口。在市场竞争激烈的态势下,长视频平台开始布局短视频业务,以谋求新增量。爱奇艺先后推出姜饼、锦视等短视频 APP,优酷与今日头条达成短视频内容授权合作。与此同时,以抖音、快手为代表的短视频平台开始探索长视频市场。

新能源汽车产业空间值得期待。为了提振新冠肺炎疫情影响下的新能源汽车市场，财政部等四部委于2020年4月23日联合发布《关于完善新能源汽车推广应用财政补贴政策的通知》，将原计划于2020年年底到期的新能源汽车购置补贴政策延长2年，并提出平缓补贴退坡力度和节奏。2020年11月2日，国务院印发《新能源汽车产业发展规划(2021—2035年)》，强调新能源汽车产业应该融汇新能源、新材料和互联网、大数据、人工智能等多种变革性技术，推动汽车从单纯交通工具向移动智能终端、储能单元和数字空间转变。资本成为产业升级的重要推动力。除传统车企入局之外，头部房产商、互联网企业等纷纷卡位新能源汽车产业。各行业头部企业的入场为新能源汽车产业发展带来资本的同时，也带来了可借鉴的理念以及技术，为产业转型升级与产业融合带来诸多可能性。目前新能源汽车市场渗透率较低，未来增长空间值得期待。根据中汽协数据，2019年1—10月，我国新能源汽车市场渗透率仅为4.59%，而根据《新能源汽车产业发展规划(2021—2035年)》，2025年新能源汽车渗透率预计将达20%左右，未来市场增长空间值得期待。

新商业模式赋能企业生态

直播带货成为电商行业新的增长点。全国电商交易增速放缓，疫情推动直播带货成为电商行业新的增长点。2014年移动支付技术的普及给中国电子商务行业带来爆发式的增长。然而，近年来电商行业增速逐渐放缓。据国家统计局关于电子商务交易平台的调查数据，2019年全国电子商务交易额达34.81万亿元，仅比上年增长6.7%。

2020 年新冠肺炎疫情来袭，“宅经济”迅猛发展，各行各业都开始通过直播方式为观众推荐商品，并在直播间实现交易。艾媒咨询数据显示，2019 年中国直播电商行业总规模达 4 338 亿元，2020 年达 9 610 亿元。据中国网络信息中心数据，截至 2020 年 6 月，电商直播用户规模达 3.09 亿，全民直播时代正加速到来。

线上线下一体化（O2O，Online To Offline）发展渐趋理性，持续赋能企业。疫情催生“宅经济”，为本地 O2O 行业注入新动能。在 2020 年初突如其来的新冠肺炎疫情影响下，O2O 业务发展加速，特别是聚焦于本地生活的 O2O 企业。以生鲜 O2O 为例，企业为居家隔离消费者带来便利，行业迎来新一轮爆发。互联网巨头对生鲜 O2O 的布局，同样驱动行业的高速发展。阿里、腾讯、京东等头部互联网企业，或通过投资手段，或自建生鲜平台，扩充生鲜业务版图，推动资源聚集与优质生鲜 O2O 平台的发展。移动支付、同城物流的高速发展为 O2O 渗透率的提升夯实基础。疫情加速了人们生活习惯与消费行为的变革，加之 5G 渗透率的提升、各类技术加速融合趋势明显，对 O2O 领域提出新挑战。因而，需要线上线下两手抓，推进本地 O2O 的纵深发展，抢夺周边流量的同时打造核心客户群体，拉新加裂变，构建企业核心竞争力。推动用户线上支付，线下消费或送货上门，串联起线下商家、在线平台以及消费者，形成 O2O 模式闭环。尽管市场环境瞬息万变，但产品与服务质量永远是行业不变的内核，亦是企业安身立命之本。

共享经济增速放缓，聚合模式备受关注。共享经济借助信息化平台整合多种资源要素，通过改变资源配置机制（如供给机制和市场交换机制）来盘活存量资源、提升供给效率。目前中国共享经济生态圈参与主体主要包括出租使用权、置换所有权、提供服务三类企业。随着共享经济的不断发展，其新模式成为服务业转型发展的重要推动力。新冠肺炎疫情来袭，一方面给许多中小型共享经济企业带来资金压力；而另一方面，激发消费者线上消费、绿色消费的需求，成为共享经济的一大机遇。“共享＋”和聚合等新商业模式备受关注。聚合模式是“平台的平台”，是指一个平台通过整合众多其他平台的资源，使得用户可以通过一个入口获得多家平台提供的服务。自 2017 年 7 月高德地图试水聚合模式起，百度地图、哈啰出行、滴滴、掌上高铁、美团打车以及携程等平台陆续采用了聚合模式。聚合模式在网约车领域成为新的竞争焦点，平台企业“共享＋”模式快速渗透。许多共享经济平台企业在深耕既有主营业务的同时不断探索与上下游及相关服务的创新融合。这种模式不仅能为用户带来更为多元的体验，也能为平台创造更多样化的收入来源。

随着内涵不断丰富，新经济未来必将迎来较大增量空间。一方面，新业态、新技术、新产业、新模式不断涌现，在一定程度上拓宽了新经济范畴；另一方面，传统产业与新经济加速融合，借助前沿技术进行转型升级，带来效率提升的增长红利，成为新经济发展的另一重要支撑。技术和数据成为新型生产要素，行业热点逐渐转向线下零售、企业服务、物流与供应链、B2B 等产业端，产业互联网未来可期。此外，在新经济领域虽然已有部分行业率先实现整体效率提升，但是用户需求与体验仍有优化的空间。比如，当前泛资讯行业已经进入用户的存量市场、时长的增量市场，优质内容仍然是稀缺资源，用户的多元化和差异化需求还有未被满足的空间。本地化、细分化、生活化、专业化内容成为泛资讯平台的竞争高地；教育服务、出行、新零售等行业仍有整合优化空间。与此同时，新经济市场经过结构性转变，进入了全新发展阶段，探索新的价值机会与增长动能将成为新经济市场主体的共同追求。

第八章

可持续性增长

以资源消耗和高环境成本为代价的经济增长方式已难以为继。绿色GDP的潮流已经来临。创新、协调、绿色、开放与共享是经济高质量发展的确定性方向。

8.1 抓住“牛鼻子”，推动“上海碳”成为国际碳

上海明确提出，努力在 2025 年前实现碳排放总量达峰，也就是说上海将在“十四五”期间实现碳达峰，比全国目标提前 5 年。2021 年 7 月，中国碳排放权交易市场（下称“碳市场”）正式鸣锣开市。这无疑将对全国乃至全球绿色与可持续发展带来重要的影响。这也是我国迈向“双碳”目标的坚实一步。“上海碳”也将同“上海油”“上海金”等一样，成为要素市场的一个重要“牛鼻子”。

十年磨一剑

2011 年 10 月，北京、上海、天津、重庆、湖北、广东和深圳等省市开展碳交易试点，2013—2014 年，七省市试点地区的碳交易市场相继开市。2016 年，福建碳市场启动，碳排放权交易试点地区扩展至八个。公开数据显示，截至 2020 年 12 月 31 日，我国各试点碳市场配额现货交易累计成交 4.45 亿吨二氧化碳当量，成交额为 104.31 亿元。

在推动碳交易试点的同时，我国也适时通过顶层设计构建国家绿色金融体系。根据央行发布的数据，截至 2020 年年末，我国绿色信贷余额已居世界首位，本外币绿色贷款余额达到 11.95 万亿元。我国绿色债券市场年发行规模保持在 2 000 亿元以上，2020 年达 2 786.62 亿元，截至 2020 年年末，绿色债券存续余额达到 8 132 亿元，位居世界第二。

经过近十年的探索磨砺，我国碳交易以及绿色金融市场已经取得

了一定成效。但从高质量发展角度来看，特别是“双碳”目标的要求下，未来需要进阶的空间还很大。比如，虽然近年来八个试点地区的平均履约率达到了 90%以上，但据研究观察，试点地区的交易活跃度和履约核查期相关性很大。换句话说，交易量似乎是迫于履约而进行的“被动行为”，内生性和活跃度均不够。而试点交易的活跃度不够，又进一步导致碳价偏低：我国的碳交易地方试点交易均价约为 23.5 元/吨，而欧盟碳市场交易价格已突破 50 欧元/吨。

应该说，我国碳市场体量很大，但整体上还处于初级阶段。与之相对应的，我国当前碳市场的金融化程度也有待提高。不过，关键在于，此前的试点实践，为接下来全面发展碳交易市场和碳金融市场，积累了宝贵的经验和教训，有助于切实提高碳交易市场的有效性和参与度。

“双碳”目标倒逼发展转型

在“双碳”目标的硬杠杆下，我国经济结构、能源消费机构、企业生产方式甚至居民的生活方式都面临改变和优化，而且时间紧、任务重，挑战可谓前所未有。

与此同时，这种倒逼也蕴含重大发展机遇。“碳交易”指的是二氧化碳排放配额交易。交易前，当地依据政府确定的减排总量，将排放权以配额的方式发放给企业等市场主体。碳交易赋予二氧化碳价格，势必影响企业资产价值及运营成本。这意味着，碳交易市场上线后，企业可能需要重新进行资产评估。在以前，企业追求利润，不怎么考虑减排。随着碳市场的开启，企业排放要付出成本，出于降本增效的动机，将自发转向低碳的生产发展方式。推动企业的转型发展，需要通过财政、产业政策等政府作为的手段，更需要激发企业自发的商业动力。

在某种程度上，依靠碳市场手段来实现减排目标，其约束力比行政手段的管制更可持续。一方面，市场倒逼一部分高碳排放的企业转型升级，提升技术以降低碳排放量。生产技术、工艺流程的改进和优化，将成为企业经济发展的实际考量。另一方面，碳配额交易市场决定着碳排放权的价值，碳交易本身即可为投融资渠道。配额交易创造出了碳排放权的交易价格，当这种交易价格高于各种减排单位的价格时，配额交易市场的参与者就会愿意在二级市场上购入已发行的减排单位或参与碳交易，来进行套利或满足监管需要。这种价差越大，投资者的收益空间越大，对各种减排单位的需求量也会增强，这会进一步促进绿色项目的开发和应用。

作为全球最大的碳交易市场，充分发挥市场调节及配置资源的作用，引导资本投入低碳环保领域，将极大推动我国绿色发展和可持续经济增长。此外，大力发挥碳市场价格及价值发现功能，加强我国在国际碳定价的核心话语权，有助于巩固我国在国际应对气候变化领域的主体地位。

推动“上海碳”成为国际碳

纵观中国碳市场的探索历程，一个明显趋势是：碳排放交易逐步从地方试点向全国统一市场推进。在这个过程中，上海的“牵引”优势及主体性作用凸显了出来。

作为全国最早试点地区之一，上海碳交易试点自 2013 年 11 月正式启动，已稳定运行多年，初步形成了具有碳排放管理特点的交易制度，也逐步发展起了服务于碳排放管理的交易市场，同时在碳金融领域进行了一些探索及创新。2017 年 12 月，国家发改委印发《全国碳排放权交易市场建设方案(发电行业)》，启动全国统一的碳排放交易体系和交易市场建设，明确由上海负责牵头，承担全国统一的碳排放权交易系统的建设和运维任务。到 2021 年年初，上海碳市场已纳入钢铁、电力、化工、航空、水运、建筑等 27 个行业约 300 家控排企业，吸引近 400 家投资机构参与交易。从 2013 年碳交易启动至 2021 年初，上海控排企业整体二氧化碳排放量下降了 7%左右，电力、石化和钢铁等碳排放大户，排放量下降幅度分别为 8.7%、12.6%和 14%。

“碳金融”将成为激活上海碳市场的重要支点。上海已基本建成具有全球影响力的国际金融中心，金融要素市场齐备、金融机构聚集、金融基础设施完善，为碳金融的创新发展提供了优势条件。目前，我国绿色债券中超过 90%在上海发行，绿色环保企业股权上市融资超过 60%发生在上海。

根据上海“十四五”规划，上海将支持金融市场发展绿色指数、绿色债券、绿色保险、绿色基金、碳金融等相关产品，进一步完善多层次绿色金融机构体系和多元化绿色金融产品体系，同时有序推进绿色金融市场双向开放，深化绿色金融国际合作。特别是，上海已经明确把碳金融作为上海国际金融中心建设的重要组成部分，提出以全国碳交易市场为基础打造国际碳金融中心。为打造国际碳金融中心，上海将积极探索碳金融的现货、远期等产品，支持碳基金、碳债券、碳保险、碳信托等金融创新，着力构建碳达峰、碳中和的投融资机制，引导金融资源向绿色发展领域倾斜，更好地服务企业实现绿色转型发展。

除了针对规模以上碳排放大型企业，上海也正在设计和规划碳普惠机制，通过一定方法对碳减排量进行计量和核算，建立针对小型项目和公众层面的减排价值激励机制。这种普惠性碳定价，将更具有可持续价值和引导作用。2021 年 5 月 27 日，上海市、江苏省、浙江省、安徽省人民政府签署了长三角区域碳普惠机制联动建设工作备忘录，为下一步在长三角区域内推动碳普惠机制奠定了基础。

随着市场不断完善，全国碳交易体系将在全社会范围内形成碳价信号，为整个社会的低碳转型奠定坚实基础，助力实现“双碳”目标。而抓住“上海碳”这个“牛鼻子”，并依托上海国际金融中心的金融市场基础，重点培育碳金融市场，发展碳交易资金清算结算，碳资产质押融资、保值增值等各项涉及碳金融的业务，碳市场空间将被放大，有望推动“上海碳”成为国际碳。

8.2 金融科技对碳中和有什么用?

中国人民银行制定的《银行业金融机构绿色金融评价方案》(自 2021 年 7 月 1 日起施行)旨在提升金融支持绿色低碳高质量发展的能力，优化绿色金融激励约束机制。这是中国人民银行 5 年前(2016 年 8 月 31 日)联合财政部、国家发改委、环保部、银监会、证监会、保监会印发《关于构建绿色金融体系的指导意见》，全面部署中国绿色金融体系发展战略后，进一步优化政策供给，以解决绿色企业融资难、融资贵等问题的重要举措。在政策引导的同时，技术驱动也极大促进了绿色金融产品的发展，AI、大数据、云计算等在绿色金融领域的应用，加快了我国绿色金融体系构建的步伐。从整个社会效率和生态发展的角度来看，金融科技带动了普惠金融的推广和创新，节约了社会成本，有利于社会的可持续发展。此外，金融科技优化了金融生态，改变了市场的基础设施，完善了金融的基本功能。

按照国际权威机构金融稳定理事会（FSB）的定义，金融科技是指技术带来的金融创新，它能创造新的模式、业务、流程与产品，从而对金融市场、金融机构或金融服务的提供方式造成重大影响，既包括前端产业，也包含后台技术。狭义的金融科技是指非金融机构运用各项能够应用于金融领域的技术重塑传统金融产品、服务与机构组织的创新金融活动；广义的金融科技是指技术创新在金融业务领域的应用。金融科技作为新兴行业，其业务类型和盈利模式十分多样化，并呈现出“脱媒”、去中心化和定制化等主要特征。金融科技全面应用于支付清算、借贷融资、财富管理、零售银行、保险、交易结算等领域，是金融业未来的主流趋势。

金融科技“三大”功能：带动普惠、优化生态、提升体验

回顾金融科技的过往历史，可以很清晰地看出趋势。早期金融科技 1.0 时代主要是 IT 加金融，实现金融业务电子化和自动化，商业银行的信贷、清算及综合业务系统就是典型代表。随后的金融科技 2.0 阶段重点是电子金融渠道的变革，金融企业利用互联网、呼叫中心、自动设备、移动终端渠道汇聚大量用户和信息，实现信息共享和业务拓展。金融科技 3.0 阶段的突出特点是技术引领，许多科技企业开始进入金融市场，借助网络、机器、数据、用户信息、交易行为提供创新的金融服务。金融科技 4.0 阶段则会是金融机构和科技机构加速融合，金融产品和服务的形式主要以数字化形式提供，大量技术研发和平台建设侧重与金融服务结合，包括人工智能、VR、大数据、云计算、区块链等新型技术更多地用于金融交易和产品之中，这一趋势目前已经得到

验证，在未来将会继续发展进步。具体说来，从整个社会效率和生态发展的角度来看，金融科技的推进具有“三大”突出功能：

第一，带动普惠金融的推广和创新。金融科技的创新和运用推广为普惠金融提供了最高效的工具，带动了先进技术在金融业的创新应用，极大地节约了社会成本，帮助全社会有效跨越数字鸿沟，有助于提升全社会的福利效用，实现资源的有效配置。从实践看，当前无论是金融机构还是金融科技创新企业，一旦构建起整个生态系统，在资本市场上就会获得较高估值，实际上是对底层数据以及先进技术的认可。所以，金融科技的运用，对普惠金融的推广和发展具有重要的推动作用，大量节约了运行成本，为绿色发展和可持续金融起到了良好的促进作用。

第二，改善市场基础设施，优化金融生态。所谓金融生态，主要“包括金融机构（供给者）、消费者（需求端）、市场的基础设施、监管者和法律”，金融科技的出现，其实更多的不光是监管，而且涉及很多法律、个人、数据的问题。金融科技对金融机构的冲击就在于，把金融机构的生产过程从内生的过程变成了一个外化的过程。以前产品的设计、生产、分管、配置、销售是在一个机构内部产生和进行的，不管这个机构大或小，生产的流程都是内生的。金融技术打破了这个内生的环节，逼迫其外生化、社会化、商品化、产业链化。今天整个金融产品的设计、生产、控制、配置、销售变成了一个产业链、市场化的过程。在这一过程中，金融技术把这个产业拉长、拉细，使得金融科技企业能够通过专业化和细分市场并入供给链。由此出现成本的商品化、利润的共享化、风险的共担化、合作的伙伴化，有效促进了传统金融企业从封闭走向开放，促使其进一步市场化，加速了金融行业更加细化的分工。在拉长金融产业链的同时，无数的金融科技企业，凭借其专业化、垂直性、对客户和市场的了解，开始介入和冲击金融机构，也在一定程度上倒逼传统金融机构改革，加剧了市场的有效竞争，促进了整个社会效率的提升。

第三，提升消费者体验，提高了消费者的地位。金融科技赋权消费者，使得消费者的地位大大提升，大大提高了金融机构对消费者的服务标准，促进了消费者效用的极大改善。

到目前为止，尽管金融科技对整个金融生态的改变非常明显，但金融的基本功能并未发生根本的变化。换言之，金融的支付功能、中介功能、金融资产和资产配置功能、效率功能和风险控制功能并没有发生根本的变化。科技与金融的结合并非是要颠覆金融，而是要利用金融科技来优化金融生态。

应用区块链技术促进绿色金融发展

碳交易体系需要构建交易平台、清算结算制度以及相关的市场监管体系等基础投入，而碳减排价格的不确定性、剧烈波动性会增加减排企业的管理成本。目前来看，最好的工具就是分布式账本的区块链，它将使绿色金融中的市场机制有效运转，协助建设绿色金融体系，实现绿色的数字普惠金融。

区块链实际上是一套分布式加密、分布式数据捕捉、分布式传输的新型计算范式，基于这些技术，实现了互联网时代一种对经济活动的信用记账，以及对不同账户进行支付、清算和结算所构成的新型体系。区块链系统一般都有记账符号对债权和债务进行处理，通过这些记账符号对权益进行准确计数、测量。在区块链体系中，由于参与绿色发展的经济活动可以被清晰、准确地记录和登记，产生更多绿色收益，所以能激励更多社会资本投入到绿色产业，同时更有效地抑制污染性投资，还有利于促进环保、新能源、节能、低碳等领域的技术进步，加快培育新的经济增长点，提升经济增长潜力。此外区块链系统中的投融资活动方面，相比于之前，真实不可篡改的数据更容易产生标准的债券产品、资产证券化产品，并发行各种有公信力的指数，有利于研发出各种对冲风险的金融衍生品。

从宏观视角上看，相对于传统金融来说，绿色金融的开发成本更高，信息不对称程度更大，需要第三方认证和监管，这些缺陷正为区块链提供了绝佳的应用场景。区块链的分布式数据、区块链的跨企业流程协作、区块链的低成本第三方认证平台，可以大大解决上面的痛点，促进绿色金融的落地。

区块链技术和能源互联网的跨界融合是一个重要亮点。当前，能源互联网＋区块链技术已经得到了一定的应用；未来，发电、输电、用电、储电等环节较传统的能源行业都会发生巨大变化。以消费端为例来看，能源消费将是在能源互联网当中最重要的板块，在能源互联网时代，消费者的角色将不仅仅是单纯的消费者，而是既是生产者又是消费者。消费者既可以通过自有的分布式可再生能源来发电，更重要的是还可以通过智慧能源解决方案，提供用户侧的负荷资源，参与需求侧响应；消费者可以通过需求侧响应计划，积极地参与社区需求侧响应项目，还可以作为虚拟电厂成员加入虚拟电厂项目，同时还可以通过电动汽车、储能设施，返售电给电网。但这种设想目前在具体操作上还有很大的困难。这就导致了在中国西部和北部的风电站和光伏电站经常弃风、弃光、限电，把优质资源浪费。同时东部地区，比如北京、上海、深圳这些中国的核心经济地区，电价又一直居高不下。所以说，相应的市场机制是目前能源互联网所缺乏的。

通过区块链技术，完全可以解决这些问题。区块链技术其实和能源互联网有着非常强的内在一致性：首先，它们都强调去中心化；其次，它们都有自治性或者说自律性，在能源互联网里面强调系统和设备以及主体的生态化自治运行，和区块链的自治性是完美的结合；最后，两者都重视市场化，区块链本身具有金融科技的特性，它和未来能源互联网的市场化和金融化是一拍即合的。

推进金融科技在绿色金融体系构建中发挥积极作用

科技创新力与金融发展水平是衡量一个经济体综合发展水平的两大关键要素，随着金融科技的发展壮大，以及大数据、云计算、区块链、人工智能等新技术的发展和应用，全球经济进入了金融科技高速发展的时代。金融为科技创新发展提供了资金支持，科技的创新又为金融发展提供了更先进高效的技术支持。科技与金融的有效融合，为促进产业金融的对接提供了有利的条件。金融科技作为先行者，通过科技创新为发展绿色金融寻求更多更好的机遇。为推动金融科技在绿色金融体系构建中发挥重要作用，建议从以下方面发力：

第一，加强政府监管和引导。绿色产业的发展离不开政府的支持，要建成健康发展、层次多样、权益保障、高效合理的绿色金融发展体系，需要加强政府引导和监督管理。政府要运用财政政策，积极协调信贷政策与绿色产业政策导向，引导和鼓励绿色经济的发展。如联合金融机构，运用金融手段和政策优惠等方式促进绿色产业的经济体提高竞争实力，对投资绿色环保项目的企业在贷款数量、贷款利息、还贷条件等方面给予一定的优惠措施。要全面了解绿色经济产业的真实需求，按需提供有效服务，不断提高金融的有效性、精准性，才能让绿色金融真正惠及绿色领域。

健全绿色金融体系，需要金融、财政、环保等政策和相关法律法规的配套支持，通过适当的激励和约束机制解决项目环境外部性问题。要将绿色信贷纳入宏观审慎评估框架，并将绿色信贷实施情况关键指标的评价结果、银行绿色评价结果作为重要参考，纳入相关指标体系，形成支持绿色信贷等绿色业务的激励机制和抑制高污染、高能耗及产能过剩行业贷款的约束机制。支持和引导银行等金融机构建立符合绿色企业和项目特点的信贷管理制度，优化授信审批流程，在风险可控的前提下对绿色企业和项目加大支持力度，坚决取消不合理收费，降低绿色信贷成本。在加强监管和指引的同时，政府还需从政策上激励引导各类机构投资者投资绿色金融产品，鼓励养老基金、保险资金等长期资金开展绿色投资。

第二，鼓励金融机构和高科技企业合作。推动绿色金融的发展，提高绿色金融的供给，对促进我国经济向绿色转型具有重要的战略意义。推动绿色金融发展必然离不开对绿色金融基础设施的建设，在加大建设的同时还要加强绿色金融的创新力度，只有从软硬件上同时下功夫才能推进绿色金融的发展。

绿色金融创新主要表现为：一是鼓励金融机构创新各类绿色金融产品；二是推进绿色信贷的发展，积极支持金融机构研发多种绿色信贷产品，鼓励金融机构运用科技手段降低绿色企业获得贷款的难度等；三是还需要金融机构继续努力，想办法用新的金融科技解决绿色金融推广、绿色投融资所面临的期限错配、信息不对称、产品和分析工具缺失等问题。只有有了更为丰富的绿色金融产品和更加完善的绿色金融基础设施，整个绿色的金融市场才能日趋完善和活跃，整个绿色金融的体系才能更加健全。

第三，充分利用大数据的资源。大数据征信为加快我国绿色金融发展带来了福音，绿色金融的发展需要有稳定、完善和可持续发展的征信系统，大数据等新科技的发展为建立大数据征信系统提供了技术支持。在我国大数据征信系统还处于起步阶段，需要政府、金融机构、科技机构等多方面的探索和开发，才能保证我国大数据征信业的建设和发展，才能更高效全面地为绿色金融提供信用保障。可以从加大市场化运作程度、加快征信法规体系建设和加强征信机构内部控制等方面加大信用体系建设。可以通过科技手段建立金融信用数据库，形成从数据收集、整合、利用到授信的完整链条，为金融机构提供多种服务。将企业环境违法违规信息等企业环境信息纳入金融信用信息基础数据库，建立企业环境信息的共享机制，为金融机构的贷款和投资决策提供依据。加强金融信息基础设施建设，推动信息和统计数据共享，建立健全相关分析预警机制，强化对绿色金融资金运用的监督和评估。

第四，加强金融科技在绿色保险中的作用。绿色保险在绿色金融体系的构建中占据着重要的地位，也是不可或缺的一个环节。2016 年 8 月 31 日，中国人民银行、财政部、国家发改委、环境保护部、银监会、证监会、保监会联合发布了《关于构建绿色金融体系的指导意见》，提出要大力发展绿色保险。一是在环境高风险领域建立环境污染强制责任保险制度。选择环境风险较高、环境污染事件较为集中的领域，将相关企业纳入应当投保环境污染强制责任保险的范围。鼓励保险机构发挥在环境风险防范方面的积极作用，对企业开展“环保体检”，并将发现的环境风险隐患通报环境保护部门，为加强环境风险监督提供支持。完善环境损害鉴定评估程序和技术规范，指导保险公司加快定损和理赔进度，及时救济污染受害者、降低对环境的损害程度。二是鼓励和支持保险机构创新绿色保险产品和服务。三是鼓励和支持保险机构参与环境风险治理体系建设。鼓励保险机构充分发挥防灾减灾功能,积极利用互联网等先进技术,研究建立面向环境污染责任保险投保主体的环境风险监控和预警机制,实时开展风险监测,定期开展风险评估,及时提示风险隐患,高效开展保险理赔。基于大数据和物联网科技的应用,保险公司能够对环境污染投保主体进行监控和预警,并能展开高效理赔,提高其环境风险意识,平滑其经营风险,做好风险对冲。可以说,绿色保险体系是绿色金融体系中风险保底的最重要环节。

8.3 Fintech 需回归科技驱动金融本质

“互联网金融”这个词已经慢慢淡出江湖,取而代之的似乎更多是“金融科技(Fintech)”,行业也似乎逐渐回归最初的原点。金融是经济的血脉,是经济发展的基础要素。现在我国经济面临转型,如何通过金融科技的创新来刺激消费增长,帮助中小微企业发展,从而助推经济高质量发展,成为从金融监管层到创业者都在思考的问题。

科技驱动金融创新

从科技驱动的角度看金融创新的发展进程,可以分成三个阶段:一是金融业务信息化新渠道、新模式。如直销银行和金融超市,它的技术驱动力是金融机构核心系统的应用以及互联网的普及。二是金融产品的创新。如支付宝、PayPal 等线上支付工具的普及和金融大数据的应用,催生了大数据风控和智能投顾/投研等模式的创新。三是货币及资产革新。随着电子货币的兴起，区块链应用于金融底层架构，基于区块链的支付、清结算和交易得以实现。

各国央行在进行国家发行数字货币的研究，电子货币会是一种长期存在的货币或资产类别，并逐渐融入主流的金融体系之中。电子货币背后的核心技术是区块链技术，其技术主要由分布式算法、公私钥匙和哈希算法、共识算法组成。它真正的意义在于打破了商业的中心垄断，形成多中心、去信任的商业体系。目前区块链的主要应用在支付、汇款、信贷、交易等金融领域，未来在记录保存（如产权版权、电子病历等）和智能合约领域有望得到广泛的应用。

财富管理模式更迭

贝恩咨询的数据显示，2008 年我国居民的现金及存款的比例约为 70%，发展到今天，多元化的资产配置产品已超越了现金及存款，成为主流，中产阶层的崛起给财富管理行业带来了巨大的机遇。与此同时，我国的财富管理行业进入了数字化时代，根据波士顿咨询（BCG）的调查，有 80%的高净值人群接受互联网产品，其中包括电子银行、第三方支付、理财产品、智能投顾等。在中国，理财人群的数字化程度是相对比美国更高的。

虽然美国上百年资本市场的发展历史值得借鉴，但通过最近 20 年互联网的发展，80、90 后的中产阶级逐渐成为理财市场的主力军，给我国的财富管理模式带来跳跃式发展的可能性。可以看到，第一阶段中美都是个人主动炒股，二级市场基本以散户为主，市场波动较大，投机性强。第二阶段是中国机构化投资的壮大以及信托、基金销售模式的发展，中国目前所缺失的是美国机构化投顾的模式和投资组合的产品形态，核心原因是信任的缺失。随着美国基金管理策略从主动型向被动型演化，基于ETF产品的智能投顾得以在过去几年里迅速发展；在中国，随着80、90后的崛起，他们对大型互联网公司（如阿里的蚂蚁金服）的信任度甚至会超越传统财富管理机构，随之而来，线上的智能投顾模式在中国也可能出现跳跃式发展。

目前，互联网上资金端的发展已经到了一个瓶颈期，移动互联网的体验和高收益率虽然吸引了一批用户，但网贷问题平台频频爆雷。经过严格的监管，平台资金端极大萎缩，资金又流回了相对比较安全的银行，以及大机构背书的平台。很多领先的互联网金融公司也基本完成业务转型，由原来的线上资金＋线上资产平台的模式，转型成自营线上和线下资产的模式（尤其在消费金融和供应链金融领域），业务回归了金融的本质，即风险控制和风险定价。

未来回归金融本质

从金融历史中可以发现，银行出现问题甚至倒闭主要是合规和风控出现了问题，或者爆发了大的金融危机。金融科技谈不上颠覆传统金融，更多的是改良和补充。资金端的创新主要是改良了用户体验，从柜台到ATM机，从PC互联网到移动互联网。在资产端的很多创新模式，如消费金融、中小企业信贷等，其实是传统金融机构在现有体系下做得不够好或者做不了的，金融科技公司的产品是现有金融体系的有效补充。在改良和补充创新的同时，需要严格监管，提防打着金融科技的旗号进行伪创新和庞氏骗局。

政府需要把握好“普惠金融”和“过度金融”这把双刃剑。一方面金融可以刺激消费和经济发展，放大杠杆，另一方面也会造成经济泡沫，甚至引起金融危机，如何把握这个尺度是一门艺术。在过去几年互联网金融的发展过程中出现了一些政策监管的真空地带，所以造成了野蛮生长的情况。现在加强监管，也要防止用力过猛、伤及无辜。

回顾金融科技的创新，从最早信息化、ATM 机的应用，到与互联网、移动互联网的融合，再到目前大数据、区块链、人工智能的发展，每过 5—10 年都会有新的科技热点出现。金融行业由于其数字化的属性也将引领数字技术的未来发展和应用。接下来金融科技的创新需要更多从技术本身出发，服务于传统金融机构，或者由传统金融机构通过科技进行自身的革新。应该说，金融科技的创新大赛进入了下半场，到了真正考验团队专业性和系统作战能力的时候了，最后的赢家并不一定是开始跑得最快的、体力最好的，而是保持创新的初心，回归“科技驱动金融，金融助推经济”核心的专业团队。

8.4　国际绿色金融创新的有益借鉴

就绿色金融的内涵而言，它不仅指金融机构的投融资活动要“绿化”，而且要构建绿色金融体系的整体框架，调整实际运营活动，并将社会风险、治理风险等也纳入该体系中去。国际上在绿色金融发展方面取得了一些进展，有关经验值得我们学习借鉴。

国际绿色金融的创新与趋势

国际上兴起“绿色金融”概念，期望通过对金融体系的重塑来推动绿色经济和包容性经济的发展。无论是在发达国家还是新兴国家，“绿色金融”的概念正在向更大范围扩散。多年前，不少国家已经开始采取行动推动绿色金融发展。例如，欧盟要求上市公司披露实施环境和社会政策的情况，美国财政部有80%的对外援助项目有绿色要求，南非出台的监管准则要求企业披露其财务与可持续性能力，等等。

荷兰学者马塞尔·杰肯（Marcel Jeucke）提出绿色金融的四阶段理论，认为金融机构对待可持续发展的态度从低级到高级可以分为四个阶段：抵制、规避、积极、可持续。按照这一理论，当前发达国家金融机构多数已经跨越抵制阶段，正从规避阶段向积极阶段迈进。

其一，这一进程的显著特征是绿色金融产品创新频繁，譬如银行推出能效融资产品，基金推出水主题、碳主题基金产品。当前，绿色债券成为广受青睐的绿色金融产品。

其二，是金融政策创新。人们越来越意识到，经济越发展，自然资源消耗得越多，碳排放也越多。解决的根本办法是重构国际金融的政策和秩序，将金融体系与一个健康经济体的长期需求更好地统一起来。

为了突破障碍，联合国环境署曾发起了咨询项目（UNEP Inquiry），即用18个月的时间遍访联合国内外的相关机构，包括各国的政策制定者，推动高水平的开放式辩论，提出有深度、有成效的金融政策顶层设计改革建议。UNEP Inquiry项目已经与欧盟、美国等多个经济体建立合作伙伴关系，与包括央行、商会和智库在内的各类合作伙伴共同探索绿色金融的未来之路。

其三，是核算体系改革。与金融政策创新推动顶层设计改革不同，核算体系改革着眼于金融体系的微观基础，即对价值的衡量。

人们发现，传统的财务核算体系，尤其是会计准则，并不能恰当地衡量和纳入自然资本的真实价值。很多自然资源因为被视为公共品，价值是被严重低估的。很多企业经营所造成的负面的环境与社会影响因为难以量化,也未被纳入财务报表。由此带来的后果是价格信号不能准确反映自然资本的稀缺性,影响资源配置效率。

为此,有识之士开始关注核算体系改革,尤其是自然资本的价值核算,并将之纳入财务分析。比如,德国和欧盟发起了“生态系统和生物多样性经济学(TEEB)”行动倡议,对生态系统和生物多样性的价值进行量化评估,该倡议迅速得到了联合国相关机构的支持和国际社会的响应。

绿色金融国际实践的经验总结

总体上看,在“绿化”金融系统方面的国际经验还只是零散的、非系统的。尽管如此,国际上在绿色金融发展方面仍然取得了一些进展,从现有的实践中形成的经验主要有:

一是当存在投资者偏见或系统性风险时,需要宏观审慎监管的干预。特别当投资偏见可能影响风险定价,进而影响市场效率和公平交易,或者存在与特定环境风险相关的系统性风险(如空气污染或碳市场的法规出台对银行资产负债表产生影响)时,更是如此。

二是应把可持续发展置于金融风险管理的核心。越来越多的国家正在把可持续性因素纳入法规中。另一个新动向是建立一种特殊的评估机制,以使金融机构能够从环境和社会因素角度预测潜在的资产价值损害和波动。有的欧洲国家,比如英国,已经开始尝试用“环境压力测试”来评估碳风险对长期资产持有者的影响。

三是可以把绿色债券市场作为重要载体。由于绿色债券作为中长期金融产品更容易被机构投资者纳入投资组合,绿色债券已经成为绿色金融的重要载体。自 2007 年欧洲投资银行发行了第一只绿色债券以来，全球绿色债券市场以大于 50%的复合年均增长率快速发展。近年来国际绿色债券市场急剧增长，从 2020 年的 3 000 亿欧元增长到 10 000 亿欧元，增长了三倍多。2022 年上半年，我国绿色债券整体发行规模超速前行，发行额达到了 4 100 亿元。

四是应使货币政策与绿色金融目标相协调。鉴于货币政策对经济和社会整体有广泛的影响，央行在绿色金融中扮演的角色正在提上政策议程。央行在对已到期的证券进行再投资时，会为绿色金融带来巨大机遇。此外，未来的货币政策工具会对绿色金融产生重大影响。例如，印度储备银行规定了特定行业的最小贷款比重，孟加拉国央行对特定产品提出债务上限要求等，都是央行使用的工具。

国际绿色金融实践对我国的启示

第一，政府的大力支持是绿色金融发展的前提和保障。西方国家在发展绿色金融过程中推崇市场经济机制，相较而言，亚洲国家的行政色彩更加明显。但是近年越来越多国家意识到绿色金融实践中存在“市场失灵”和“政府失灵”的双失灵现象，因此这两种模式出现逐渐融合的迹象，政府的作用也得到重新审视。人们普遍认同政府应该致力于创造良好的市场发展环境、激励引导市场意愿。

第二，政策性绿色银行是政府引导民间绿色投资的重要抓手。目前英国在国家层面建立了绿色银行，美国多个州成立了州级的绿色银行。这些绿色银行都由政府出资成立，在政府监管下保持高度的独立性。绿色银行不仅为绿色项目提供长期稳定的资金支持，部分解决绿色项目融资的市场失灵，还能对整个金融市场产生信息溢出效应，增加投资者信心，撬动社会资本跟投。对我国来说，国家和省市层面都可以试点设立绿色银行，作为实现政府绿色政策目标的政策性金融机构，充分利用其在绿色投资方面的专业能力、规模效益和风控优势，带动社会资本投资绿色产业。

第三，市场化运作是绿色金融可持续发展的关键。发达国家绿色金融产品的开发自主性较强，政府对金融机构的行政干预较少，注重运用市场运作手段推动绿色投资战略实施，因此发展绿色金融的手段更加综合，产品种类也更加多样。从手段来看，金融机构不但在绿色信贷中大力践行“赤道原则”①，而且重视发展绿色证券和绿色保险；从产品来看，针对政府、企业、个人、家庭等不同对象，提供有特色的金融产品。我国绿色金融发展过程中要遵循市场规律，开发出受众范围广泛、针对性强的绿色金融产品。

第四，全民绿色理念是绿色金融发展的重要推力。参与主体对绿色金融的态度决定绿色金融的发展程度，要利用全民力量推动绿色金融的发展。全球采纳“赤道原则”的商业银行中，多数属于发达国家。在发展中国家，总体而言，商业银行的积极性不高，全民支持绿色低碳发展的氛围也还不够浓厚，有待加大相关工作力度。

8.5　构建多方协调的绿色金融发展机制

当前，我国绿色金融发展处于初期阶段，更多是依赖政府行政力

① 财务金融术语，是一套非强制的自愿性准则，用以决定、衡量以及管理社会及环境风险，以进行专案融资或信用紧缩的管理。

量的强制推动，从长远来看是难以持续的。同时，我国绿色金融市场机制尚不健全，加之绿色领域的外部性，完全依靠市场机制自发转向绿色金融也是不现实的。因此，必须平衡好政府和市场之间的关系，构建适合我国国情的绿色金融发展机制。为确保绿色金融可持续发展，我国应充分发挥政府对市场的引导作用，激活市场机制，建立“政府引导、市场运作、社会参与”的绿色金融发展机制。绿色金融发展机制的构建需要政府、市场、社会多方的合理定位和相互协调，进行系统推进。

政策保障，形成有效的激励约束机制

政府需要加强法律制度、业务制度、财税政策、监管政策、考核制度、信息沟通机制等一揽子政策制度的协调与配合，形成有效的激励约束机制，为绿色金融创造良好的发展环境。

其一，完善绿色金融制度。绿色金融制度是绿色金融发展的前提和依据，绿色金融制度体系主要包括绿色金融基本法律制度、绿色金融业务标准制度、绿色金融业务实施制度、绿色金融监管制度等。通过建立系统的绿色金融制度体系，明确绿色金融各参与主体的权责利，完善绿色金融业务的实施标准和操作规范，加大执行和监督力度，构建规范、公平的绿色市场竞争秩序。

其二，健全财税扶持体系。联合国环境规划署的研究发现，政府投资于绿色产业的资金可以带动5—15倍的社会投资，具有较强的杠杆效应。为实现财政资金“四两拨千斤”的作用，要理顺政府与市场的关系，创新财政资金投入机制，改变政府普惠式的补贴政策。通过“补贴改股权投资、补贴改融资担保、补贴改风险补偿、补贴改专项奖励、税费减免”等方式创新，使财政资金由直接用于绿色金融供给转向对

市场化绿色金融供给的激励上。

其三，强化监管考核制度。从地方政府、金融机构、企业三个层面加强监管，开展绿色绩效考评，发挥监管考核制度的导向和激励约束作用。一是加快建立绿色GDP核算体系，加大约束性环境指标在地方政府绩效考核中的权重，促使地方政府支持和推进绿色金融发展。二是要求金融机构定期对环境风险进行压力测试并发布可持续发展报告，制定统一的绿色评估框架，根据评估结果实行差别化的存款准备金率、贷款风险权重以及再贷款、再贴现政策。三是建立上市公司和发债企业环境信息强制披露制度，进一步完善企业环境绩效评估机制。

其四，发挥政策性金融机构在绿色金融领域的引导作用。一是建立国家级"绿色金融专项基金"，资本金部分来自政府，部分来自社会资本，通过引入激励机制，直接在股权层面撬动社会资本。二是要求现有政策性银行信贷进一步"绿化"，按照"赤道原则"调整业务流程和产品结构；同时，政策性银行应在成为银团贷款牵头行时，对贷款用途有更清晰的导向，支持节能环保的投资项目和对被投资企业施加影响。三是对现有政府系统的各类基金的投资活动增加社会责任要求，更好地发挥政府的投资引领作用。

形成参与主体多元化的市场格局

要发挥绿色金融对绿色产业的支持作用，一方面要健全绿色金融组织机构体系，另一方面要创新绿色金融产品工具，形成参与主体多元化、金融产品多样化的市场格局。

其一，健全绿色金融组织机构体系。一是扩大绿色金融市场参与主体，鼓励现有银行进一步绿化，按照"赤道原则"对业务经营进行调整，支持证券公司、保险公司、基金公司等非银行金融机构设立专门的绿色金融部门，提升参与绿色金融业务的程度和专业化水平。二是由国家和省市层面政府发起组建专业化的绿色发展银行，因地制宜地确定绿色银行发展的切入点，如绿色能源、绿色消费等重点领域。三是加快培育和发展绿色信用评级机构、绿色金融产品认证机构、绿色资产评估机构、绿色金融信息咨询服务机构以及环境风险评估机构等专业性中介机构。

其二，创新绿色金融产品工具。金融机构要严格执行绿色信贷政策，同时创新绿色信贷产品，发展如排污权抵押贷款、专利权质押贷款、合同能源管理融资等创新工具；推广绿色保险业务，如在条款、费率等方面有所倾斜的绿色车险、绿色建筑险等，通过保险机制反映对绿色产业的支持导向；大力发展碳金融，发展碳资产抵押贷款、碳基金、碳债券、碳保险、碳指标交易等碳金融基础产品，创新碳远期、碳期货、碳期权、碳互换等碳金融衍生产品。

其三，大力培育中介服务体系，加快绿色金融基础设施建设。要在发挥现有中介服务机构作用的基础上，加快培育和完善独立的第三方评估机构，建立规范高效的交易市场，完善二级流转市场，提升对绿色金融服务的支持效率。在绿色金融基础设施方面，一是以政府购买服务的方式，建立公益性的环境成本信息系统，突破目前缺乏项目环境成本信息和分析能力的瓶颈，为决策者和全社会投资者提供依据。二是建立绿色评级体系，尽快进行绿色评级试点。

理念培育，影响各参与主体的金融行为

理念是行动的先导，树立良好的绿色发展理念将直接影响各参与主体的金融行为。发力点主要集中在地方政府、金融机构、企业、消费

者四个方面。

其一，树立地方政府绿色政绩观。引导地方政府处理好环境保护和经济发展之间的关系，倡导“既要金山银山，又要绿水青山”的绿色执政理念。通过建立刚性的体现资源消耗、环境损害、生态效益的政绩考核体系，实行生态保护责任追究制度和环境损害责任终身追究制，督促地方政府推行绿色发展。

其二，培育金融机构绿色金融观。金融机构应将绿色发展理念纳入长期发展战略，在经营决策中强调环境保护，同时提高员工环保意识，加强对外绿色金融理念宣传的广度和深度，在全社会营造绿色金融文化氛围。

其三，强化企业绿色生产观。企业要将环保技术创新升级作为新的利润增长点，正确运用绿色金融工具，加大对绿色产品研发和制造的投入，增强绿色产品和服务的有效供给，不断提高产品和服务的环境效益；推行绿色供应链建设，将履行社会责任作为企业的核心理念和价值导向。

其四，倡导居民绿色消费观。要加强全民绿色消费的宣传普及教育，将绿色低碳理念融入家庭、学校以及社会教育中，为绿色金融的发展创造良好的社会舆论氛围。发展绿色消费金融，将节能指标纳入贷款人信用评价体系，为购买绿色建筑、新能源汽车、节能电器等绿色产品的消费者提供针对性强的绿色金融产品和服务，促进居民生活方式的绿色化。

8.6　完善绿色金融体系“五大支柱”

随着经济发展及能源消耗量的大幅增加，气候变化、资源短缺、生物多样性丧失等环境问题日益突出，加之新冠肺炎疫情又重创全球经济，时下的全球治理议题变得现实而紧要。在此背景下，构建绿色金融体系被视为当今及未来国际社会应对生态环境挑战的重要途径之一。绿色金融最突出的特点，即是追求金融活动与环境保护、生态平衡的协调发展，最终实现经济社会的可持续发展。它更强调人类社会的生存环境利益，将对环境保护和对资源的有效利用程度作为度量经济活动成败的标准之一，通过自身活动引导各经济主体注重自然生态平衡。

我国绿色金融起步较晚，但在政府的大力倡导支持、相关政策的陆续出台和各类机构的积极探索下，绿色金融在近年来得以快速发展，特别是在“十三五”期间，中国绿色金融体系构建起基本框架，绿色金融市场逐步形成。当前，“碳达峰”“碳中和”目标的提出，成为我国绿色金融发展的推进器。如果说，我国绿色金融体系此前尚处在刚起步、打基础的 1.0 版，那么在“十四五”时期实打实推进的关键五年，我国绿色金融体系构建将迈入跨越式发展的 2.0 新阶段。

政策推动，构建起绿色金融体系的“四梁八柱”

绿色金融的发轫，离不开政府顶层设计的政策推动。2015 年，党中央、国务院在《生态文明体制改革总体方案》中首次提出“构建绿色金融体系”；党的十九大和国家“十三五”规划，都明确把推动绿色金融发展和构建绿色金融体系定调为“国家战略”。

2016 年 8 月，中国人民银行牵头七部委共同发布了《关于构建绿色金融体系的指导意见》，成为构建绿色金融体系“四梁八柱”的纲领性文件。《意见》清晰阐释了“绿色金融”和“绿色金融体系”的定义。

绿色金融是指为支持环境改善、应对气候变化和资源节约高效利用的经济活动,即为环保、节能、清洁能源、绿色交通、绿色建筑等领域的项目投融资、项目运营、风险管理等所提供的金融服务。

绿色金融体系是指通过绿色信贷、绿色债券、绿色股票指数和相关产品、绿色发展基金、绿色保险、碳金融等金融工具和相关政策支持经济向绿色化转型的制度安排。简而言之,绿色金融体系是促进绿色金融发展的一整套制度供给。体制机制具有管长远的作用,绿色金融体系的发展和构建过程本身也是我国自身产业升级和社会资源达到有效均衡配置的一个过程,推动我国的经济增长和发展呈现出一种健康的可持续发展模式。

在“十三五”期间,得益于我国绿色金融体系构建的1.0版框架性制度安排,我国在金融信息披露要求、绿色金融标准制定、绿色金融创新、地方绿色金融及绿色金融激励约束等方面都有了明显的提升和改善。但是显而易见,在“30·60”双碳目标(2030年前实现“碳达峰”,2060年前实现“碳中和”)的要求下,我国绿色金融体系还存在许多亟待完善提高的地方。基于此,2020年12月,中国人民银行货币政策委员会提出“以促进实现碳达峰、碳中和为目标完善绿色金融体系”;2021年1月召开的中国人民银行工作会议再次提及“落实碳达峰、碳中和重大决策部署,完善绿色金融政策框架和激励机制”。

构建绿色金融体系渐成引导经济发展的“市场选择”

从国际经验看,当工业化发展达到一定水平后,污染物排放会随着人均收入的增加由高趋低,环境质量也逐渐得到改善。导致这种环境“库兹涅茨曲线”拐点出现的原因,大致有三个方面:居民消费需求随着收入增加而升级、对环境质量的要求越来越高;政府监管日趋严格,企业违法成本上升;企业生产技术进步,污染物排放减少。如今,居民、政府及企业主体都格外关注环境污染和生活质量问题,因此,未来实现经济增长的前提应该是要达成“三方面”的某种平衡解,即要寻求绿色 GDP,走绿色可持续发展之路。

平心而论,中国经济经历了四十多年的高速增长,迫切需要加快转变经济增长方式。究其原因,从环境的角度来说,和污染的末端治理有关系,但从经济学角度来讲,关键的原因是我国资源消耗型和污染型的经济结构,其中包括了污染型的产业结构、能源结构和交通运输结构。要改变这种状态,仅仅依靠强有力的末端治理措施显然不够,还必须采用财税、金融等手段改变资源配置的激励机制,让资源配置更有效,让产业结构、能源结构、交通运输结构变得更为清洁和绿色。

绿色金融体系通过改变不同类型项目的融资成本与可获得性,引导社会资本逐步从一些高污染、高耗能的重工业行业退出,进入到环保和低污染的服务型行业,将有助于缓解中国产业结构“过重”的问题。从国际范围来看,制造业继续从发达国家向发展中国家梯度转移,新一轮的产业分工和产业转移为发展中国家加快工业化进程、升级产业结构提供了机遇。国内一直存在的产业结构失衡问题也迫使我们推进产业结构调整。经济发展到这个阶段,产业的换代升级成为必然。

通过构建绿色金融体系引导经济“绿化”,在某种意义上已成为引导我国未来发展的一种理性的“市场选择”:构建中国绿色金融体系有助于促进中国实体经济向绿色经济转型,有利于加快经济结构调整和供给侧结构性改革的实施和完成;同时,绿色金融业务的开展也有助于扩充中国金融体系的边界,丰富中国金融体系的内涵,深化中国金融体系的结构。

在这一过程中，中国金融业需要顺应传统产业换代升级的需求，提升金融服务的层次和功能，实现金融资本和产业资本的良性互动。对传统产业中的企业提供资金，支持其进行技术升级改造，使信贷资金向结构调整、自主创新、节能环保、循环经济等领域倾斜；对“两高一剩”产业建立行业准入门槛，设立环保评判标准和细则，以便提高绿色信贷的操作性，对不符合绿色贷款标准的企业予以“一票否决”；针对传统产业升级改造过程中对技术依赖较高、资金需求大、可用抵押物少的特点，金融机构应积极创新贷款抵押方式，以技术专利、升级设备、存货、应收账款等作为传统产业升级改造的贷款抵押物，开拓试行多家企业联保贷款模式。

与市场规模效应相比，绿色金融体系构建还需再上新台阶

“十三五”时期，我国绿色金融改革试点工作取得阶段性成效，有效带动我国绿色金融市场规模不断扩大。数据显示，截至 2020 年年末，我国本外币绿色贷款余额约 12 万亿元，存量规模世界第一；绿色债券存量为 8 132 亿元，居世界第二。同时，我国绿色金融资产质量整体良好，绿色贷款不良率远低于全国商业银行不良贷款率，绿色债券尚无违约案例。

虽然我国在绿色金融市场已完成“规模赶超”，但还应该清醒意识到，我国现阶段的绿色金融发展仍处于初级阶段，突出表现在绿色金融体系上还存在很大差距，比如：绿色金融政策体系不完备、碳排放权市场交易平台割据、绿色中介服务体系发展滞后，以及绿色金融交易工具缺乏创新、绿色产业环保技术标准复杂导致绿色融资项目的风险性增加等。

针对这些突出问题，可以从三个方面重点完善绿色金融体系：一

是加快碳排放交易市场的建设。2021 年 7 月,全国碳市场已启动线上交易,目前还需加强制度体系建设,优化碳交易机制,推动碳金融产品体系的层次性发展。二是鼓励中小规模银行与大型银行共同发展绿色信贷,尤其是针对绿色私营企业和绿色中小型企业的贷款。三是将ESG(环境、社会与公司治理)投资纳入保险公司的绩效评估,保障长期投资者对绿色项目投资的价值回报。

从系统观的角度看,我国绿色金融体系要实现从 1.0 版本向 2.0 版的新跨越,还需进一步完善绿色金融体系"五大支柱":一是完善绿色金融标准体系,为规范绿色金融业务、确保绿色金融实现商业可持续性、推动经济社会绿色发展提供重要保障;二是强化金融机构监管和信息披露要求,持续推动金融机构、证券发行人、公共部门分类提升环境信息披露的强制性和规范性;三是逐步完善激励约束机制,通过绿色金融业绩评价、贴息奖补等政策,引导金融机构增加绿色资产配置、强化环境风险管理,提升金融业支持绿色低碳发展的能力;四是不断丰富绿色金融产品和市场体系,鼓励产品创新、完善发行制度、规范交易流程、提升透明度;五是积极拓展绿色金融国际合作空间,积极利用各类多双边平台及合作机制推动绿色金融合作和国际交流,提升国际社会对我国绿色金融政策、标准、产品、市场的认可和参与程度。

8.7 绿色金融是经济高质量发展的确定性选项

绿色金融的倡议、研究和实践,其实已经有比较长一段时间了,只是在近些年才真正成为一个备受公众关注的话题。我国绿色金融发展有三个重要的政策时间节点，一是 2016 年 8 月 31 日，中国人民银行等七部委发布了《关于构建绿色金融体系的指导意见》（下称《意见》）；二是 2020 年 9 月，中国“双碳目标”确定，力争 2030 年前二氧化碳排放达到峰值，努力争取 2060 年前实现碳中和；三是 2021 年 7 月 16 日，全国碳排放权交易开市。如今，绿色金融、碳市场、ESG 领域等空前活跃起来。

大家都关注绿色金融发展，这是好事。但热闹的背后，需要更深刻的理解和更务实的行动。绿色金融不仅是一种外部性的政策宣导，更是一种内生力量，是经济高质量发展的确定性选项。

经济增长的底层驱动

我们需要从底层逻辑上，找到推动经济高质量发展的确定性方向。最近，大家普遍探讨的一个重要议题，即是如何应对当前不确定性的环境。当下能把握得住的是什么？有什么是毋庸置疑的确定性大方向？

第一个确定性方向无疑是创新，尤其是科技创新。当今世界出现那么多问题，地缘动荡、经济衰退、能源危机等，根本原因在哪里？归根结底在于经济增长的动力出了问题，创新不足。当今世界，正处在技术革命的“中间地带”，旧的经济动能在衰减，但新的技术应用却还不足以引爆经济的飞速发展，萎靡不振的世界经济需要类似于工业革命的强力推动，来带领经济走向更高质量的发展。

以美国经济增速为例，每一次经济的增长，基本上都是新的技术应用带动的，但自 2008 年金融危机以来，经济增长总体处在低速和徘徊不前的状态。这期间,有不少新的技术,比如人工智能、量子计算、纳米技术等,但这些技术的产业化应用并不足以支撑经济发展进入更高的水平。所以,世界经济总体似乎陷入了马尔萨斯陷阱,经济停滞,全球进入存量博弈时代。战争、病毒、灾难……这是全球性的内耗,世界经济期待一轮新的技术革命。

产业、区域间协调发展是大势所趋

第二个确定性的方向是协调发展。刘易斯的拐点理论清晰地说明在工业化进程中,如何导致城乡二元结构分化,而后又不断弥合鸿沟,走向产业一元化均衡发展。以我国为例,我们的工业化进程与农村剩余劳动力进城务工有密切关系。由于农村土地等生产资料、产出有限,出现大量劳动富余,农村得以源源不断向城镇输出劳动力。这个阶段,工业化或者城镇化的劳动力处在无限供给阶段,可以以相对稳定的低工资支付农民工工资。随着工业化进程的进一步推进,与此同时农业生产技术和效率得到提升,加之人口结构的变化,劳动力供给开始进入短缺阶段,需要支付更高的工资才能继续吸引农村劳动力进城务工。

近年来,结合人口出生率下降及各种综合成本,沿海出现用工荒,农民工有回流的趋势。换言之,随着城镇化、工业化进程放缓,如果城镇没有新的技术应用带来生产效率提升,经济产出不足以支付更高的工资吸引新的劳动力进入的话,在一定时期,城乡产业在市场机制的调节下,将逐步走向均衡。

这里得到何种启示?无论是工业、农业或者第三产业等,原来依靠固有的"不公平"产业结构获得"超额利润"的时代将成为过去,只有通过新技术产业化提高生产效益，形成产业优势，才能带来资源的“虹吸效应”。

此外，除了产业之间的协调发展，还有区域间的协调发展也是大势所趋。打破区域行政条块分割，建设统一大市场，实现资源优化配置是经济高质量发展的内在要求。

未来 GDP 的价值取向是绿色的

第三就是绿色发展。经典的环境库兹涅茨曲线告诉我们，按照经济发展的逻辑，GDP 增长和环境污染之间有密切相关性。起先，经济发展水平很低的时候，没有工业生产，环境也几乎没有受到影响；当经济发展起来，尤其工业化深入推进的时候，随着 GDP 攀升，带给环境的伤害也在加剧；而当经济发展达到一定水平后，也就是说，到达某个临界点或称“拐点”以后，随着人均收入的进一步增加，环境污染又由高趋低。人们开始摒弃粗放的、带来环境后遗症的经济增长模式，呼唤更高质量的 GDP 增长。绿色 GDP 成为人们的诉求。企业要发展，也就必须考虑到在前期就要提高技术工业水平，增加 ESG 预算成本。

创新、协调、绿色、开放、共享，恰恰是当前我们新发展理念的关键词。这些也正是经济高质量发展的确定性方向。在这些方向中，绿色相当于一种共同的指向。

从更广义上讲，绿色是一种价值取向。好的科技创新，以及协调、开放与共享带来的有质量、可持续的经济增长，应该是绿色的。未来 GDP 的价值取向应该是绿色的。也正是从这个角度讲，绿水青山就是金山银山。

经济金融现代化呼唤绿色金融

经济高质量发展需要绿色 GDP，换句话说，经济金融现代化呼唤绿色金融。关于“绿色金融”的概念，《意见》作了界定，指为支持环境改善、应对气候变化和资源节约高效利用的经济活动，即对环保、节能、清洁能源、绿色交通、绿色建筑等领域的项目投融资、项目运营、风险管理等所提供的金融服务。

产业升级需要技术和金融加持，要发展什么样的产业？金融“活水”的引导支持很重要。发展绿色金融有助于促进绿色产业升级，符合经济金融现代化和高质量增长的方向。

其实，关于绿色金融的内涵还有另一方面。它除了指金融业引导资金流向节约资源技术开发和生态环境保护产业，引导企业生产注重绿色环保，引导消费者形成绿色消费理念，还指金融业自身的可持续发展，避免注重短期利益的过度投机行为。

以上海国际金融中心建设为例，发展绿色金融变得现实而紧要。在近五年的“全球金融中心指数”(GFCI)排名中，上海曾蝉联过全球第三，平均排名在前五。但是，同样在由英国智库 Z/Yen 发布近五年“全球绿色金融指数”排名中，上海绿色金融深度和金融质量指标的平均排名都离前十有很大的差距，显然远低于综合指数的平均排名。尤其是，现在有一个全球性趋势，各国都越来越重视绿色金融的分量，因此 GFCI 在对全球金融中心评估时，相应在逐步提升绿色特征指标的权重。也正是基于此，上海金融“十四五”发展规划提出了建设全球绿色金融枢纽的目标。可以预见，绿色金融将成为先进国际金融中心的底色。

亟须重视发展转型金融

当前，我国经济转型发展压力大，本来已经面临需求收缩、供给冲击、预期转弱“三重压力”，又遭遇疫情以及外部复杂环境等严重冲击。“双碳”目标、平台经济治理、金融抑制、房地产问题等都给绿色发展带来压力。因此，我们需要处理好改革“时效度”的问题。

我国仍是发展中国家，转型发展的任务依然艰巨，因此转型经济活动要比“纯绿”的经济活动规模更大，所需中间地带的金融支持也更多，呼吁通过“转型金融”工具引导资金流向更广泛的可持续经济活动。

建议高度重视转型金融与绿色金融协调发展问题。中间地带的接续很重要，甚至更为重要。如果非黑即白，就会造成“假绿”和“漂绿”，甚至绿一阵子的“闪绿”。这些都是不可持续的，不是真正的绿色。

总之，绿色发展、绿色金融应该坚持长期主义思维。绿色发展关乎人类命运福祉，与所有机构、市场主体和个人都息息相关，“双碳”目标的达成，高质量经济发展需要各司其职、各尽所能地共同努力。

后　记

即便本书已付梓，我依然犹疑是否有出版的必要。好在有师友鼓励，权作特定时期自己思考片段的记录，敝帚自珍。

这是一个信息过剩的时代，又是一个信息贫乏的时代。我们面对海量资讯，声、像、光、影，各种形态，应接不暇。但是，我们又同时被算法绑架，在冗多却"有限"信息的投喂中，我们可能身不由己地形成认识偏见，进而导致误判。

我时常问自己，作为研究工作者，研究的价值是什么？在我看来，至少需要具备两方面的意义。一方面，"形而上者谓之道，形而下者谓之器"。"道"指抽象的哲学方法、思维活动，"器"好比具象的东西或物件。真正有价值的研究应该是能透过纷繁芜杂的器物层面探寻到本质的真实面目。当然，需要锲而不舍的修为，方能在诸多不确定性随机变量的干扰下找到相对不变的常量。我有幸在研究院跟随姜建清教授、盛松成教授学习、工作多年，两位均是经济金融业界与学界代表性人物，曾深度参与国家金融政策制定和实际管理运作，造诣深厚，经验丰富。他们分析经济金融问题往往能"举重若轻"，言简意赅却拨云见日、直击本质，是实至名归的时代金融家、经济学家。

另则，"理论是灰色（晦涩）的，而生命之树常青"。做研究切忌"闭门造车”，真正有价值的研究应该是来源于生活，又回归于生活并能指导实践的，再形成新的知识再造，实现良性共创循环。研究推崇的绝非阳春白雪，而恰恰应该“带着泥土的芬芳”。这一点上，中欧国际工商学院的教授善于通过案例教学以及实境课堂将学术研究生动验证、推演，即是一种引领性实践。吴敬琏教授说：“中国经济发展的成功，管理水平的提高，要为中欧记上一笔。”能为中国和世界创造知识和价值，能切实推动经济发展和商业文明提升，大概是最佳赞誉了。这也将是吾辈为之努力的确定性方向。

这本书自然尚有诸多不足。由于涉及的话题较广，又囿于自身水平，有些探讨难免浅尝辄止，甚至贻笑大方，敬请批评指正。本书在写作过程中参考借鉴了有关学者专家的言论、观点，在此一并表示感谢。

特别感谢姜建清教授拨冗为拙著作序。他是深受国际社会认可、在全球金融界最有影响力的领袖之一，曾掌舵中国工商银行 16 年，有逾 40 年管理金融机构的经验。他的商业传奇已无需过多赘述。但值得一提的是，姜建清教授在担任中欧陆家嘴国际金融研究院院长期间，续写了另一种传奇：潜心教研学术，数年间陆续出版了多部填补金融研究领域空白的巨著，如《世界金融百年沧桑记忆》(一、二、三册)、《中国大型商业银行股改史》(上、下册)、《非洲金融明珠——标准银行集团史》等。每一部都堪称教科书级别，值得细细研读。

感谢盛松成、连平、张军、巴曙松几位老师为拙著作推荐，他们为人师表，鼓励后学，令我深受鼓舞。特别是盛松成教授，他曾是我在研究院的直接领导和老师，为我的学习和工作提供了很多支持。他历任中国人民银行沈阳分行行长、调查统计司司长等职，常年活跃在学术前沿，在社会融资规模、利率和汇率市场化改革、房地产市场调控等理论与政策研究领域，成果斐然，有口皆碑。

借此机会，还要感谢中欧国际工商学院院长汪泓教授，她为中欧的发展可谓殚精竭虑。她曾主政地方多年，本身亦是智库名家，尤其在政策咨询及社会保障与养老金融研究领域极具建树。作为中欧陆家嘴国际金融研究院理事长，她不遗余力给研究院的发展予以指导支撑，也激励着我的学习和研究工作。

衷心感谢中国金融信息中心董事长叶国标先生。他是我职业生涯的引路人之一，为人赤诚，格局宽广，无私地言传身教，很好地帮助我学习成长。还要感谢接任中欧陆家嘴国际金融研究院常务副院长的赵欣舸教授，他曾任中欧FMBA课程创始主任(2011—2021)，为人睿智而谦和，在他的带领下，研究院各项工作稳步推进。感谢中国出版集团东方出版中心的黄升任博士，他为了本书的顺利出版劳费了很多心力。感谢中欧各位领导、老师、同事，感谢各位同学、朋友，恐挂一漏万，故不一一道谢。

最后，感谢我挚爱的家人，也谨以此书献给嘉、灏俩兄弟。

刘功润

2022年10月